FONTES CHRISTIANI

JUNGFRAUENSPIEGEL

I

Fontes Christiani

Zweisprachige Neuausgabe christlicher Quellentexte
aus Altertum und Mittelalter

Im Auftrag der Görres-Gesellschaft
herausgegeben von
Norbert Brox, Siegmar Döpp, Wilhelm Geerlings,
Gisbert Greshake, Rainer Ilgner, Rudolf Schieffer

Band 30/1

SPECULUM VIRGINUM
JUNGFRAUENSPIEGEL
I

LATEINISCH
DEUTSCH

HERDER

FREIBURG · BASEL · WIEN
BARCELONA · ROM · NEW YORK

SPECULUM VIRGINUM

JUNGFRAUENSPIEGEL

ERSTER TEILBAND

ÜBERSETZT UND EINGELEITET
VON
JUTTA SEYFARTH

HERDER

FREIBURG · BASEL · WIEN
BARCELONA · ROM · NEW YORK

Abdruck des von der Bearbeiterin edierten lateinischen Textes
aus CCM 5 mit freundlicher Genehmigung des Verlages Brepols,
Turnhout.

Fontes-Redaktion:
Maren Saiko, Horst Schneider

Die Deutsche Bibliothek – CIP-Einheitsaufnahme
Speculum virginum = Jungfrauenspiegel / übers. und
eingeleitet von Jutta Seyfarth. – Freiburg im Breisgau ;
Basel ; Wien ; Barcelona ; Rom ; New York : Herder
   (Fontes Christiani ; Bd. 30/1)
Teilbd. 1. – (2001)
   ISBN 3-451-23814-4 kartoniert
   ISBN 3-451-23914-0 gebunden

Abbildungsvorlagen: Jutta Seyfarth

Umschlagbild: Marmorplatte eines Lesepults,
Ravenna, S. Apollinare Nuovo, 6. Jh.

Alle Rechte vorbehalten – Printed in Germany
© Verlag Herder Freiburg im Breisgau 2001
www.herder.de
Satz: Arbeitsstelle Fontes Christiani, Bochum
Herstellung: fgb · freiburger graphische betriebe 2001
www.fgb.de
ISBN 3-451-23814-4 kartoniert
ISBN 3-451-23914-0 gebunden

INHALTSVERZEICHNIS

ERSTER TEILBAND

Einleitung

Text und Übersetzung

ZWEITER TEILBAND

DRITTER TEILBAND

VIERTER TEILBAND

ANHANG

EINLEITUNG

Das vorliegende Werk trägt den Titel *Speculum virginum (Spec. virg.)*. Dieser Titel muß als authentische Bezeichnung gelten, da der Autor selbst im Einleitungsbrief[1] sein Werk so benennt.

Es ist bekannt, daß der Gebrauch von *Speculum* als Buchtitel, auf Augustinus zurückgehend, keineswegs eine singuläre Erscheinung ist, sondern insbesondere im 12. und 13. Jahrhundert vor allem für Texte paränetischen Inhalts sehr beliebt war.[2] Allerdings genügt es nicht, sich mit der Definition von *Speculum* als Gattungsbegriff zufriedenzugeben. Gerade bei diesem Titel sind die metaphorischen Aspekte immer präsent und beanspruchen für das so bezeichnete Werk einen erweiterten Bedeutungshorizont.[3]

In diesen Anspruch fügt sich auch das *Speculum virginum*, wenn schon im Einleitungsbrief die Bezeichnung des Werks als *Speculum* metaphorisch reflektiert und als eigenes Element geistiger Aussage begründet wird[4]: *Titulus igitur efficaciam sequentis ostendit materiae, ut quodam genere similitudinis, quomodo invisibilia quaerenda sunt, agnoscatis. Specula virgines oculis suis applicant, ut ornatus sui vel augmentum vel detrimentum intelligant. Repraesentatur enim in speculo intuentis imago, et licet diversa sint*

---

[1] *Spec. virg.*, Einleitungsbrief (ep.), unten 72,5.
[2] Für die Genese von *Speculum* als Buchtitel vgl. CURTIUS, *Literatur* 340 Anm. 1, und weiter BRUNHÖLZL, *Speculum* 2087, mit weiterführender Literatur und Hinweis auf ‚Spiegelliteratur‘.
[3] Vgl. dazu SCHMIDT, *Hildegard* 95–157, dort Anm. 48.
[4] Die Spiegel-Metapher wird noch einmal bei der Erörterung von Tugenden und Lastern *Spec. virg.* 4, unten 284,22 – 286,3, aufgenommen und diskutiert.

aspectus et respectus imaginarius, utcumque tamen ad id, quod appetit, intuentis informaretur affectus.[5]

Es handelt sich beim *Speculum virginum* um eine Lehrschrift in Dialogform, die den Jungfrauen Christi den Weg zu wahrer Christus-Nachfolge weisen soll. Das Werk ist um die Mitte des 12. Jahrhunderts entstanden, was sich trotz fehlender konkreter Hinweise auf *tempus* und *locus* seiner Entstehung mit einiger Sicherheit erschließen läßt. Daß der Text neben seinem historischen Zeugniswert auch Aktualität beanspruchen kann, wird im folgenden zu erweisen sein.

Seit gut hundert Jahren ist die Existenz des *Speculum virginum* in den wissenschaftlichen Spezialdisziplinen bekannt und hat durchaus zur Stellungnahme in bezug auf einzelne Forschungsfragen herausgefordert. Einer tiefergehenden Rezeption und intensiven Auseinandersetzung mit dem Text und den Fragen, die er evoziert, stand jedoch das Fehlen einer kritischen Edition im Wege.

Im Jahr 1990 wurde diese auf der Grundlage von 10 Handschriften im *Corpus Christianorum* als Band 5 der *Continuatio Mediaevalis* von der Verfasserin vorgelegt. Dem Text geht eine ausführliche Einleitung voraus, die in die Probleme der Edition einführt, den Forschungsstand resümiert und eine Einordnung des Werks in die historischen und geistesgeschichtlichen Strömungen des Jahrhunderts versucht. Auf diese Einleitung[6] sei generell und für die jeweils spezielle Argumentation verwiesen. Im Zusammenhang der hier vorliegenden Publikation soll der Stoff in gebotener Kürze, wenn auch aktualisiert, vorgelegt werden.

---

[5] *Spec. virg.*, ep., unten 72, 9–16. Als prominentes und nahe vergleichbares Beispiel für den mittelalterlichen Gebrauch der Spiegelmetapher sei auf GREGOR DEN GROSSEN, *moral.* 2, 1 verwiesen: *Scriptura sacra mentis oculis quasi quoddam speculum opponitur, ut interna nostra facies in ipsa videatur. Ibi enim feda, ibi pulchra nostra cognoscimus. Ibi sentimus quantum proficimus, ibi a profectu quam longe distamus* (59 ADRIAEN).
[6] SEYFARTH, *Speculum virginum* 7*–144*.

I. FORSCHUNGSSTAND

Während sich eine erste Notiz über das *Speculum virginum* bereits bei den Maurinern (1739) findet, setzt die ernste, wissenschaftliche Auseinandersetzung mit dem Werk erst Ende des 19. Jahrhunderts ein. Sie wird angeführt von den Arbeiten des Altmeisters der Handschriftenabteilung der Berliner Staatsbibliothek, Valentin Rose, der den dort aufbewahrten Codex Ms. Phill. 1701, ursprünglich aus dem Zisterzienserkloster Igny bei Paris stammend, beschrieb[7], auf Vergleichshandschriften hinwies, einige Textproben abdruckte und zur Verfasserfrage kritisch Stellung nahm.

Die in den Modi der Vermittlung außerordentlich reiche Konzeption des *Speculum virginum* brachte es mit sich, daß verschiedene Disziplinen sich mit jeweils einzelnen Aspekten des Werkes beschäftigten. So hat das auf einem Akrostichon komponierte, doppelchörige Epithalamium von 129 Versen, das den Text beschließt, schon früh das Interesse der Philologie gefunden[8], während die begleitende Bilderreihe, die seither nicht aufgehört hat[9], das Interesse der Kunstgeschichte zu beanspruchen, vor allem in den 30er Jahren durch verschiedene Arbeiten bekannt wurde.[10] Den entscheidenden Durchbruch brachte 1928 der Aufsatz von Watson[11], der zuerst auf die Londoner Handschrift, British Library, Arundel 44, hinwies und sie an die Spitze eines Bestandes von inzwischen 16 Handschriften stellte.

---

[7] ROSE, *Handschriften 12,* 134–136.

[8] DREVES, *Epithalamium virginum.*

[9] Erst kürzlich wurden wieder Bild 9 und 10 des *Spec. virg.* im Zusammenhang der Untersuchung von Text-Bild-Figurationen im Werk HILDEGARDS VON BINGEN verglichen und neu diskutiert: MEIER, *Calcare.*

[10] Stellvertretend sei hier die Arbeit von STRUBE genannt, die erstmals die Bilderreihe als Ganzes zum eigenständigen Thema macht: STRUBE, *Illustrationen.* Für weitere Titel vgl. SEYFARTH, *Speculum virginum* 8*–11*.

[11] WATSON, *The Speculum virginum.*

Um die theologische Erschließung des Werks und seine Einordnung in die geistigen Strömungen des Jahrhunderts hat sich vor allem Matthäus Bernards verdient gemacht. Seit seiner Bonner Dissertation von 1950[12] beschäftigte sich Bernards lebenslang mit dem *Speculum virginum* und legte seine Ergebnisse in zahlreichen Aufsätzen nieder, die wesentlich zum Verständnis des Werks beitragen. Sein 1955 vorgelegtes Buch[13] sucht die Fülle von Einzelbezügen einem breiteren Publikum nahezubringen.

In der folgenden Zeit wurde das Interesse an dem Werk insbesondere von der Kunstgeschichte wachgehalten, ohne daß wesentlich neue Ergebnisse zutage traten.[14] Dagegen gingen entscheidende Impulse wieder von der Philologie aus, die mit der Methode sprachlichen Vergleichs das Werk des *Speculum*-Autors in Zuordnung und Reihenfolge wesentlich präziser bestimmen konnte.[15] Es ist zu hoffen, daß weitere Untersuchungen, etwa auch unter Nutzung der neuen Medien, hier noch mehr Sicherheit bringen.

In das Blickfeld der Forschung zur Vorgeschichte der Mystik geriet das *Speculum virginum* durch die Arbeit von Irene Berkenbusch, die 1995 eine mittelniederländische Übersetzung des Textes nach der Darmstädter Handschrift Da 466 vorlegte, die aus dem Kölner Augustinerinnenkloster St. Cäcilien stammt und in die zweite Hälfte des 16. Jahrhunderts datiert wird.[16] Gerade diese vorläufig letzte Arbeit zum *Speculum virginum* zeigt erneut, wie vielfältig die Forschungsaufgaben, wie unterschiedlich die Frage-

---

[12] BERNARDS, *Handschriftliche Überlieferung.*
[13] BERNARDS, *Speculum.*
[14] Neben der Diskussion zu einzelnen Bildern und Einzelfragen, vor allem im Zusammenhang von Katalogbeiträgen zu Ausstellungen, sind die Arbeiten von GOGGIN, COHEN-MUSHLIN, GREENHILL zu nennen, vgl. dazu SEYFARTH, *Speculum virginum* 9*–13*.
[15] HUYGENS, *Accessus ad auctores;* BULTOT, *L'auteur;* ders., *Dialogus.*
[16] BERKENBUSCH, *Speculum virginum.*

stellungen und wie reich die Interpretationsmöglichkeiten sind, die das Werk vorgibt.

II. REZEPTIONSGESCHICHTE

Das *Speculum virginum* ist offenbar unmittelbar nach seiner Entstehung um 1140 auf breites Interesse gestoßen. Dies belegt der umfangreiche Bestand erhaltener Handschriften aus dem 12. und dem Beginn des 13. Jahrhunderts.

Obwohl in dem Werk jeder konkrete Hinweis auf Zeitgeschehen fehlt, entsprach der Text offensichtlich den Bedürfnissen jener Zeit. Diese Zeit ist geprägt vom Aufblühen wissenschaftlicher Methodik, von der Hinwendung zu verinnerlichter Frömmigkeit, die den Beginn der Mystik anzeigt, von den leidenschaftlich vorgetragenen Reformbewegungen zur Erneuerung der Kirche und ihrer Institutionen. Neue Schichten drängen zur Teilhabe am religiösen Leben und verlangen nach glaubhaften Richtlinien für ein Leben in wahrer Christusnachfolge. Die Diskussion dieser Zeitfragen, die im Zwiegespräch zwischen der fragenden Nonne Theodora und dem lehrenden Presbyter Peregrinus[17] erörtert werden, erklärt wohl die erstaunliche Akzeptanz des Werks unmittelbar nach seiner Entstehung.

Es sei darauf hingewiesen, daß der erhaltene Handschriftenbestand zugleich auf einen geographisch außerordentlich weiten Raum der Verbreitung schließen läßt. Der Text ist für Burgo de Osma in Spanien ebenso belegt wie für Vadstena/Alvastra in Schweden, für Hohenfurth in Böhmen und für Igny bei Paris. Dabei ist ohne Zweifel eine gewisse Dichte der Textzeugen im Mittelrheingebiet zu konstatieren.

---

[17] *Spec. virg.*, ep., unten 72,5, nennt sich der Autor selbst *Peregrinus presbiter.*

Von einem zweiten Rezeptionsschub im 15. Jahrhundert geben uns wieder die erhaltenen Handschriften Auskunft. Es haben sich aus diesem Zeitraum nicht nur 13 weitere lateinische Textzeugen erhalten, sondern vor allem Übersetzungen in die Volkssprachen. Der Text wurde ins Mittelniederländische, Ripuarische und Mittelniederdeutsche übersetzt und fand unter dem Titel ‚Spieghel der maechden‘ oder ‚Spieghel der joncfrouwen‘ offenbar besonders in den nördlichen Niederlanden weite Verbreitung. Es haben sich 25 Textzeugen in Übersetzung erhalten.[18]

Es steht außer Zweifel, daß das Werk den Bedürfnissen der niederländischen Frömmigkeitsbewegung, wie sie sich im Umfeld der *devotio moderna* vor allem in und um Utrecht konzentrierte, in ungewöhnlichem Maß entgegenkam. Die dort zahlreich entstehenden weiblichen Konvente und Schwesterngemeinschaften bedurften der geistlichen Unterweisung, die einerseits durch zeitgenössische Predigtliteratur befriedigt wurde[19], andererseits auf älteres Gut bis in die Väterzeit zurückgriff. Dafür mußte sich ein Werk wie das *Speculum virginum* besonders empfehlen. Denn die mystische Frömmigkeit einer persönlichen Christusnachfolge, die als zentrales Anliegen im Mittelpunkt der Frömmigkeitsbewegung stand und die sich für die Schwesterngemeinschaften noch weiter in einer auf die Gottesmutter als keusche Jungfrau bezogenen Brautmystik steigerte, fand sich im Ansatz bereits im *Speculum virginum* vorgebildet. Damit konnte modernes Gedankengut

---

[18] Solange eine systematische Aufarbeitung und Gliederung dieses Hss-Bestands fehlen, sei auf den Artikel im *Verfasserlexikon* verwiesen: KÜSTERS/SEYFARTH, *Speculum virginum,* insbesondere 72–74, vgl. dazu auch die Angaben bei BERKENBUSCH, *Speculum virginum* 385–408, die allerdings nicht als Hss-Verzeichnis, sondern unter dem Gesichtspunkt des Vergleichs mit der Darmstädter Hs mitgeteilt werden.

[19] Neben den bekannten Autoren wie GERT GROOTE und THOMAS VON KEMPEN ist vor allem auf JAN VAN RUUSBROECS *Geestelike Brulocht* zu verweisen; vgl. dazu SEYFARTH, *Speculum virginum* 119*.

durch die Autorität eines in der Würde des Alters über-
kommenen Textes legitimiert werden.[20]

III. Datierung – Verfasserfrage – Lokalisierung

Die Zeit der Abfassung des *Speculum virginum*, sein Verfasser und der Ort seiner Entstehung sind nicht bekannt.
Sucht man für diese Fragen wenigstens in der Annäherung
nach Antworten, so ist man auf das Zeugnis der Handschriften selbst und auf daraus zu folgernde, werk-imma-
nente Argumente angewiesen.

Der überkommene Handschriftenbestand ist umfangreich mit deutlich unterschiedener zeitlicher Gewichtung.
Es haben sich 29 lateinische Handschriften erhalten, dazu
7 Fragmente, Auszüge und Nachrichten über verschollene
Handschriften. Von diesem Volumen sind ein Drittel, die
10 Handschriften, die auch der kritischen Edition zugrunde liegen, ins 12. und den Beginn des 13. Jahrhunderts zu
datieren. Ein zweiter Schwerpunkt der Rezeption liegt im
15. Jahrhundert und umfaßt neben einigen lateinischen
Handschriften vor allem Übersetzungen in die Volkssprachen.

Für die zeitliche Fixierung hat man von den beiden
ältesten Handschriften **L** (London, British Library, Arundel 44) und **K** (Köln, Historisches Archiv der Stadt Köln,
W 276a) auszugehen. Für beide Handschriften gibt es einen
sicheren *terminus ante quem* für den Zeitpunkt ihrer Entstehung. Der auf 1150–1155 datierte Codex **V** (Rom, Bi-

---

[20] Angesichts dieser eindrucksvollen Rezeption bleibt die zentrale Frage
nach den Inhalten, um derentwillen ein um 1140 entstandenes Werk 300
Jahre später eine derart virulente Akzeptanz erfährt. Allerdings ist dies
eine Frage, die den geistigen Inhalten der *devotio moderna* gilt und für das
Spec. virg. selbst keine eigentliche Relevanz hat. Ansätze zu einer Durcharbeitung des Textes unter dieser Fragestellung bei BERKENBUSCH, *Speculum virginum* 102–110.

blioteca Vaticana, Cod. Pal. lat. 565)[21], ursprünglich aus dem Augustinerchorherrenstift St. Maria Magdalena in Frankenthal, steht ohne Zweifel in der Filiation von **K** beziehungsweise **L** vor Korrektur. Damit existiert mit **V** ein sicherer Festpunkt für die Datierung von **L** und **K**.

Als wahrscheinlicher *terminus post quem* kann die Handschrift Leipzig, cod. theol. 148, gelten, die durch die Eintragung einer Sonnenfinsternis von 1133 datiert ist.[22] Der Codex enthält nach einem Psalmenkommentar ab fol. 113v–117v den *Liber de fructu carnis et spiritus* einschließlich der Zeichnungen des Tugend- und Lasterbaums. Text und Bilder stehen nach Form und Inhalt in so unmittelbarem Zusammenhang mit der Behandlung des Themas in Buch 4 des *Speculum virginum*, daß man kaum umhin kann, sie als Quelle zu beanspruchen.[23] Damit verkürzt sich der Zeitraum für die Abfassung des *Speculum virginum* auf die zwei Jahrzehnte vor der Jahrhundertmitte. Die wenigen Hinweise, die der Text selbst für die Datierung bereithält, deuten ebenfalls auf diesen Zeitraum hin:

1.) In Buch 2[24] beklagt sich Theodora, daß Peregrinus aus ihr einen *ridiculosus Geta* mache. Die Figur des lächerlichen Geta findet sich zwar schon in der Antike bei Terenz

---

[21] COHEN-MUSHLIN, *Medieval Scriptorium,* Kap. VI.B; IX.B. COHEN-MUSHLIN sieht das *Spec. virg.* der Vaticana in unmittelbarer Nachfolge der durch Kolophon auf 1148 datierten Wormser Bibel der British Library in London.

[22] HELSSIG, *Katalog* 161.

[23] Die außerordentlich reiche Überlieferung der Tugend-Laster-Kataloge ist noch nicht eingehend untersucht und das Verhältnis von primärer Quelle und sekundärer Übernahme nicht geklärt. Die Fülle des Materials wird einsichtig bei: BLOOMFIELD, *Incipits of Latin works.* Dazu jetzt auch: BAUTZ, *Virtutes.* Die Verfasserin bezieht in bewußter sachlicher und zeitlicher Beschränkung auf einzelne Aspekte des Themas auch das *Spec. virg.* in ihre Überlegungen ein. Für die Rolle, die die Tugend-Laster-Frage im *Spec. virg.* und im gesamten Werk des *Speculum*-Autors spielt, vgl. SEYFARTH, *Speculum* 35*f, und unten 32 Anm. 95.

[24] Siehe *Spec. virg.* 2, unten 208, 12.

und Ovid[25] und wird von Sedulius[26] aufgenommen und tradiert. Aber es ist doch anzunehmen, daß Theodora hier auf Zeitgenössisches, das heißt auf die moderne Bearbeitung des Stoffes reagiert, indem sie auf die elegische Komödie des Vitalis von Blois anspielt, deren Entstehung in die ersten Jahrzehnte des 12. Jahrhunderts gesetzt wird.[27]

2.) In Buch 11[28] ist davon die Rede, daß es Christi Erbarmen und seine Liebe waren, die ihn letztlich der Passion am Kreuz überlieferten. Dieser Gedanke geht zurück auf eine Predigt Bernhards von Clairvaux zum Osterfest[29], die zwischen 1135 und 1153 datiert wird. Bernhard spricht von der *patientia,* der *humilitas* und der *caritas,* die Christus in so hervorragendem Maß lebte, daß sie der eigentliche Grund seiner Passion wurden. Dieser Gedanke hat offenbar breite Aufnahme gefunden und sogar einen eigenen Bildtypus entstehen lassen, die „Tugendkreuzigung"[30], die besonders in Frauenklöstern aufgenommen und tradiert wurde: Als Frauengestalten im allegorischen Gewand nageln die Tugenden Christus ans Kreuz. Peregrinus weist im Anschluß an den Satz *Misericordia et caritas filium dei crucis passioni addixerunt*[31] ausdrücklich auf die Auslegung der *compassio* durch die *doctores* hin.

3.) Ebenfalls in Buch 11[32] sprechen die Dialogpartner über das Licht im Kirchenraum, das seine Schönheit und seinen Glanz erst in der Brechung durch Glasfenster zu

---

[25] TERENZ, *Ad.; Phorm.* passim (o.S. KAUER/LINDSAY/SKUTSCH); OVID, *ars* 3,331 f (198 KENNEY).

[26] SEDULIUS, *carm. pasch.* 1,19 (42 SCHEPS). SCHEPS (94) führt im Kommentar zu Vers 19 Beispiele für die Entstehung des Begriffs vom *ridiculosus Geta* an.

[27] SCHMIDT, *Untersuchungen zum Geta* 18.

[28] Siehe *Spec. virg.* 11, unten 964,17 f.

[29] BERNHARD VON CLAIRVAUX, *Feria IV hebdomadae sanctae sermo. De passione Domini* 2–4 (57–59 LECLERCQ/ROCHAIS).

[30] KRAFT, *Bildallegorie.*

[31] *Spec. virg.* 11, unten 964,17 f.

[32] Siehe *Spec. virg.* 11, unten 940,19 f.

entfalten vermag. Es kommt ausdrücklich zur Sprache, daß diese Entwicklung in der Architektur, die die Farben gläserner Fenster zum Leuchten zu bringen vermag, eine Baugewohnheit ist, die erst jetzt in den Kirchen Vorrang gewonnen hat.[33] Bekanntlich wurde im Chor von St. Denis die Lichtmetaphysik als strukturelle Idee zuerst in gebaute Wirklichkeit umgesetzt. Der Chor, 1144 geweiht, gilt als Gründungsbau der Gotik, er muß den Zeitgenossen als ein Wunder der Baukunst erschienen sein, wie das Zitat aus dem *Speculum virginum* eindrucksvoll belegt.[34]

Schließlich bestätigt auch der paläographische Befund in den beiden ältesten Handschriften **L** und **K** den oben vorgeschlagenen zeitlichen Ansatz, wobei immer wieder darauf hinzuweisen ist, daß jede Datierung aufgrund paläographischer Argumentation ohne Kenntnis des Skriptoriums oder weiterer Vergleichs-Handschriften sich nicht auf ein präzises Datum festlegen kann. Dennoch fügen sich beide Handschriften in die Gewohnheiten der Zeit. Sie zeigen eine sehr geläufige Minuskel mit zeittypischen Merkmalen (nahezu ausschließlicher Gebrauch von e-*caudata*, Nebeneinander von Minuskel-d und gekrümmtem d, von langem und rundem Schluß-s, zaghafter Gebrauch von Trennungsstrichen auf Doppel-i[35]).

---

[33] *Spec. virg.* 11, unten 940,21–23: *Mecum ludis, cum adeo usus hic in ecclesiis praevaluerit, ut sine huiusmodi decore, quicquid ornamenti adhibueris, nihil sit.*

[34] Die Nutzung dieser Stelle für die Datierung des *Spec. virg.* bleibt unberührt von der Diskussion, die in jüngster Zeit um das Verständnis von Abt SUGERS VON ST. DENIS Schriften und ihrer Anbindung an die Lichtmetaphysik des DIONYSIUS AREOPAGITA aufgekommen ist. Die auf PANOFSKY zurückgehende Interpretation, die für ein halbes Jahrhundert das Bild von der gotischen Kathedrale in der Kunstgeschichte geprägt hat, wird relativiert und SUGERS Äußerungen aus den Erfordernissen des liturgischen Gebrauchs erklärt: SPEER, *Stand und Methoden der Suger-Forschung* 11; ders., *Lux mirabilis et continua* 89–94.

[35] Siehe z.B. *Spec. virg.* 7, unten 628,23; 632,3.

Keines der oben angeführten Argumente mag für sich allein ein beweiskräftiges Fundament für eine präzise Datierung liefern. Dennoch erscheint aufgrund der Summe aller Argumente der Vorschlag berechtigt, die Entstehung des *Speculum virginum* um 1140 anzusetzen.

Bis in jüngste Zeit wurde als Verfasser des *Speculum virginum* noch immer Conrad von Hirsau genannt.[36] Diese Zuschreibung hätte für die Standortbestimmung des Werks Konsequenzen; denn damit wäre das Schwarzwaldkloster, das unter der dominanten Führung Abt Wilhelms (1069–1091) zu einem Zentrum der Cluniazensischen Bewegung in Deutschland aufgestiegen war, als geistige Heimat des *Speculum virginum* zu postulieren.[37] Eine solche Zuordnung findet weder im Werk selbst noch in der handschriftlichen Überlieferung eine Stütze.

Zunächst ist festzustellen, daß sich der männliche Dialogpartner im Verlauf des Gesprächs durchgehend *Peregrinus* nennt[38], woraus allerdings noch nicht zwingend der Autorenname abzuleiten ist. *Peregrinus* kann einfach als

---

[36] So etwa MANITIUS, *Geschichte der lateinischen Literatur* 315–319; NIEHOFF, *Speculum Virginum* 79, läßt die Frage offen. Zuletzt ist für eine Entstehung des *Spec. virg.* in Hirsau eingetreten: HEINZER, *Buchkultur* 270; ebenso MEWS, *Hildegard* 244–249.

[37] Daß eine solche Festlegung zu weitreichenden Schlüssen führen kann, sei an einem Beispiel notiert. Die hypothetische Reihe *Speculum* — Conrad — Hirsau — Cluny veranlaßt NORDENFALK, *Romanische Malerei* 161, bezüglich des Wurzel-Jesse-Bilds im *Spec. virg.* zu folgender Äußerung: „Allem Anschein nach steht aber die Wurzel Jesse mit dem in Frankreich und England am Anfang des 12. Jahrhunderts aufblühenden Marienkult in Zusammenhang. Jedenfalls sind die schönsten Beispiele in französischen und englischen Kunstwerken zu finden. Hirsau wird wohl von Cluny aus inspiriert worden sein, wenn wir auch keine dort entstandene Wurzel Jesse nachweisen können."

[38] Die in den Hss L und K noch faßbare Bezeichnung von *magister* und *discipula* für die Dialogpartner (*Spec. virg.* 9, unten 261, 10 – 762, 15) verweist auf ihre Funktion und damit auf eine Allgemeingültigkeit des Textes, die eine Personenbestimmung vermeidet.

sprechendes Pseudonym verstanden werden.[39] Allerdings
sollte nicht übersehen werden, daß in einer frühen Oxfor-
der Handschrift aus dem Zisterzienserkloster Eberbach auf
dem Titelblatt des Codex, der kleinere Schriften des *Speculum*-Autors enthält, deutlich als Autor *Peregrinus minor*
genannt wird.[40]

Daß Conrad von Hirsau der Verfasser des *Speculum
virginum* sei, ist eine These, die in der Forschung immer
von neuem ausführlich und kontrovers diskutiert wurde;
die Entstehung der These läßt sich eindeutig klären. Es gibt
keinen Zweifel, daß das *Speculum virginum* anonym überliefert ist und daß die Zuschreibung an Conrad von Hirsau
auf den Humanisten Johannes Trithemius (1462–1516) zu-
rückgeht.

Trithemius, Abt von Sponheim und später Würzburg,
bei einigen Forschern wegen seiner notorischen Unzu-
verlässigkeit verrufen, bei anderen als glaubwürdiger Zeu-
ge akzeptiert[41], hat verschiedene Schriften zur Hirsauer
Klostergeschichte verfaßt, in denen er einen Mönch Conrad von Hirsau als Verfasser des *Speculum virginum* einführt, der sich nur aus Bescheidenheit den Namen *Peregrinus* zugelegt habe.

Die Unstimmigkeiten in den Angaben des Trithemius (er
gibt bei gleichem *incipit* einen Umfang von 8 Büchern für
das *Speculum virginum* an) haben schon in zeitgenössi-
schen Handschriften Zweifel an seiner Zuschreibung auf-

---

[39] Hier ist darauf zu verweisen, daß der Autor selbst für THEODORA den
Gebrauch eines sprechenden Pseudonyms bezeugt. *Spec. virg.* 2, unten
210,1 f, heißt es: *Non sine ratione Theodoram te dixerim, quae verbi dei
tam studiosa videris.* Diese Äußerung legt in Analogie auch bei PERE-
GRINUS den Gebrauch des Namens in einem übertragenen Sinn nahe.

[40] Cod. Laud. misc. 377 (o.S. COXE). Zu diesem Codex und weiteren
Eberbach-Hss in London und Oxford und deren Stellung im Werk des
Speculum-Autors vgl. SEYFARTH, *Speculum virginum* 41* und 58*. Dazu
jetzt: PALMER, *Zisterzienser.*

[41] Die reiche Forschungsliteratur zur Beurteilung des TRITHEMIUS diskutiert zuletzt: SCHREINER, *Geschichtsschreibung.*

kommen lassen[42], obwohl das Vorhandensein des *Speculum virginum* und weiterer kleiner Schriften des Autors in der Bibliothek von Hirsau außer Zweifel steht.[43] Zitate aus dem *Speculum virginum* fanden Verwendung als Balkeninschriften im Dormitorium und als Unterschriften unter Bildnissen, die das Sommerrefektorium noch zur Zeit des Abtes Johannes Parsimonius[44] († 1588) schmückten. Dennoch ist daraus kein Beleg für die Autorschaft eines Hirsauer Mönchs am *Speculum virginum* abzuleiten.

Dagegen konnte die Forschung im Buchstaben *C.* im Präskript des Einleitungsbriefs der Londoner Handschrift Arundel 44 ein gewichtiges Argument für die Conrad-These anführen, worauf zuerst Watson 1928 hingewiesen hat.[45] Aber dieses Argument steht und fällt mit der Gewichtung der Handschrift L. Nur der von L abhängige Zweig des Stemma tradiert den Buchstaben *C.*, für die anderen Zweige finden wir im Präskript andere Lösungen. Sieht man in der Handschrift L die Urschrift des *Speculum virginum* oder

---

[42] So berichtet ein Eintrag in der Innsbrucker Hs cod. 742 aus dem Jesuitenkloster Hall in Tirol ausführlich von der nachträglichen Zuschreibung des TRITHEMIUS und seiner wortreichen *laudatio* auf *Conradus monachus Hirschaugiensis ordinis Sancti Benedicti*, wobei ausdrücklich auf die Diskrepanz zwischen *initium* und Buchanzahl hingewiesen wird.

[43] Der Hirsauer Bibliothekskatalog, der in einer Abschrift des 16. Jahrhunderts auf uns gekommen ist, nennt *Libri cuiusdam monachi Hirsaugiensis cognomento Peregrini*. Vgl. dazu: BECKER, *Catalogi* 220, und HEINZER, *Buchkultur* 269–271.

[44] Für die Quellen zur Auseinandersetzung mit der TRITHEMIUS-These, CONRAD VON HIRSAU und *Spec. virg.* vgl. SEYFARTH, *Speculum virginum* 37*–42*.

[45] WATSON, *A Manuscript* 61, und *The Speculum virginum* 445, zieht nur sehr vorsichtig Schlüsse aus seinem Hinweis auf das *C.* in Arundel 44. Man sollte in der Tat im Auge behalten, daß CONRADUS auch sonst ein häufig belegter Name im 12. Jahrhundert ist. Der geistliche Berater von TENXWINDIS, der Äbtissin von Andernach, Heimat der *Speculum*-Hs K, der in einer erhaltenen Grabinschrift als geistlicher Führer seiner Herde gepriesen wird, heißt CONRADUS.

sogar ein Autograph des Autors[46], so muß man in C. die Abkürzung für einen Autor mit dem Anfangsbuchstaben C., also etwa eines Conradus, sehen. Stehen die anderen Zweige des Stemma gleichberechtigt neben L, so stehen auch deren Präskriptvorschläge (Leerstelle, N.N. als Blankettbuchstaben oder sogar *Peregrinus* als Absenderangabe[47]) gleichberechigt neben C. Damit ist die Frage nach dem Verfasser nicht von der handschriftlichen Überlieferung zu trennen.

Die Verfasserfrage muß sich jedoch nicht unbedingt auf die Suche nach einem Namen einschränken lassen. Man kann auch die Frage nach der Ordenszugehörigkeit und damit nach dem geistigen Umfeld des Autors stellen. Abbildungen in allen frühen Handschriften zeigen die Dialogpartner in Autorenbildern zu Beginn von Buch 1, Buch 3 und Buch 10. Dort erscheint Theodora deutlich in geistlicher Tracht und Peregrinus als Priester mit Tonsur. Die Gewandmerkmale sind aber nicht so differenziert[48], daß sie die Zuweisung an einen bestimmten Orden erlaubten.[49]

---

[46] Vgl. die Diskussion dieser Frage unten 59 mit Anm. 177.

[47] Düsseldorf, Universitätsbibliothek, Ms B. 124, aus dem Kreuzherrenkloster in Düsseldorf, fol. 146ʳ: *Peregrinus Christi pauperum servus virginibus sacris salu. N. et N.*

[48] Am deutlichsten erscheint das Gewand des Autors im *Maiestas*-Bild zu Beginn von Buch 10 nach der Hs L, wo PEREGRINUS in Adoration die Füße Christi ergreift. Der Streifen über dem rechten Unterarm mit drei Querbändern kann wohl nur als Manipel gedeutet werden; vgl. dazu BRAUN, *Liturgische Gewandung* s. v.

[49] In der Hs Leipzig Ms. 665 trägt der adorierende *praepositus* auf dem *Maiestas*-Bild fol. 137ʳ ein ausgesprochen weißes Gewand, das man als Zisterzienserhabit ansprechen könnte. Da aber das Bild ansonsten in der Ikonographie viel Sondergut zeigt, das von der ursprünglichen Bildfindung zu trennen und eher lokalen Einflüssen zuzuschreiben ist, führt diese Beobachtung kaum zum Autor. Die Hs wird im Zug einer neuen Katalogisierung der theologischen Hss in Mitteldeutschland zur Zeit bearbeitet; dabei datiert LÖFFLER auf das letzte Drittel des 13. Jahrhunderts und nimmt als Provenienz nicht mehr Altzelle, sondern nur allgemein Mitteldeutschland an.

Im Text selbst wird in Buch 8 anhand des Beispiels von der Tugendleiter auf die parallele Stelle in der Benedikt-regel[50] verwiesen und dabei Benedikt als *sanctus pater noster* bezeichnet, dessen Regel zu befolgen Theodora sich verpflichtet habe. Trotz dieser klaren Aussage muß darauf hingewiesen werden, daß die Benediktregel letztlich auch den Regeln der sich neu formierenden Reformorden zugrunde liegt. Sie wurde mit Erweiterungen und Verbesserungen versehen, aber nie eigentlich außer Kraft gesetzt. Benedikt bleibt der Vater des abendländischen Mönchtums schlechthin, und seine Regel behält Gültigkeit[51], so daß der Hinweis in Buch 8 zwar sicher auf das Gelöbnis zönobitischen Lebens hin verstanden werden muß, aber keine bestimmte Observanz präjudiziert.

Die Spuren, die im Werk selbst Hinweise auf einen bestimmten Orden geben könnten, sind gering. Immerhin wird durchgängig das Gemeinschaftsleben als *vita communis*[52] bezeichnet, ein Terminus, der eindeutig für die Gemeinschaft der Augustinerchorherren oder Regularkanoniker charakteristisch ist und im Gegensatz zur *vita monastica* steht.[53]

In das geistige Anliegen der Regularkanoniker fügt sich auch der Armutsgedanke, der im *Speculum virginum* außerordentlich präsent ist. Schon im Einleitungspräskript nennt sich der Autor *ultimus Christi pauperum*[54], was noch

---

[50] REGULA BENEDICTI 7,6–9 in *Spec. virg.* 8, unten 716,10–12.

[51] Die Gültigkeit der Benediktregel ist bis in die Gegenwart präsent. Noch heute verspricht nach der *declaratio* von 1968/1969 der Zisterzienser-mönch in seiner Profeß „ein Leben nach der Regel des heiligen Benedikt zu führen". Dazu NIMMERVOLL, *Zisterzienserorden* 9.

[52] Siehe z.B. *Spec. virg.* 4, unten 322,11 f; 8, unten 662,12 f.

[53] Begriffsgeschichtliche Untersuchungen (BOSL, *Potens und Pauper;* DEREINE, *Chanoines;* ders., *Vie commune règle*) haben bestimmte Termini als kennzeichnend für religiöse und gesellschaftliche Bewegungen im 12. Jahrhundert erwiesen; vgl. SEYFARTH, *Speculum virginum* 48*.

[54] *Spec. virg.*, ep., unten 68,17.

als übliche Demutsbezeichnung gelten mag. Aber unausweichlich wird der Gedanke in Buch 12[55] formuliert in der Gegenüberstellung von *pauper* zu *dives* und *potens,* der sich auf seine adlige Abkunft *(linea nobilitatis)* beruft. Schließlich kann der Satz in Buch 8 geradezu als Kernaussage gelten: *Sancti omnes Christi adventum praecedentes et subsequentes semper peregrini et pauperes fuerunt.*[56] Aus der geistigen Zielsetzung von Fremdheit und Armut folgt praktische Konsequenz in der Lebensführung: Die freiwillige Armut in der Christusnachfolge verlangt den Verzicht auf üppige Speisen und feine Kleider.[57] Der *saccus cilicinus*[58], auch dies wieder ein kennzeichnender Begriff für die Bewegung der Regularkanoniker, ist das angemessene Gewand für eine Jungfrau Christi. Als ein zeitgleiches Beispiel für die strenge Regel in der Kanonikerbewegung sei auf die *consuetudines* von Klosterrath verwiesen.[59]

Bevor weitere Argumente angeführt werden, die auf eine gewisse inhaltliche Nähe zur Bewegung der Regularkanoniker hinweisen, muß auf die Verbreitung der Handschriften eingegangen werden. Von den zehn ältesten erhaltenen Handschriften, die auch die vier Zweige des Stemma repräsentieren, stammen sieben aus Zisterzienserklöstern, zwei aus regulierten Augustinergründungen, für eine Handschrift ist die Herkunft nicht mehr feststellbar.[60] Es sind also offenbar die jungen Reformorden in der ersten Hälfte des 12. Jahrhunderts, deren Zielsetzung und Bedürfnissen das *Speculum virginum* in besonderem Maß entgegenkam

---

[55] Siehe *Spec. virg.* 12, unten 982, 3–7.

[56] *Spec. virg.* 8, unten 690, 10–12.

[57] Siehe *Spec. virg.* 9, unten 736, 6–9.

[58] *Spec. virg.* 4, unten 350, 2.

[59] *Consuetudines Rodenses* (CCM 48; FC 11/1–2).

[60] Die Zisterzienser-Hss stammen aus Eberbach, Clairvaux, Mores, Igny, Himmerod, Zwettl, Ebrach. Die Regularkanonikerprovenienz ist erwiesen für die Hss aus Andernach und Frankenthal, die Herkunft der Trierer Hs ist nicht bestimmt.

und die für die eindrucksvolle Verbreitung des Textes in kurzer Zeit sorgten.[61]

Rein numerisch kommt die Präferenz dem Zisterzienserorden zu. Das mag zum einen seinen Grund in der hohen Handschriftenproduktion und der straff organisierten Skriptorientätigkeit dieses Ordens haben, zum anderen waren es sicher auch inhaltliche Vorgaben, die das Werk gerade diesem Orden zur Verbreitung empfahlen.

Da ist zunächst die gesteigerte Marienfrömmigkeit zu nennen, die sich im *Speculum virginum* aus der Vorbildfunktion für die *virgines Christi* herleitet und die für die Zisterzienser ebenfalls kennzeichnend ist: Die Nähe zu Maria mußte hier auf besondere Bereitschaft zur Resonanz stoßen.[62] Auch die sehr persönlich geprägte Christusfrömmigkeit des *Speculum virginum* kam zisterziensischer Spiritualität entgegen, und die Bedeutung eines Begriffes wie *conscientia,* der 47mal im *Speculum virginum* vorkommt, mag den Stellenwert, den das Streben nach innerer Vollkommenheit im *Speculum virginum* einnimmt, mit dem Anliegen der Zisterzienser verbinden.

Dennoch ist die Akzeptanz der Schrift in einem bestimmten Orden von ihrer Entstehung zu unterscheiden. Die Akzeptanz ist für den Zisterzienserorden eindrucksvoll und zweifelsfrei belegt, die Entstehung kann jedoch aus unten darzulegenden Gründen kaum im Zisterzienserorden vermutet werden.

Das *Speculum virginum* ist eine Lehrschrift für die *virgines Christi*, entstanden aus den praktischen Bedürfnissen der *cura animarum,* und in dieser Zielsetzung ein typisches Zeugnis seiner Zeit. Denn es spiegelt die religiöse Auf-

---

[61] PALMER, *Zisterzienser* 76–81, legt einleuchtend dar, daß die *Speculum-*Hs Arundel 44 zwar nicht in Eberbach entstanden sein dürfte, daß sie aber an der Spitze einer Reihe von Hss steht, die belegen, daß das Werk Akzeptanz und Verbreitung im und durch den Zisterzienserorden fand.
[62] SEYFARTH, *Maria.*

bruchsstimmung wider, die das 12. Jahrhundert wesentlich bestimmte[63], und gibt Zeugnis von dem Drängen der Frauen nach Teilhabe am religiösen Leben.[64] Die Bewegung konkretisiert sich in der Gründung zahlreicher neuer Frauenkonvente und Doppelklöster[65], die alle der geistlichen Betreuung bedurften. Diesem Aufgabenfeld seelsorgerischer Tätigkeit stellen sich die neuen Reformorden in ganz unterschiedlicher Haltung. Während Bernhard von Clairvaux sich zeit seines Lebens gegen die Gründung weiblicher Zisterzen wehrte, das Institut der Doppelklöster in seinem Einflußbereich nicht zuließ, überhaupt die *cura animarum* an sich nicht in den Mittelpunkt seines Programms stellte, ergriffen die Regularkanoniker die neue Aufgabe, stellten sich den Anforderungen der Zeit und speziell den Problemen der weiblichen Konvente, wo sie ein weites Feld einflußreicher Tätigkeit fanden.[66]

Die Unterschiede im Anliegen und damit die Interdependenz zwischen Zisterziensern und Regularkanonikern in der Aufnahme zeitgenössischer Literatur lassen sich an einem konkreten Beispiel eindrucksvoll belegen. Es handelt sich um das Werk des Regularkanonikers Hugo von Folieto.[67]

Hugo von Folieto ist zunächst als Mönch im alten karolingischen Reichskloster Corbie greifbar, um 1120 als Kle-

---

[63] Daß diese religiöse und geistige Aufbruchsstimmung wesentlich von den Augustinerchorherren getragen wurde, hat erst kürzlich BOSL eindrucksvoll dargelegt, der das 12. Jahrhundert „das Jahrhundert der Augustinerchorherren" nennt: BOSL, *Augustinerchorherren.*

[64] Noch immer grundlegend: GRUNDMANN, *Religiöse Bewegungen.* Einen kurzen, aber zuverlässigen Überblick über die Probleme der weiblichen Frömmigkeitsbewegung im 12. Jahrhundert gibt ENNEN, *Frauen im Mittelalter* 110–115.

[65] ELM/PARISSE, *Doppelklöster.*

[66] BOSL, *Regularkanoniker;* weitere Literatur SEYFARTH, *Speculum virginum* 44* Anm. 116.117.

[67] Für Leben, historische Einordnung und Werke des HUGO VON FOLIETO vgl. SEYFARTH, *Speculum virginum* 49*.

riker und Prior der kleinen Abtei Saint-Laurent-au-Bois in Fouilloy, die die strenge Augustinusregel befolgte. Eine kirchliche Karriere, zu der er von Abt Guerricus, einem Freund Bernhards von Clairvaux und Abt des Zisterzienserklosters Igny, vorgeschlagen war, weist er zurück. Sie erscheint ihm nicht vereinbar mit den Anforderungen des *ordo novus* nach Demut und Armut.

Das Hauptwerk Hugos *De claustro animae* gehört mit über 300 Textzeugen zu den am meisten verbreiteten Werken des Mittelalters[68], wobei die Rezeption und Verbreitung vor allem in und durch den Zisterzienserorden geschah. Auch für einige kleinere Schriften Hugos[69] gilt die Beobachtung einer erstaunlichen Akzeptanz im Zisterzienserorden. Daß die Schriften darüber hinaus in der literarischen Konzeption, im Bildgebrauch und in der Bildrechtfertigung[70] deutliche Parallelen zum *Speculum virginum* aufweisen, mag einer der Gründe sein, die die Bearbeiter der Londoner Handschrift Arundel 44 schon im Jahr 1840 veranlaßten, neben der Conrad-These des Trithemius Hugo von Folieto als Autor des *Speculum virginum* vorzuschlagen.[71]

Diese These kann sicher nicht Beweischarakter beanspruchen. Aber es scheint doch berechtigt, eine gewisse geistige Nähe zwischen dem *Speculum*-Autor und Hugo von Folieto zu konstatieren und daraus folgernd als geistige Heimat für das Werk die Bewegung der Regularkanoniker anzunehmen.

---

[68] Die Werke HUGOS VON FOLIETO, insbesondere *De claustro animae*, wurden vielfach unter dem Namen HUGOS VON ST. VICTOR überliefert; dazu GOY, *Überlieferung* 491.

[69] Hier seien wenigstens einige Titel genannt: *De avibus. De nuptiis. De medicina animae. De pastoribus et ovibus.*

[70] HUGO VON FOLIETO, *Liber de rota verae religionis: Ut igitur ante oculos claustralium quasi speculum quoddam ponam, rotam praelationis in capite praesentis opusculi pingam* (221 DE CLERCQ).

[71] *Catalogue of the Arundel Manuscripts* 60.

IV. LITERARISCHE FORM, TEXT UND BILD

Der Text des *Speculum virginum* ist eindeutig rekonstru-
ierbar, auch wenn er nicht in allen Handschriften vollständig vorliegt.[72] Er besteht aus 12 Büchern unterschiedlicher
Länge[73], denen ein Einleitungsbrief vorangestellt ist, der in
seinem ersten Teil die geistige Grundlegung und den aktu-
ellen Anlaß des Vorhabens ausbreitet, in seinem zweiten
die zu behandelnden Themen in der Abfolge der Bücher
auflistet und damit ein präzises Inhaltsverzeichnis bereitstellt.

Das Werk hat eine poetische Rahmung erfahren. Es beginnt mit einem Lied[74], das mit Neumennotation überliefert ist, also für gesanglichen Vortrag bestimmt war. In der
Thematik nimmt dieses Lied ein Leitmotiv des gesamten
Textes auf[75], nämlich das richtige Hören auf Gottes Wort
als Vorbedingung für richtiges Handeln. Der Gedanke
entwickelt sich in der Auslegung von Ps 45, 11: Vg. Ps 44, 11
(*Audi, filia, et vide*) und mündet in die Vorbildfunktion
Mariens, deren richtiges Hören bei der Verkündigung in
der Empfängnis der Botschaft das Mysterium des *verbum
incarnatum* ermöglichte.

---

[72] Troyes, Bibliothèque municipale, Ms 252 (um 1300) aus Clairvaux ist
die einzige Hs, die im Bestand von Text, Liedern und Bildern vollständig
erhalten ist. Zur Frage der Nutzung von Ms 252 für die kritische Edition
vgl. SEYFARTH, *Speculum virginum* 132*.
[73] Der Text umfaßt in der kritischen Edition in CCM 5 einschließlich
Vorrede und Liedern 10367 Zeilen. Das Buch mit dem geringsten Umfang
ist Buch 10 (450 Zeilen), das mit dem größten Buch 5 (1319 Zeilen).
[74] In der Hs L steht das Lied *Audite, o lucis filiae* zu Beginn, in K zu Ende
des Textes; für eine, zunächst vorgeschlagene, doppelte Setzung findet sich
kaum eine Parallele, die poetische Rahmung wäre dennoch durch die
übrigen Lieder gegeben.
[75] Abgesehen von der Frage, ob das Lied zu Beginn oder Ende des Textes
zu setzen ist, sei auf die Prosawiederholung in der Mitte des Werks und
die leitmotivische Aufnahme des *audire*-Gedankens hingewiesen; vgl.
SEYFARTH, *Speculum virginum* 18*. 20* f.

Seinen Ausklang findet das Werk in einem Epithalamium
von 129 Versen, das von zwei Chören im Wechselgesang zu
intonieren war. Der Text für jeden der beiden Chöre ist auf
einem eigenen Akrostichon komponiert, das in der Doxo-
logie ausklingt.[76]

Obwohl das Epithalamium nach seiner ersten Publikation im Jahr 1901[77] kaum Beachtung in der Literatur gefunden hat, ist es gerade in der Gesamtsicht auf das Werk,
insbesondere in seiner Integrationsfunktion für Text und
Bild, von höchstem Interesse. Die im Werk vorgetragenen
Inhalte werden in diesem Gedicht noch einmal aufgenommen und einerseits in der durch das Akrostichon vorge-
zeichneten, strengen Disziplinierung, andererseits in der
Innigkeit und Dichte lyrischer Ausformung, wie sie der
bräutliche Festgesang eines Epithalamiums nahelegt, zu
Gehör gebracht.

Es geht auch hier um die drei zentralen Themen, an deren
Exempel das Anliegen selbst deutlich wird: die Verheißung
zukünftiger Herrlichkeit, das Gebet und den Lobpreis als
einzig mögliche Formen der Annäherung an die Gottheit.
Diese Themen werden in immer neuen Variationen und oft
kühnen Bildern abgehandelt: Zur Beschreibung der para-
diesischen Verheißung werden in Metaphern die Realien
der Natur (Pflanzen, Blumen, Edelsteine) ebenso zitiert
wie die Empfindung ihrer Wirkung in Wahrnehmung von
Wohlbefinden und Schrecken. Dabei wird die Freude am
Detail keineswegs ausgeklammert, wenn etwa das Hoch-
zeitsgewand der Braut im Luxus seiner textilen und farbli-
chen Ausstattung und mit der Verzierung kostbarsten
Goldschmucks beschrieben wird. Schließlich ziehen sich
als durchgängige Motive durch das ganze Gedicht die
Furcht vor dem Wechsel, das Leiden an der Unsicherheit

---

[76] Vgl. *Spec. virg.*, Epithalamium, unten 1018 Anm. 214.
[77] Vgl. oben 9 Anm. 8.

menschlicher Befindlichkeit, die Sehnsucht nach Gebor-
genheit in Frieden.[78]

Daß das Epithalamium in der Tradition der Hochzeits-
lieder steht und die Bestimmung der heiligen Jungfrau als
Braut Christi durchaus eine Nähe zu weltlicher Liebeslyrik
erlaubt, ergibt sich nicht nur aus dem Titel als Epithalamium. Das Zitat des vielleicht berühmtesten Liebeslieds
aus dem Alten Testament (Hld 5,9–16), das in unmittelbarem Anschluß an die Akrosticha in mehreren frühen Handschriften aufgezeichnet ist, verweist auf das Umfeld, in dem
diese Dichtung angesiedelt ist.

Schließlich ist darauf hinzuweisen, daß die Anwendung
poetischer Ausdrucksformen nicht auf das Epithalamium
und die Lieder zu Anfang und Ende des Textes beschränkt
bleibt. Eine Abstufung des *ornatus* erlaubt eine am Gegen-
stand orientierte Differenzierung der sprachlichen Stillage
im Wechsel von einfacher Prosa zu rhetorischen Figuren,
zu Reimprosa und Hymnus, etwa zu einem Lob Mariens
oder Christi.[79]

Wichtigstes sprachliches Ausdrucksmittel bleibt jedoch
der Dialog[80], der sicher über den üblichen Gebrauch als
rhetorische Kunstform hinausgeht und durch szenische
Lebendigkeit überzeugt. Dabei ist es nicht nur der häufige
Wechsel (480mal) der Dialogpartner in Frage und Antwort,
sondern es ist die lebendige Neugierde in der Frage, die
Frische unmittelbarer Argumentation in der Antwort, die

---

[78] *Spec. virg.*, Epithalamium B2.B50, unten 1018.1030: *vices rerum termi-nare.*

[79] Siehe z.B. *Spec. virg.* 5, unten 396,6 – 398,5 (zu Maria); 10, unten 846,14–27 (zu Christus).

[80] Auf die Bedeutung des Dialogs als Ausdrucksform ist für Antike und Renaissance vielfach hingewiesen worden, für das lateinische Mittelalter ist sie erst neuerdings verstärkt in das Bewußtsein der Forschung gerückt. Die Frage nach der dialogischen Interaktion fügte sich in den Münsteraner Sonderforschungsbereich 231 (Träger, Felder, Formen pragmatischer Schriftlichkeit im Mittelalter), dokumentiert in FMSt 1985–1999; Überblick: VON MOOS, *Dialogform.*

nahelegen, das Gespräch zwischen Peregrinus und Theodora als Spiegel einer realen Lebenssituation zu sehen, die den Leser unmittelbar in das Geschehen einbezieht. Dazu kommen durchaus individuelle Züge, die Lehrer und Schülerin charakterisieren. Diese helfen zwar nicht zur Festlegung auf eine benennbare Person, aber sie beschreiben gültig die Lehrsituation an sich mit ihren Möglichkeiten und Schwierigkeiten und sind darum von ungebrochener Aktualität.

Der Diskurs im Lehren und Lernen bedient sich der üblichen Methoden, die souverän und konsequent gehandhabt werden. Die Benennung des Gegenstandes, dann seine Erklärung und Auslegung, häufig nach dem mehrfachen Schriftsinn, bestimmen Anlage und Fortgang des Lehrgesprächs. Es ist auffallend, daß offenbar die Reflexion über die angewandte Methode immer präsent ist. Davon zeugen Randnotizen, die sich in allen frühen Handschriften erhalten haben und die in präzisen Definitionen *(Quaestio, Difinitio, Distinctio, Comparatio, Similitudo, Argumentum, Probatio, Mysterium)* den jeweiligen Stand des Diskurses markieren. Sie machen deutlich, daß es nicht nur um die Vermittlung von Inhalten geht, sondern um Erlernung und Bewußtmachung einer Methode, die überhaupt erst die Erfassung geistiger Inhalte erlaubt. Damit erweist sich das *Speculum virginum* als eigenständiges Lehrbuch, das die Anwendung von Methode als Übung geistiger Disziplin zu nutzen weiß.[81]

---

[81] An dieser Stelle kann auf die Aussagemöglichkeit einer solchen Beobachtung für den Bildungsstand von Frauen in mittelalterlichen Klöstern hingewiesen werden, wie sie uns am Beispiel THEODORAS vor Augen steht. THEODORA ist PEREGRINUS eine durchaus gleichberechtigte Partnerin, bei der sogar Griechischkenntnisse vermutet werden können. Ihr Bildungsstand ist zwar nicht generell für alle *virgines Christi* vorauszusetzen, aber eben auch nicht ausgeschlossen. Die Beurteilung dieser Frage bedarf sorgfältiger Prüfung. So ist inzwischen wohl unbestritten, daß auch HILDEGARDS berühmter Ausspruch, sie sei *indocta*, mit einiger Skepsis anzusehen ist. Dazu und zu dem Verhältnis von Intuition und bewußter, methodischer Durcharbeitung bei HILDEGARD VON BINGEN vgl. MEIER, *Calcare* 359.

Zu Beginn des zweiten Teils des Einleitungsbriefs, der das Programm des Werks und die Vorgehensweise beschreibt, beruft sich der Autor ausdrücklich auf das Prinzip der *varietas* als Stilmittel.[82] Sie vermag Ermüdung beim Leser zu bekämpfen und seine Aufmerksamkeit zu schärfen. Wie einen Kranz, den man aus Blumen unterschiedlicher Art und Farbe flicht, so will er das Werk aus unterschiedlichen Teilen zusammenbinden; die Jungfrau Christi mag sich dann an jeder neuen Blume von neuem erfreuen und ihre Aufmerksamkeit auf Gottes Wort wie auf eine köstliche Blume lenken.

Entsprechend diesem Variationsprinzip können ganz unterschiedliche Themen aufgenommen werden. An drei Stellen, am Anfang, in der Mitte und am Ende des Werks, stehen zusammenhängende Abschnitte der Schriftauslegung im Sinn eines Vers-für-Vers-Kommentars. Die Verse Sir 39,17–21 werden als *canticum invitatorium* in Buch 1[83] ausgelegt. Das Gleichnis von den klugen und törichten Jungfrauen nach Mt 25,1–13 umfaßt nahezu das gesamte 6. Buch.[84] Bei der Auslegung des Herrengebetes[85] geht es vor allem um die Zusammenstellung mit anderen Septenaren (Seligpreisungen, Verse aus Ps 28, der Offenbarung des Johannes u.a.).[86] Der Schmuck und die Kleidung der Töchter Zions, wie er Jes 3,16–23 beschrieben wird, findet in Buch 3[87] eine Auslegung nach dem *sensus litteralis* und dem *sensus spiritalis*.

---

[82] Siehe *Spec. virg.*, ep., unten 74,8.
[83] Siehe *Spec. virg.* 1, unten 88,20 – 140,17.
[84] Siehe *Spec. virg.* 6, unten 486,1 – 560,13.
[85] Siehe *Spec. virg.* 11, unten 962,1 – 972,6.
[86] Vgl. dazu REHM, *Vaterunser-Erklärungen*. Abgesehen von den bildlichen Exempla zu dem Thema, die in breiterer Überlieferung erst aus dem Spätmittelalter überkommen sind, trägt der Verfasser eine Fülle von wesentlich früherem literarischem Material zusammen, das auch die Erörterung im *Spec. virg.* in einem weiteren Diskussionszusammenhang erscheinen läßt.
[87] Siehe *Spec. virg.* 3, unten 240,7 – 266,2.

Neben den auf bestimmten Schriftzitaten fußenden Er-örterungen finden sich solche, die sich speziell mit der Virginität, ihrer Bewahrung und ihrem Verlust beschäftigen. Immer wieder wird, ausgehend von 1 Kor 7,34[88], das Privileg der Jungfrauen betont, die allein wirklich frei sind, die Dinge Gottes zu bedenken, da sie keinem Mann gefallen müssen: *Et mulier innupta et virgo cogitat, quae Domini sunt, ut sit sancta et corpore et spiritu; quae autem nupta est, cogitat, quae sunt mundi, quomodo placeat viro.*[89]

Daß unter den drei Ständen der Verheirateten, der Verwitweten und der Jungfrauen letztere die höchste Frucht bringen[90], darf für sie dennoch nicht Anlaß zu Hochmut *(superbia)* werden, sondern muß im Gegenteil zu ständiger Bemühung um eine Haltung der Demut *(humilitas)* führen. Hierfür wie auch sonst wird als höchstes Vorbild der Jungfrauen Christi immer wieder Maria zitiert, der fast das ganze 5. Buch gehört und deren Auserwähltheit von Anbeginn an ausführlich erörtert wird.[91] Ihre Rolle im Heilsplan Gottes war schon vor aller Schöpfung festgelegt (Spr 8,22: *Dominus possedit me initio viarum suarum, antequam quicquam faceret a principio).*

Es ist bemerkenswert, daß der Autor neben dem Vorbild Mariens und weiterer Gestalten aus biblischer Geschichte und christlichem Legendenschatz auch auf heidnische Gestalten aus der griechischen und römischen Geschichte als Exempla für tugendhaftes Verhalten zurückgreift.[92] Das zeigt zumindest Vertrautheit und Offenheit im Umgang

---

[88] Vgl. die Präsenz dieses Zitats im gesamten Werk nach dem Register der Bibelstellen, unten 1089.
[89] Vgl. *Spec. virg.* 3, unten 250,9–11 u.a.
[90] Siehe *Spec. virg.* 7, unten 564,1 – 608,16.
[91] Siehe *Spec. virg.* 5, unten 374,11 – 392,21.
[92] Siehe *Spec. virg.* 7, unten 608,23 – 616,23.

mit der antiken Tradition[93], wobei Peregrinus zweifelsfrei
auf Verständnis oder sogar Vorkenntnisse bei seiner Zuhö-
rerin rechnen kann.

Zum Zitat der personalen Vorbilder fügen sich die ausführliche Aufzählung und Betrachtung von Tugenden und
Lastern an. Buch 4[94] ist ganz diesem Thema gewid- met,
wobei die Registrierung von sieben Haupttugenden mit
ebensoviel Untertugenden und entsprechend sieben
Hauptlastern mit ebensoviel Unterlastern offenbar auf bereits vorhandene Kataloge zurückgreift.[95] Die Festlegung
der vier antiken Kardinaltugenden, ihre Erweiterung durch
die drei christlichen Tugenden und ihre antithetische Er-
gänzung durch die sieben Laster sind so allgemeines Gut,
daß man sie sicher nicht als originäre Erfindung des *Speculum virginum* beanspruchen darf, wenn auch die Konsequenz der Darlegung für eine eigene, präzise Durcharbeitung des Stoffes spricht und sich deutlich von anderen
Traditionssträngen abhebt.

Gerade in jüngster Zeit ist das Thema der Tugenden und
Laster im Zusammenhang der Intensivierung der Hilde-
gard-Forschung erneut diskutiert worden.[96] In Hildegards
Liber vitae meritorum, den Angela Carlevaris in ihrer Edition auf 1158–1163 datiert[97], also mit kaum 20 Jahren Unterschied zum *Speculum virginum*, treten 35 Paare von
Tugenden und Lastern auf, die nach der Vision Hildegards
in direkter Rede und alternierendem Streitgespräch ihr We-

---

[93] An dieser Stelle ist auf die zwar nicht sehr zahlreichen, aber eindeutigen
Antikenzitate, vor allem aus römischen Dichtern, zu verweisen; vgl. dazu
SEYFARTH, *Speculum virginum* 29*.

[94] Siehe *Spec. virg.* 4, unten 284, 1 – 334, 4.

[95] Zur Zusammenstellung der sieben Laster und Tugenden mit anderen
Septenaren, vor allem den sieben Vaterunser-Bitten vgl. REHM, *Vaterunser-Erklärungen* 22 Anm. 63, passim; dazu auch oben 14 Anm. 23.

[96] Neben den Einleitungen zu den jüngst erschienen kritischen Edi-
tionen der Werke HILDEGARDS VON BINGEN vgl. vor allem MEIER, ,Virtus‘
und ‚Operatio‘.

[97] CARLEVARIS, *Liber vitae meritorum* X.

sen und ihre Wirksamkeit charakterisieren.[98] Damit knüpft Hildegard unmittelbar an die Darstellung der Tugenden und Laster im Rahmen der Streitgesprächsliteratur an, die in der Psychomachie des Prudentius ihr prominentestes Vorbild hat: Tugenden und Laster treten personifiziert als Frauengestalten zum Kampf gegeneinander an, sie tragen ihre Auseinandersetzung vor allem mit Worten, aber auch mit Waffengewalt aus.[99] Es ist bekannt, daß der Entwurf des Prudentius das Thema sowohl in der bildenden Kunst wie in der literarischen Erörterung nachhaltig beeinflußt hat.

Von dieser Tradition der Personifikation von *virtutes* und *vitia,* die mit der Begabung zur Rede ausgestattet sind und sich darum im Streitgespräch zu artikulieren vermögen, hebt sich die Darstellung im *Speculum virginum* deutlich ab. Hier herrscht das aus dem Lehrbuch der Natur gewonnene Bild vor, das das Wesen und Wachsen von Tugenden und Lastern mit dem Wachstum von Pflanze und Baum vergleicht, die sich aus einem Samenkorn entwickeln und Frucht bringen. Aus der Wurzel der Demut vermag süße Frucht zu keimen, aus ihr erwächst die ganze Fülle der Tugenden und Untertugenden und entwickelt sich in verschwenderischem Reichtum. Auch aus der herben Wurzel des Hochmuts keimt und wächst es. Aber die hier entstehenden Früchte der Laster und Unterlaster sind bitter, und ihr Genuß birgt für den Menschen Tod und Verderben. Die Antithese von *humilitas* und *superbia,* die als entscheidendes Leitmotiv die gesamte Erörterung durchzieht, ist in das Bild pflanzlichen Wachstums gekleidet.

---

[98] HILDEGARDS Auseinandersetzung mit dem Thema ist nicht auf den *Liber vitae meritorum* beschränkt. Sie durchzieht das ganze Werk von *Scivias* bis zum *Ordo virtutum* und belegt damit über den speziellen Fall hinaus exemplarisch die Präsenz des Stoffes im 12. Jahrhundert.

[99] LIEBESCHÜTZ, *Das allegorische Weltbild* 35–38, diskutiert den Zusammenhang zwischen dem weitverbreiteten Prosatext *Conflictus virtutum et vitiorum* und HILDEGARDS Behandlung des Stoffs im *Liber vitae meritorum;* vgl. dazu jetzt CARLEVARIS, *Liber vitae meritorum* XXIII–XXVII.

Dieses Bild wird nun in einer für das Anliegen des *Speculum*-Autors typischen Weise ergänzt durch eine geradezu nüchterne und präzise Begriffsbestimmung, die den Stoff für das Konzept eines Lehrbuchs zu ordnen scheint, indem die einzelnen Tugenden und Laster in ihrer Wirkungsmacht, ihrer Eigentümlichkeit und Beschaffenheit beschrieben und registriert werden: *Qui per arborum duarum formas et species virtutum seu vitiorum procursum luculenter admodum ordinasti, restat, ut ipsorum etiam valentiam, proprietates et qualitates diffinitionibus subtilissimis cordis nostri conspectibus reddas.*[100]

An dieser Stelle sei eine Beobachtung eingefügt, die den oben getroffenen Feststellungen zu widersprechen scheint, ihre Erklärung aber in der Langlebigkeit von Vorstellungen finden dürfte: Auch im *Speculum virginum* finden sich in der Wortwahl zuweilen Anklänge an die oben zitierte Kampfsituation, obwohl sich das Anliegen des *Speculum*-Autors in der Behandlung des Tugend-Laster-Themas eindeutig von der Prudentius-Tradition abhebt. So ist von dem Streiter für die Tugenden[101] die Rede, und es ergeht die Aufforderung, sich in die *militia Christi*[102] einzuordnen, denn die Schar der Hauptlaster rückt gegen die *castra Christi*[103] vor.

Gerade am Beispiel des Tugend-Laster-Katalogs mit den zugehörigen Bildern der beiden Bäume läßt sich das pädagogische Konzept des *Speculum*-Autors exemplarisch charakterisieren.[104] Eine strenge Methodik, die in *subtillissimae diffinitiones* geistige Disziplin fordert und voraussetzt, wird unterstützt von realer Anschauung, die auf

---

[100] *Spec. virg.* 4, unten 292,14–18.
[101] Siehe *Spec. virg.* 4, unten 292,19: *miles virtutum.*
[102] Siehe *Spec. virg.* 4, unten 308,12 f.
[103] Siehe *Spec. virg.* 4, unten 300,11.
[104] Die Funktion der Bilder im *Spec. virg.* ist unter dem Aspekt der Lehrkonzeption noch nicht untersucht worden, ein Forschungsdesiderat, auf das an dieser Stelle hingewiesen sei.

persönliche Naturerfahrung rekurriert und auch das sinnliche Erlebnis im Bild in der Wahrnehmung der Umwelt in den Dienst der Erkenntnis stellt: Beide Möglichkeiten, wissenschaftliche Methodik und visuelle Wahrnehmung, werden genutzt und unterstützen sich gegenseitig im Blick auf das vorgestellte Ziel, nämlich die Jungfrauen Christi zu einem *profectus virtutum* zu führen.

Eine gewisse Sonderstellung nimmt das 10. Buch ein. Es verzichtet auf die Dialogform und ist mit seinen 450 Zeilen allein als Dankgebet *(actio gratiarum)* konzipiert, das sich an Ps 102, 1 Vg. anschließt: *Benedic, anima mea, domino et omnia interiora mea nomen sanctum eius.* Auch das einleitende Bild fügt sich in das besondere Anliegen und den herausgehobenen Inhalt dieses Buchs: Es zeigt den Autor in geistlicher Kleidung, wie er vor der *maiestas domini* in adorierender Haltung einen Fuß Christi erfaßt.

Die Fülle unterschiedlicher Themen, die der *Speculum*-Autor anführt und die hier nur summarisch genannt werden können, bedurfte einer sorgfältigen Redaktion, wenn nicht Zusammenhang und Ziel des ganzen Werkes auseinanderfallen und verlorengehen sollten. Es kann hier nur darauf hingewiesen werden, daß der Autor die Disposition seines Stoffes offenbar nicht aus dem Auge verlor, sondern durch ein System von Verweisen und Verklammerungen[105] die unterschiedlichen Themen so verband, daß sie sich letztlich zu einer einsichtigen und einheitlichen Komposition zusammenfügen.

Dieser Ordnungsdisposition dienen auch die Bilder, die selbstverständlich über die angesprochene Gliederungsfunktion im Werkzusammenhang hinaus einen viel weiteren Interpretationsrahmen erschließen, der hier nicht zur Diskussion steht. Es muß an dieser Stelle im Hinblick auf die Gliederungsfunktion genügen, auf das erste und letzte

---

[105] Beispiele für diese Verweise und Verklammerungen im Text sind SEYFARTH, *Speculum virginum* 25*, angeführt.

Bild des Zyklus zu verweisen, die das gleiche Thema von
der Wurzel Jesse und den Gaben des heiligen Geistes sowohl intonieren als auch variieren[106] und damit das Werk
als eine Ganzheit erweisen, die in der gleichen Thematik
begonnen und beschlossen wird. Die Bilder markieren im
Zitat eines nahezu identischen Bildtyps Thema und Zusammenfassung des Werks, wobei auch hier wieder der Autor
selbst im Text auf diese Funktion hinweist, indem er Theodora am Schluß der Erörterung an das auf dem Titelbild
angezeigte Thema erinnern und seine Lösung einfordern
läßt: *Florem liminari paginae praefixisti, quem cum suis
septiformis gratiae quibusdam appendiciis in fine opusculi
nostri resolvendum promisisti, id est qualiter spiritus sanctus
per multa donorum carismata diffusus et divisus, tamen
patri et filio statu aeternitatis consubstantialis sit et unicus.*[107] Und weiter im Hinblick auf das Schlußbild: *Fabrice-
mus ergo cum columnis septenis donis domum sapientiae,
quibus sensu mistico ordinasti et ad florem praedictum sus-
tentandum eius gratia erectis miremur.*[108]

Genauso wie dem Autor die übersichtliche Disposition
seines Stoffes ein Anliegen ist, verliert er auch sein paräne-
tisches Ziel nicht aus den Augen, nämlich für die Jungfrau-
en Christi einen Leitfaden zu wahrer Christus-Nachfolge
bereitzustellen. In diesem Sinn kann man das *Speculum
virginum* als eine Lehrschrift bezeichnen, in deren didak-
tisches Ziel sich auch der Bildgebrauch einordnet. Das Bild
wird eingesetzt als konstituierender Faktor des Lehrgesprächs, es akzentuiert den Diskurs, ihn gewissermaßen
visuell unterstützend: Das Medium der Vermittlung kann
in *scriptura* und *pictura* variieren, die Intention bleibt die

---

[106] Bild 12 ist mit dem Motiv der Wurzel Jesse auf die gleiche Grundstruk-
tur wie Bild 1 konzipiert, wird aber erweitert um die Bildelemente vom
Haus der Weisheit.

[107] *Spec. virg.* 10, unten 878, 4–8.

[108] *Spec. virg.* 10, unten 880, 18–21.

gleiche. Daß diese Bilder sich des eher bescheidenen Mediums der Federzeichnung bedienen, dürfte sie an die Tradition von Zeichnungen in Lehrschriften anschließen, die bis in die Antike zurückreicht.[109]

Die 12 Bilder des *Speculum virginum,* die von Anbeginn das Interessse der Forschung auf sich zogen, verdienen unter verschiedenen Aspekten hohe Aufmerksamkeit. Auf ihre didaktische und werkimmanente Funktion ist oben hinreichend verwiesen worden. Das hohe Abstraktionsvermögen, das diese Bilder auszeichnet, läßt sie über den speziellen Fall hinaus zum Exempel werden.

Dabei zeigt sich am Beispiel des *Speculum virginum* einmal mehr, daß die üblichen Begriffe von „Illustration", von „narrativen Elementen" oder von „Dekoration" *ornamenti causa* nur sehr bedingt zur Beschreibung solcher Bilder taugen. Es muß immer wieder daran erinnert werden, daß jedes Bild im Buchzusammenhang in so enger Abhängigkeit vom Text zu sehen ist, daß es in der Tat für jeden Buchtyp neu erfragt werden muß: Das Bild im Buch definiert sich wesentlich aus Rang und Funktion des vorgegebenen Textes.[110]

In diesem Sinn bestimmt auch im *Speculum virginum* der Text die besondere Struktur der Bilder. Die Fähigkeit des Autors, abstrakte Theoreme bildlich zu konkretisieren, oder einfach das hohe Abstraktionsvermögen, das in diesen Bildern zum Ausdruck kommt, leitet sich aus der Thematik des Werks ab. Dabei zitiert der Autor zwar durchaus überkommene Bildelemente, kombiniert sie aber in unerwartet kühnen Zusammenhängen neu und erreicht dadurch auch im Bild einen Grad an geistiger Durchdringung seines

---

[109] Vgl. dazu SEYFARTH, *Speculum virginum* 19* Anm. 54.
[110] Das Gemeinte wird besonders deutlich, wenn man sich etwa die Ausstattung des Evangeliars vor Augen hält. Das Evangeliar genoß als Buch des höchsten Rangs eigene Verehrung, weil es das *verbum incarnatum* leibhaftig in sich barg. In diesem Sinn diente alle künstlerische Ausstattung der Erhöhung seiner Würde.

Stoffs, an Abstraktion, der seinem Anliegen und seiner Thematik allein entspricht. Daß dieser Vorgang generell Einsichten in den Prozeß der Bildkonzeption und den Umgang mit den Möglichkeiten und Bedingungen künstlerischer Realisierung erlaubt, sichert den Bildern ihren besonderen Rang.

Schon oben wurde darauf hingewiesen, daß es sich bei den Bildern um Federzeichnungen handelt, die sorgfältig ausgeführt und sparsam farblich in Rot, Grün und Blau laviert sind und die meist, wenn auch nicht durchgehend, zu Beginn der 12 Bücher plaziert wurden.[111] Sie gehören zum ursprünglichen Bestand des Werkes und sind in allen frühen Handschriften in nahezu identischer Überlieferung auf uns gekommen. Dabei sind sie an der ihnen eigenen Stelle notwendig plaziert und durch Vor- und Rückverweise im Text an ihrem Ort verankert. Text und Bild sind so verknüpft, daß sie einander bedingen; daraus ergibt sich, daß auch ihre Autorschaft ohne jeden Zweifel ein und derselben Person zugeschrieben werden muß.

Daß der Autor selbst sich zu der Konzeption und besonderen Rolle seines Bildgebrauchs äußert, kann als zusätzliche Bestätigung für diese Beobachtungen angeführt werden. Darüber hinaus sind diese Äußerungen von exemplarischem Wert, denn authentische Reflexionen über Rolle und Funktion des Bildes im Textzusammenhang sind aus dieser Zeit kaum überliefert.

Sicher klingt auch im *Speculum virginum* die alte Konkurrenz zwischen Bild und Wort an, wenn Peregrinus der

---

[111] Die Frage der Plazierung der Bilder hängt eng mit der Frage der Einteilung in Bücher (*explicit-incipit*-Vermerke) zusammen, wobei die literarische Form des Dialogs die Zäsur in einzelne Bücher erschwert. GREENHILL, *Stellung der Handschrift,* widmet dieser Frage eine eigene Untersuchung. Sie folgert aus den festgestellten Unstimmigkeiten, daß Arundel 44 das Konzeptexemplar des Autors sei; allerdings stand ihr die kritische Edition, die diese Beobachtungen relativiert, noch nicht zur Verfügung; vgl. dazu SEYFARTH, *Speculum virginum* 26*.

mistica pictura eine erweiterte Erkenntnismöglichkeit gegenüber der *scriptura* zugesteht: *Attende igitur, ut profectum habeas ex mistica pictura, si tardior fueris ex scriptura.*[112] Oder an anderer Stelle, wo die Einsicht *per oculos* der *ratio invisibilis* gegenübergestellt wird: *Facilior enim ad intellectum per oculos sensus est, ubi praemonstrat ratio invisibilis, quid ostendere vis verbis secuturis.*[113] Aber es geht über den alten Topos von der Rolle der Bilder für die des Lesens Unkundigen weit hinaus, wenn Wort und Bild in gleichberechtigte Wechselwirkung gestellt werden *(aliud per aliud consideratur)* und dem Bild eigenständige Fähigkeit zugeschrieben wird, die Einsicht zu schärfen: *Quod ut apertius clareat, rursus figuram ponamus et, quomodo sensus carnales obvient spiritalibus, quomodo trahent isti, illi fugiant, ostendamus. Saepe enim aliud per aliud consideratur et per rerum imagines visibilibus obiectas intellectus acuitur.*[114]

V. DIE QUELLEN

Die Bestimmung der Quellen ist auch im *Speculum virginum* ein vielschichtiges Problem. Natürlich ist hier wie in jedem anderen Text präzise Forschung im einzelnen die Grundlage für eine mögliche Aussage, aus welchen Quellen der Autor schöpft, von welchen er sich absetzt. Aber über diese selbstverständliche Feststellung hinaus ist immer wieder daran zu erinnern, daß der Umgang mit Zitat und Quelle im mittelalterlichen Schrifttum ein grundsätzlich anderer ist als in der Moderne.[115] Es kann nicht genügen,

---

[112] *Spec. virg.* 1, unten 168,19–21.
[113] *Spec. virg.* 10, unten 880,16–18.
[114] *Spec. virg.* 7, unten 644,25 – 646,3.
[115] Zur Quellenbestimmung als hermeneutischem Problem MEIER, *Eriugena im Nonnenkloster?* 469f. Was hier für HILDEGARD VON BINGEN dargelegt wird, gilt grundsätzlich.

einzelne *similia* zu benennen[116], sondern in Aneignung der zugrundeliegenden gedanklichen Disposition den gemeinsamen Erfahrungs- und Argumentations-Horizont aufzudecken und zu bestimmen.

Eine Sonderstellung in der Frage der Quellenbestimmung nimmt natürlich die heilige Schrift ein. Sie ist Richtschnur monastischen Lebens und monastischer Spiritualität überhaupt, wie es sich gültig für das abendländische Mönchtum bereits in der *regula Benedicti* formuliert findet. In praktischer Umsetzung war es die *lectio divina,* die einen Grundpfeiler im Alltag der Klostergemeinschaft bildete und demzufolge ihren Inhalt für den Ablauf zönobitischen Lebens ebenso präsent hielt wie für jede literarische Äußerung. Die heilige Schrift ist Quelle schlechthin, ebenso Anlaß zu Auseinandersetzung und Argumentation im Einzelnen wie Maßstab im Grundsätzlichen. Sie ist in der Sprache, in den Sprachbildern und Formulierungen genauso gegenwärtig wie in dem, was wir heute „wörtliche Zitate" nennen. Darum ist jeder Nachweis wörtlicher Schriftzitate immer auf dem Hintergrund einer viel weiteren Wirkungsmächtigkeit der *sacra scriptura* zu sehen, die in jeder Lebensäußerung präsent ist.

Immerhin ergibt eine Prüfung der wörtlichen Schriftzitate im *Speculum virginum* durchaus Einblick in Schwerpunkte und Vorlieben des Autors.[117] Daß die einschlägigen Texte zur geistlichen Jungfrauenschaft, nämlich das Hohe

---

[116] Hier sei als Beispiel für den unterschiedlichen Usus hingewiesen auf den freien Umgang mit der Autoren-Nennung für solche *similia* im vorliegenden Text: *Spec. virg.* 2, unten 206, 15 f, nennt der *Speculum*-Autor für einen einzigen Satz AUGUSTINUS als Quelle, bleibt aber bei dem langen, nahezu wörtlichen Auszug *Spec. virg.* 7, unten 622, 22 – 626, 16, seinen Namen schuldig; andererseits läßt sich ein AUGUSTINUS namentlich zugewiesenes Zitat in *Spec. virg.* 5, unten 428, 17 f, nicht eindeutig zuordnen.

[117] Die Auflistung aller Schriftzitate im *Spec. virg.* findet sich im Register der Bibelstellen, unten 1080–1091.

Lied (79 Zitate)[118] und Psalm 44 Vg. (21 Zitate), angeführt werden, verwundert nicht. Aber wesentlich mehr Gewicht kommt mit 147 Zitaten den Psalmen zu, denen etwa doppelt so viele Evangelienzitate (248) gegenüberstehen. Ein besonderes Augenmerk ist auf die Nutzung der Paulus-Briefe zu richten, die für den Autor offenbar einen Schwerpunkt ausmachen: Mit 397 Zitationen greift er mit deutlicher Gewichtung auf sie zurück.

Nächst der heiligen Schrift sind es die Kirchenväter, denen generell geradezu kanonische Autorität zukommt, so daß ihre Benutzung fast eine Selbstverständlichkeit ist, die den Rang eines jeden Werks zu erhöhen vermag. Auch der *Speculum*-Autor betont, daß er sich der Tradition der Väter anschließen wolle.[119] Daß er dabei von den Kirchenvätern insbesondere auf Ambrosius, Augustinus und Hieronymus zurückgreift, versteht sich aus deren spezieller

---

[118] Hier ist schon rein numerisch gegen GREENHILL, *Bilderreihe,* zu argumentieren. GREENHILL versucht, das *Spec. virg.* als eine Exegese zum Hohen Lied zu erweisen. Damit greift sie einen einzelnen Aspekt des Textes heraus und bleibt für das übrige Werk die Einordnung schuldig.

[119] Der Rückgriff auf die Tradition der Väter wird vom Autor selbst bezeugt, wenn er das Gleichnis von den klugen und törichten Jungfrauen auslegen will *sicut a patribus accepimus* (*Spec. virg.* 5, unten 484,10), oder wenn er eine Erklärung vorträgt *iuxta patrum sententiam* (*Spec. virg.* 8, unten 652,21 f).

Beschäftigung mit dem Thema der geistlichen Jungfrauenschaft.[120]

Die Hinweise auf die heilige Schrift und die Väter mögen
für nahezu alle geistliche Literatur gültig sein. Ein spezieller Hinweis muß dagegen den karolingischen Theologen
gelten, unter ihnen insbesondere Paschasius Radbertus,
dessen unmittelbare Nutzung durch den *Speculum-* Autor
kaum bezweifelt werden kann.[121]

Radbertus (ca. 790–859), der sich später dem Brauch des
Hofkreises folgend den Beinamen Paschasius zulegte, wurde von den Nonnen des Marienklosters in Soissons erzogen, trat als Mönch in Corbie ein, wo er 844–849 die
Abtswürde bekleidete und nach Aufenthalten in Centula
und Corvey 859 verstarb.[122] Von seinem reichen exegeti-
schen und dogmatischen Schrifttum erreichte der Traktat
De corpore et sanguine domini[123] schon zu seinen Lebzeiten

---

[120] Wenigstens einige der einschlägigen Texte seien hier genannt, die vielerlei unmittelbare Parallelen zum *Spec. virg.* aufweisen: AMBROSIUS, *virg.*
3 (PL 16,191 f), wo besonders die Vorbildlichkeit Marias für die *virgines
Christi* betont wird und zahlreiche Hohelied-Zitate gedeutet werden;
weiter AMBROSIUS, *vid.; virginit.; inst. virg.; exhort. virg.; laps. virg.*
HIERONYMUS, *adv. Iovin.* 1 (PL 23,211–296), diskutiert das Gleichnis von
der mehrfachen Frucht und gebraucht das Bild von den Fingerzeichen, die
auf Verheiratete, Witwen und Jungfrauen bezogen werden. Der *Speculum-*
Autor folgt ihm offenbar, wenn er ebenso die drei Fingerzeichen in seinen
Text (*Spec. virg.* 7, unten 638, 8–20) als Federzeichnung integriert (Bild B,
unten nach 716) und sich auch in den aus der römischen Antike gewählten
Exempla eng an *adv. Iovin.* anschließt: vgl. *Spec. virg.* 7, unten 610, 7–16,
und den Testimonienapparat SEYFARTH, *Speculum virginum* 397; AUGU-
STINUS, *virg.* (235–302 ZYCHA).
[121] Ein erster Hinweis auf PASCHASIUS RADBERTUS ist BERNARDS, *Speculum virginum* 31, zu danken, der PASCHASIUS vor allem für die Auserwähltheit Mariens von Anbeginn, die auch der *Speculum-*Autor vorträgt,
in Anspruch nimmt.
[122] Zu PASCHASIUS RADBERTUS vgl. GRÉGOIRE, *Paschase Radbert,* und die
Einleitung zu dem neu edierten Matthäuskommentar: PAULUS, *Expositio
in Matthaeum.*
[123] PASCHASIUS RADBERTUS, *corp. Dom.* (CCM 16).

in Zustimmung und Widerspruch große Publizität. Das
Werk leitete den ersten Abendmahlsstreit der Karolinger-
zeit ein und wurde in der weiteren Diskussion um die
Eucharistielehre bis in die Zeit Berengars als Autorität
zitiert. Erst in jüngerer Zeit ist sein Beitrag zur Mariologie,
der auch für das *Speculum virginum* von einiger Relevanz
ist, in das Blickfeld der Forschung gerückt.[124]

Viele seiner Werke sind nach eigenem Zeugnis aus praktischer Lehrtätigkeit hervorgegangen, was auch für seine
expositio in psalmum XLIV[125] gelten dürfte, die in unserem
Zusammenhang vor allem interessiert.[126] Die Abfassung
dieses Werks, das in drei Bücher unterteilt ist, wird in einen
persönlichen Anlaß gekleidet: Radbertus schickt das Werk
den Nonnen von Soissons[127], wo er erzogen wurde und die
er als Adressaten seiner Unterweisung immer wieder unmittelbar anredet.[128]

Es ist hier nicht der Ort, den Tenor und die Themen
dieser Schrift, die in erstaunlicher Dichte im *Speculum
virginum* aufgenommen werden, im einzelnen anzuführen:
Immer wieder wird zum Vergleich auf Verse aus dem Ho-

---

[124] RIPBERGER, *Der Pseudo-Hieronymus-Brief IX* 14–25; dazu BRUN-
HÖLZL, *Geschichte der lateinischen Literatur* 1,374–376. Vgl. auch oben
42 Anm. 121.

[125] PASCHASIUS RADBERTUS, *expositio in psalmum XLIV* (CCM 94). Für
die grundlegende Bedeutung von Ps 44 Vg. sowohl in der Liturgie der
Jungfrauen-Konsekration wie in der Diskussion um die geistliche Jungfrauenschaft überhaupt vgl. SEYFARTH, *Speculum virginum* 20*.

[126] Der Text ist nur in einer Hs überliefert, die aus Corbie stammt (Paris,
Bibl. Nat., cod. lat. 12298).

[127] In cod. lat. 12298 findet sich zu Beginn des Textes auf fol. 177^v eine
Titelminiatur, auf der die Nonnen von Soissons aus der Hand des PASCHA-
SIUS RADBERTUS die Schrift empfangen.

[128] Die Anreden variieren *(virgines sacrae, filiae, virgines Christi, carissi-
mae)* und bringen eine persönliche Note in den Text, so PASCHASIUS
RADBERTUS, *in ps.* 2,1295–1297 (CCM 94,71): *quaeso legentibus hoc opusculum dilectionis quod virginibus sacris amore Christi dicavi ne despiciant
priusquam probent.* Der Einleitungsbrief im *Spec. virg.* nimmt diese Form
der Dedikation unmittelbar auf (unten 72,1–4; 78,13–15).

henlied zurückgegriffen, die Brautmystik ist präsent[129], der
Vergleich mit den Blumen und ihrem Duft[130], die Rolle der
Tugenden und das Bild von Christus als Wagenlenker[131], die
Bedeutung des Verses Offb 14,4[132], die Diskussion um
Gottes Weisheit und die Gaben des heiligen Geistes[133],
Beispiele aus der antiken Geschichte[134], Preis und Nutzung
von Gesang[135], Musik[136] und Musikinstrumenten[137] und im-
mer wieder die Bezeichnung des Werks als eines *Epithala-
mium*[138] für die Jungfrauen, das durch die Musikbegleitung
in besonders süßen Tönen erklingt. Auch für den Brauch,
Verse auf einem Akrostichon zu komponieren, läßt sich das
Vorbild des Paschasius anführen.[139]

Dieser Hinweis auf Paschasius Radbertus mag als Exempel genügen[140], obwohl damit keineswegs die vielschichtige
Quellensituation im *Speculum virginum* geklärt ist. Es
müßte auf zahlreiche weitere Werke zum Jungfrauen-The-

---

[129] PASCHASIUS RADBERTUS, *in ps.* 1,323–345 (CCM 94,11f).

[130] PASCHASIUS RADBERTUS, *in ps.* 1,90.159.651 (CCM 94,3.5.22).

[131] PASCHASIUS RADBERTUS, *in ps.* 1,210 (CCM 94,7).

[132] *Sequi agnum, quocumque ierit:* PASCHASIUS RADBERTUS, *in ps.* 1,282
(CCM 94,10).

[133] PASCHASIUS RADBERTUS, *in ps.* 1,313–319 (CCM 94,11f).

[134] Titus und Vespasian als *ursi:* PASCHASIUS RADBERTUS, *in ps.* 1,426f
(CCM 94,14).

[135] PASCHASIUS RADBERTUS, *in ps.* 1,114 (CCM 94,4).

[136] PASCHASIUS RADBERTUS, *in ps.* 3,1002 (CCM 94,106).

[137] *Musicorum organa:* PASCHASIUS RADBERTUS, *in ps.* 3,1005 (CCM
94,106).

[138] PASCHASIUS RADBERTUS, *in ps.* 1,136.789 (CCM 94,5.27).

[139] Seine Abhandlung *De fide, spe et caritate* beginnt PASCHASIUS RAD-
BERTUS mit einer *invocatio,* die als Akrostichon auf seinen Namen *Radbertus Levita* komponiert ist: *fid.* (PL 120,1387f).

[140] Hier ließen sich Überlegungen anschließen, ob HUGO VON FOLIETO
(vgl. oben 24f Anm. 67–70) in Corbie, wo er als Mönch eintrat, mit dem
Werk des PASCHASIUS RADBERTUS in Berührung kam. Auch die deutliche
Präsenz von antiken Exempla im *Spec. virg.* ließe sich einleuchtend aus
dem Einfluß von Corbie erklären, das ja bekanntlich eine Schlüsselstellung
in Rettung und Vermittlung der antiken Literatur einnahm.

ma verwiesen werden, angefangen von Aldhelms *De virginitate*[141], das er als *opus geminatum* in Prosafassung und Versform vorlegte, bis zu Guiberts von Nogent *Opusculum de virginitate*[142], um nur zwei weitere Werke zu nennen.

Schließlich gibt es einigen Aufschluß über Bildungsstand und geistigen Horizont der Dialogpartner, wenn die Argumentation sich gelegentlich auf antike Dichter und mittelalterliche Historiographen stützt.[143] Zitate aus diesem Bereich sind nicht sehr zahlreich, aber mit Verständnis eingesetzt, so etwa, wenn Peregrinus beim Gebrauch des Horazzitats *carm.* 3,7[144] den Vers auf das weibliche Geschlecht seiner Partnerin umdeutet.

Schließlich sei zum Schluß dieser Diskussion über die Quellen des *Speculum virginum* wenigstens der Hinweis auf eine mögliche grundsätzliche Ausrichtung gegeben, die das Werk bestimmt.[145] Es wurde schon mehrfach betont, daß dem Text ein kompositionell einheitlicher Entwurf zugrunde liegt, der die Intention des Werkes unterstützt und sichtbar werden läßt. Inhalt und Textgestalt entspre-

---

[141] Noch immer ist die kritische Edition von EHWALD in den MGH gültig: ALDHELM VON MALMESBURY, *virg. I* (MGH.AA 15,211–323); *virg. II* (MGH.AA 15,327–471). Auch für ALDHELM ließen sich über die gemeinsame Thematik hinaus zahlreiche Parallelen zum *Spec. virg.* nachweisen: Gespräch zwischen *magister* und *discipulus,* Widmung an die Äbtissin HILDILITHA und ihren Konvent, Gebrauch des Akrostichons, Symbolik der Siebenzahl, Tugend-Laster-Katalog.

[142] GUIBERT VON NOGENT, *Opusculum de virginitate* (PL 156,579–607). Gerade am Beispiel GUIBERTS wird deutlich, wie unterschiedlich der Diskurs bei gleicher Thematik ausfallen kann. Während bei ALDHELM VON MALMESBURY und PASCHASIUS RADBERTUS die Nähe zum *Spec. virg.* unmittelbar faßbar ist, gibt es bei GUIBERT VON NOGENT kaum Parallelen.

[143] Vgl. den *Index auctorum* bei SEYFARTH, *Speculum virginum* 396.

[144] *Impavidam ferient ruinae: Spec. virg.* 7, unten 568,15 f, zu HORAZ, *carm.* 3,3,7 (70 SHACKLETON BAILEY).

[145] Zu diesem Thema sei ein letztes Mal auf die ausführliche Argumentation in der Einleitung zur kritischen Edition verwiesen: SEYFARTH, *Speculum virginum* 51*–55*.

chen einander, die Disposition des Stoffes bedeutet mehr
als die Bestimmung einer literarischen Form.[146]

In der Komposition gibt es nun einen Grundgedanken,
der strukturierend das ganze Werk durchzieht: Es ist die
Rückkehr zum Schöpfer, das *redire* oder *repetere ad principium*, als die einzige Aufgabe des Menschen, die allein die
Rückgewinnung der Gottesebenbildlichkeit verheißt, die
durch den Ungehorsam der Voreltern verlorenging. Im
ersten Satz des Textes wird dieses Thema angeschlagen,
wenn es im Einleitungsbrief[147] heißt, daß der Mensch angelegt ist *ad principium suum repetendum*. Der Gedanke wird
immer wieder aufgenommen und mündet im Schlußsatz in
der Verheißung des *venire in patriam*.[148] Die Aufforderung
an den Menschen, zu seinem Schöpfer zurückzukehren,
kann sich unterschiedlich äußern und vielfältig konkretisieren. So dient die Ermahnung zu *proficere* und *profectus*
diesem Ziel, beides Schlüsselbegriffe der Unterweisung,
deren Bedeutung an der Zahl der Belegstellen (46 und 42)
ablesbar ist. Auch im vielfältig modifizierten Bild organi-
schen Wachstums wird der Gedanke von Fortschritt, Aufstieg und Rückkehr zum Schöpfer veranschaulicht.

---

[146] Daß es im *Spec. virg.* nicht um die Entwicklung neuer ethischer
Konzepte geht, sondern um die Darbietung eines Lehrkonzepts unter
bestimmten Aspekten, sagt der Autor selbst *Spec. virg.* 10, unten 876, 14 f:
*Speculum virginum pro posse nostro monstrando potius quam fabricando
exhibuimus.* Damit gewinnen die Komposition an sich und die *modi* der
Vermittlung eigenen Stellenwert für die Beurteilung.

[147] Siehe *Spec. virg.*, ep., unten 68, 19 f.

[148] Vgl. *Spec. virg.* 12, unten 1016, 5 f. Der Gedanke des Unterwegsseins
mit dem verheißenen Ziel des Heimkommens hat die Funktion eines
Leitmotivs, das an vielen Stellen plaziert ist, so etwa *Spec. virg.* 1, unten
162, 15 f: *optines amodo in patria, quod sperasti in via taediosa;* 8, unten
684, 14 f: *altera via patriam quaerat, quae incognita est;* 9, unten 732, 2–4:
In peregrinatione sumus, in tristitia et gemitu patriae nostrae recordamur;
10, unten 866, 17: *post viam patriam promisisti;* 10, unten 868, 9: *pere-
grinanti patria;* 11, unten 960, 21 f: *in via — in patria;* 12, unten 990, 21:
Christum habet in via, Christum in patria; 12, unten 996, 8 f: *in via, in
patria.*

Der *reditus ad suum principium,* den wir als konstituie-
renden Gedanken für das *Speculum virginum* in Anspruch
nehmen, trifft nun ein Grundprinzip neuplatonischen Den-
kens, das besonders im Entwurf Eriugenas deutlich wird.[149]
Die Wirkungsintensität Eriugenas im 12. Jahrhundert ist
gerade in den letzten Jahren durch verschiedene Arbeiten
deutlich geworden.[150] Vielleicht läßt sich auch das *Speculum
virginum* unter die Werke einreihen, die in ihrem gedanklichen Horizont dem großen Iren Entscheidendes verdanken.
Ob hier eine Möglichkeit zum tieferen Verständnis des
Speculum virginum liegt, wird nur weitere Forschung erweisen können. Aber auch ungeachtet solcher Aspekte ver-
tritt dieser Text eine eigenständige Position, die gerade in
Unterschied und Vergleich zu anderen Äußerungen, etwa
dem Werk Hildegards von Bingen[151], wahrgenommen werden sollte: In diesem Sinn vermag das *Speculum virginum*
unsere Einsicht zu erweitern und einen Beitrag zu leisten
zum Verständnis dieses ungeheuer reichen und unruhigen
Jahrhunderts, von dem Angenendt sagte, es sei „die Was-
serscheide des Mittelalters"[152] und dem Ohly „eine schöp-
ferische Frische ohnegleichen"[153] zusprach.

---

[149] BEIERWALTES, *Negati Affirmatio,* bes. 258. JOHANNES SCOTUS ERIU-
GENA, aus Irland stammend, gehört zu den wirkungsreichsten Gelehrten
im frühen Mittelalter. Als Vorsteher der Hofschule unter Karl dem Kahlen
wirkte er für eine Erneuerung der antiken Bildungstradition. Von seinen
zahlreichen theologischen und philosophischen Arbeiten war besonders die
Übersetzung und Auseinandersetzung mit dem Werk des PS.-DIONYSIUS
AREOPAGITA von nachhaltiger Wirkung; dazu: BEIERWALTES, *Grundzüge.*
[150] BEIERWALTES, *Aspekte;* MEIER, *Eriugena Redivivus;* dies., *Eriugena im
Nonnenkloster?*
[151] Offenbar rückt das Thema eines unmittelbaren Vergleichs von *Spec.
virg.* und dem Werk HILDEGARDS VON BINGEN jetzt erstmals in das
Blickfeld der Forschung: MEWS, *Hildegard.*
[152] ANGENENDT, *Geschichte der Religiosität* 44.
[153] OHLY, *Kathedrale* 171.

VI. Die Handschriften

Es ist schon darauf hingewiesen worden[154], daß der Text des
Speculum virginum sich auf eine breite handschriftliche
Überlieferung stützen kann, die von der Mitte des 12.
Jahrhunderts bis in den Beginn des 17. Jahrhunderts
reicht.[155] Von den lateinischen Handschriften sind 29 so weit
vollständig, daß sie sich dem Stemma einordnen lassen[156],
von 7 weiteren geben Zitate oder Erwähnungen Kenntnis.
Dazu kommen 26 Handschriften in mittelniederländischer
beziehungsweise volkssprachlicher Übersetzung.

Der hier vorgelegte lateinische Text beruht auf der kritischen Edition, die 1990 in CCM 5 erschienen ist und der
10 Handschriften aus dem Zeitraum von 1140–1260 zugrunde liegen. Diese 10 Handschriften, deren Kollationie-
rung sich für die Aufstellung eines Stemma als notwendig
erwies, werden im folgenden in kurzer Beschreibung vorgestellt.

- **L**   London, British Library, Arundel 44, 1140–1150,
  aus dem Besitz der Zisterzienserabtei Eberbach im
  Rheingau. Dazu: London, British Library, Arundel
  501, fol. 32 und 33.
  Pergament, 129 Blatt, 27/18,5 cm, eine Spalte, 32–37
  Zeilen. Quaternionen, bezeichnet mit römischen Ziffern von III auf fol. 17^v bis XVII auf fol. 129^v und
  XVIII auf Arundel 501, fol. 33^v = fol. 137^v. Die Lagenbezeichnungen I und II sind nicht vorhanden; zu

---

[154] Siehe oben 11.

[155] Für die Frage der handschriftlichen Überlieferung mit allen speziellen
Angaben zur kritischen Edition sei auf die Einleitung bei SEYFARTH,
Speculum virginum 56*–123* verwiesen.

[156] Nach persönlicher Mitteilung von M. POWELL ist diese Liste um zwei
weitere Fragmente in Spanien zu erweitern: Tortosa, Archivo de la Cate-
dral 279 und 283 (14./15. Jahrhundert): BAYERRI Y BERTOMEU, *Los Códices
Medievales* 459 f. 461.

vollständigen Quaternionen fehlen zu Beginn 7 Blätter, in paralleler Situation zu den in gleicher Weise unvollständigen Anfangslagen in der Kölner Handschrift **K**. Moderner Einband der Bibliotheca Arundeliana.

An dem Text sind vier Hände beteiligt, davon zwei Haupthände. Schreiber A schreibt Eingangslied, Einleitungsbrief, Buch 1 und 2, die Bildinschriften, das Epithalamium und sämtliche Korrekturen im ganzen Codex. Die zweite Haupthand B schreibt fol. 18^r bis 89^v, C und D nur untergeordnete Partien. Die Handschrift ist bis auf 6 Blätter am Schluß, die die *diffinitiones virtutum et vitiorum* und den Anfang des Epithalamiums (Vers 1–43) enthielten, vollständig. Alle 12 Bilder, einschließlich der Autorenbilder, sind vorhanden, ebenso die Marginalien mit Nota- und PX-Zeichen.

- **K** Köln, Historisches Archiv der Stadt Köln, W 276a, Mitte 12. Jahrhundert, wahrscheinlich aus dem Augustinerinnenkloster St. Maria zu Andernach. Dazu: Köln, Historisches Archiv, D 182, Einzelblatt. Pergament, 95 Blatt, 27/17,5 cm, eine Spalte, 34–35 Zeilen. Quaternionen, bezeichnet mit römischen Ziffern von IIII auf fol. 8^v bis XV auf fol. 95^v, wobei dazwischen einige Ziffern durch Beschneiden des unteren Blattrands verloren sind. Zu Beginn fehlen drei Lagen, die aber — parallel zu **L** — nicht vollständig gewesen sein können, wenn man den überlieferten Text zugrunde legt. Bei einer Neubindung des Codex im Jahr 1895 ging eine Urkunde aus St. Maria zu Andernach verloren, die als Schmutzblatt im alten Einband diente und auf die sich die Aussage zur Provenienz als wichtigstes Argument gründet. Der Codex enthielt den vollständigen Text des *Speculum virginum,* von dem nach Verlust am Anfang und

Ende der Handschrift heute der Text von Buch 3–9[157] vorliegt. In diesem Bereich sind Bilder, Marginalien und Notazeichen lückenlos vorhanden. Das neu gefundene Einzelblatt, das die Lieder mit Neumennotation überliefert, erweist auch für **K** die poetische Einkleidung des Werks als ursprünglichen Bestand.

- **V** Rom, Biblioteca Vaticana, Cod. Pal. lat. 565, um 1155, aus dem Augustinerchorherrenstift St. Maria Magdalena in Frankenthal.
  Pergament, 133 Blatt, 28,5/18,5 cm, eine Spalte, meist 33 Zeilen, auf den Bildseiten weniger oder mehr. Quaternionen, bezeichnet mit römischen Ziffern ab III auf fol. 24ᵛ bis XVI auf fol. 128ᵛ. Die Handschrift ist durch alten Besitzvermerk fol. 82ᵛ für Frankenthal gesichert, die Datierung ergibt sich aus der Stellung zur datierten Wormser Bibel aus dem gleichen Skriptorium.[158]
  Der Codex enthält den vollständigen Text des *Speculum virginum* ohne Epithalamium und die übrigen Lieder. Der Raum für die Bilder ist an den üblichen Stellen vorgesehen, sie sind aber nur bis Bild 9 vollständig ausgeführt. Marginalien und Notazeichen sind vorhanden; zusätzlich Notazeichen einer späteren Hand, die die Benutzung von **L** nach Korrektur (**L***) nahelegen; im übrigen ist der Text in unmittelbarer Nachfolge von **K** zu sehen.

- **T-1** Troyes, Bibliothèque municipale, MS 252, um 1200, aus der Zisterzienserabtei Clairvaux.
  Pergament, 132 Blatt, 25/35 cm, zwei Spalten, 34 Zeilen. Quaternionen, mit römischen Ziffern bezeichnet von I auf fol. 8ᵛ bis XVI auf fol. 128ᵛ. Die Datierung

---

[157] Genau: *Spec. virg.* 3, unten 216,20 – 836,20 (= CCM 5,59,38 – 294,1280).
[158] COHEN-MUSHLIN, *Medieval Scriptorium*, Kap. VI.B; IX.B.

stützt sich auf paläographische Kriterien und Ver-
gleichhandschriften des gleichen Skriptoriums. Die
Provenienz ist durch alten Besitzvermerk fol. 132ᵛ
gesichert: *Liber sancte Marie clare vallis.*
Der Codex enthält den vollständigen Text des *Speculum virginum,* einschließlich des Epithalamiums und
der übrigen Lieder mit Neumennotation. Marginalien, Notazeichen und alle Bilder sind vorhanden,
dazu 16 farblich lavierte Schmuckinitialen über 3–6
Zeilen. Der Einleitungsbrief zu Beginn der Handschrift bricht ab [159] und wird am Schluß fol. 132ᵛ unter
der Bemerkung nachgetragen [160]: *Ista capitula desunt
in principio libri.* Diese Besonderheit teilt **T-1** mit **T-2**
und **B**.

- **T-2** Troyes, Bibliothèque municipale, MS 413, Be-
ginn des 13. Jahrhunderts, aus der Zisterzienserabtei
Mores.
Pergament, 119 Blatt, 25/35 cm, zwei Spalten, 36
Zeilen. Quaternionen, bezeichnet mit römischen Zif-
fern von I auf fol. 8ᵛ bis X auf fol. 78ᵛ; vier Blätter sind
in Verlust geraten. Die Datierung ergibt sich in der
Nachfolge von **T-1**, dessen Schreiber die ersten drei
Kolumnen von **T-2** und einen weiteren Text im gleichen Band schreibt. Die Provenienz aus der kleinen
Zisterzienserabtei Mores, westlich von Clairvaux, ergibt sich aus historischen Nachrichten. Bei Verfall der
Abtei wurde der Bücherbestand 1747 von Clairvaux
übernommen, darunter auch MS 413.
Der Codex enthält bis auf die oben genannten Ver-lu-
ste den vollständigen Text des *Speculum virginum,*
allerdings ohne Epithalamium und die übrigen Lieder. Marginalien und Notazeichen sind nicht in der

---

[159] Siehe *Spec. virg.,* ep., unten 76,16 (= CCM 5,4,87).
[160] Siehe *Spec. virg.,* ep., unten 76,16 – 78,16 (= CCM 5,4,87–105).

üblichen Konsequenz gesetzt, die Bilder sind bis auf
Bild 7 vorhanden. Die ganze Handschrift zeigt we-
sentlich geringere Sorgfalt in Durcharbeitung und
Ausschmückung als **T-1**.

- **B** Berlin, Staatsbibliothek Berlin — Preußischer
Kulturbesitz, Ms. Phill. 1701, Anfang 13. Jahrhundert, aus dem Zisterzienserkloster Igny bei Paris.
Pergament, 148 Blatt, 38,5/27,5 cm, zwei Spalten, 33
Zeilen. Quaternionen, bezeichnet mit römischen Ziffern von I auf fol. 8^v bis XVIII auf fol. 144^v. Eine
Datierung auf die ersten Jahrzehnte des 13. Jahrhunderts stützt sich auf paläographische Kriterien und
die Abhängigkeit von **T-1**. Die Provenienz aus Igny
kann sich auf den alten Besitzvermerk auf fol. 68^v/69^r
und 146^r berufen.
Die Handschrift enthält den vollständigen Text des
Speculum virginum, einschließlich des Epithalamiums und der übrigen Lieder; die vorgesehene musi-
kalische Notation wurde nicht ausgeführt, wie auch
die Anlage des Epithalamiums als Wechselgesang für
zwei Chöre nicht mehr verstanden ist. Marginalien
und Notazeichen sind, wie die Bilder, vollständig
vorhanden, Schmuckinitialen an den Buchanfängen
zeugen ebenso wie zahlreiche Verbesserungen im
Text für eine äußerst sorgfältige Herstellung.

- **H** Baltimore, Walters Art Gallery, W 72, Mitte 13.
Jahrhundert, aus der Zisterzienserabtei Himmerod.
Pergament, 124 Blatt, 31/23 cm, eine Spalte, 32 Zeilen.
Von einer Lagenzählung sind keine Spuren mehr erkennbar. Gewisse Eigenheiten der Schrift wie das
lange Ausziehen von Ober- und Unterlängen in den
Rand legen eine Datierung gegen die Jahrhundertmitte nahe. Die Herkunft aus dem Eifelkloster
scheint durch ausradierten Besitzvermerk und den

Eintrag Cl (= *claustrum*) auf fol. 1[r] gesichert. Die Nachricht über die Provenienz des Codex aus dem ehemaligen Bestand der Görreshandschriften bestätigt diese Herkunft zusätzlich.

Zwei Blätter zu Beginn der Handschrift sind verloren, ihr Inhalt wurde zum Teil in einer Hand des 15. Jahrhunderts nachgetragen. Sonst bietet der Codex den vollständigen Text des *Speculum virginum* einschließlich des Epithalamiums, aber ohne die übrigen Lieder. Marginalien, Notazeichen und Bilder sind bis auf Bild 1 und 7 an den üblichen Stellen vorhanden. Das Fehlen des Tugend-Laster-Katalogs im Textverband und sein Nachtrag am Schluß des Codex, entsprechend dem Hinweis zu Buch 4[161], schließt **H** unmittelbar an **L** an, was durch Leitfehler zusätzlich bestätigt wird.

• **M** Trier, Bistumsarchiv, Abt. 95, Nr. 132, um 1200, seit Mitte des 16. Jahrhunderts im Besitz der Benediktinerabtei St. Matthias in Trier nachweisbar. Dazu: Bonn, Rheinisches Landesmuseum, Inv.nr. 15326, 15327, 15328 und Hannover, Kestnermuseum, Inv.nr. 3984.

Pergament, 91 Blatt, 33,8/25,5 cm, zwei Spalten, 31 Zeilen. Quaternionen, bezeichnet mit römischen Ziffern von I auf fol. 6[v] bis XIII auf fol. 91[v]. Die Datierung um 1200 muß sich auf paläographische Kriterien und gewisse modische Details in den Bildern (Gebende, Rüstung) stützen. Nur die späte Bibliotheksheimat von M ist gesichert. Da Buchbestände aus zahlreichen, kleineren Klöstern der Trierer Erzdiözese in St. Matthias Aufnahme fanden, muß die Frage nach Entstehungsort und früherer Heimat von M offenbleiben.

---

[161] Siehe *Spec. virg.* 4, unten 292,13 (= CCM 5,88,98).

Die Handschrift enthielt den vollständigen Text des *Speculum virginum,* an dem heute die 13 Blätter mit bildnerischem Schmuck und der Schluß ab Buch 10[162] fehlen. Marginalien, Notazeichen und Bilder waren an den üblichen Stellen plaziert; bis auf das Leiterbild wurden sämtliche Bildseiten herausgetrennt, wobei der stehengebliebene Falz die Stelle ihrer Positionierung bezeichnet. Vier der Bildblätter sind zu Anfang des 20. Jahrhunderts in Museumsbesitz wieder aufgetaucht. Da die drei letzten Lagen des Codex verloren sind, kann über das Vorhandensein von Epithalamium und Liedern keine Aussage gemacht werden. Der Tugend-Laster-Katalog war entsprechend des Hinweises zu Buch 4[163] sicher *in fine libri* eingetragen, was **M** neben der Übereinstimmung von Leitfehlern an **L** anschließt.

- **Z** Zwettl, Bibliothek des Zisterzienserstifts Zwettl, Cod. Zwetl. 180, erstes Drittel 13. Jahrhundert.
  Pergament, 133 Blatt, 30,5/21,5 cm, eine Spalte, 31–32 Zeilen. Quaternionen, Lagenbezeichnungen mit römischen Ziffern ab I auf fol. 8ᵛ unvollständig erhalten. Mindestens drei verschiedene Hände sind beteiligt, die ebenso wie der originale Einband eine Datierung in das erste Drittel des 13. Jahrhunderts nahelegen. Die Provenienz aus dem in der Filiation von Morimond gegründeten Stift wird durch den Besitzvermerk auf fol. 1ʳ bestätigt: *Monasterii B.V.M. in Zwethl.*
  Die Handschrift enthält den vollständigen Text des *Speculum virginum* einschließlich des Epithalamiums, aber ohne die übrigen Lieder. Die sinnvolle Korrespondenz der Wechselchöre im Epithalamium

---

[162] Siehe *Spec. virg.* 10, unten 874,4 (= CCM 5,308,369).
[163] Siehe *Spec. virg.* 4, unten 292,13 (= CCM 5,88,98).

ist beim Abschreiben verlorengegangen, wobei eine Vorlage von 33 Zeilen pro Seite postuliert werden muß. Marginalien, Notazeichen und Bilder sind vollständig vorhanden, wenn auch nicht in der ikonographischen Konsequenz der frühen Handschriften; so wird etwa im Quadrigabild auf fol. 56^r die Aussage deutlich verändert, um die Stellung Marias hervorzuheben.

- **W** Würzburg, Universitätsbibliothek, M.p.th.f. 107, Anfang 13. Jahrhundert, aus der Zisterzienserabtei Ebrach in Franken.
Pergament, 105 Blatt, 30,7/21,8 cm, eine Spalte, 31–35 Zeilen. Quaternionen, Lagenbezeichnungen in römischen Ziffern nur zum Teil erhalten. Mehrere Schreiberhände erlauben nur eine ungefähre zeitliche Festlegung auf den Anfang des 13. Jahrhunderts. Auf fol. 1^r findet sich der Besitzvermerk für das in der Filiation von Morimond gegründete Ebrach.
Der Text, auf Vollständigkeit angelegt, ist fragmentarisch überkommen. Er beginnt mit Buch 2[164] und endet mit Buch 12[165]. Es fehlen nicht nur zu Beginn zwei Quaternionen, sondern auch im weiteren Verbund mehrere Blätter. Der Gesamtumfang der Handschrift muß mindestens 140 Blatt betragen haben. An den Text schließt sich das Epithalamium an, in korrektem Wechsel für zwei Chöre von einer Vorlage mit 33 Zeilen abgeschrieben. Die Handschrift ist nicht vollendet: Marginalien und Notazeichen finden sich nur bis fol. 12 in Rot; fol. 12–24 sind sie in Silberstift vorgegeben, dann fehlen sie ganz. Für die Bilder ist an den je eigenen Stellen Raum gelassen, ohne daß sie ausgeführt wurden.

---

[164] *Spec. virg.* 2, unten 170,1 (= CCM 5,41,1).
[165] *Spec. virg.* 12, unten 1008,1 (= CCM 5,361,359).

Zusammenfassend läßt sich sagen, daß Betrachtung und Vergleich der oben beschriebenen zehn Handschriften eine verläßliche Grundlage bereitstellen für die Aufstellung des Stemma, in das alle weiteren Handschriften zweifelsfrei einzuordnen sind. In der Textgestalt gibt es keine gravierenden Unterschiede, aber gewisse Charakteristika (Plazierung des Tugend-Laster-Katalogs, Gestaltung des Präskripts, Präsenz der Lieder) erlauben doch die Differenzierung in vier Gruppen, deren Zusammengehörigkeit durch zahlreiche Leitfehler abgesichert ist. Daß diese Gruppen sich bestimmten Ordensgruppierungen zuordnen lassen (Zisterzienser in der Nachfolge von Clairvaux, von Morimond, Augustinerchorherren), fügt sich in das historische Bild.

Trotz dieser Einheitlichkeit der Überlieferung bleiben Fragen zur Textgestalt offen. Sie ergeben sich vor allem aus der Beobachtung, daß im Werk selbst Spuren des Entstehungsprozesses faßbar sind, die allerdings häufig in sich Widersprüche zeigen; daraus ist zu folgern, daß eine abschließende Redaktion des Textes offenbar nicht stattgefunden hat.[166]

Auf Unstimmigkeiten bei der Setzung der *explicit-incipit*-Vermerke wurde schon oben aufmerksam gemacht.[167] Außer dieser Problematik bedürfen die deutliche Zäsur zwischen Buch 2 und 3 und die Hinweise auf einen Schluß des gesamten Werks nach Buch 10 einer Erklärung oder zumindest der Erörterung.

Buch 3 beginnt mit dem Psalmvers *Audi filia,* auf dessen leitmotivische Funktion schon mehrmals hingewiesen wurde. In mehreren Handschriften ist die *A*-Initiale besonders hervorgehoben, unmittelbar davor stehen die beiden

---

[166] Die Textseiten in den Hss erfahren eine Gliederung allein durch die Initialen der Dialogpartner, die meistens rubriziert sind. Die Absätze in der vorliegenden Edition sind technisch notwendig, aber auch inhaltlich motiviert.

[167] Vgl. oben 38 Anm. 111.

kleinen Autorenbilder von Peregrinus und Theodora, eine
wörtliche Wiederholung der Autorenbilder am Anfang des
Werks in Bild 1. Da Autorenbilder nach mittelalterlichem
Usus vor dem Text stehen, sind die Bilder an dieser Stelle
nicht motiviert, wenn sie nicht einen Anfang suggerieren.
Schließlich findet sich im Textverband unmittelbar neben
diesen Bildern[168] der Satz, der Autor wolle mit seiner
Anrede *secundo libro dare initium*. Alle Handschriften
tradieren dieses *secundo libro,* das man schwer allein als
Kopistenfehler einstufen möchte, nach dem Inhaltsverzeichnis im Einleitungsbrief aber in *tertio libro* verbessern
muß. Wollte man unter Fortfall der ersten beiden Bücher
im *Audi filia* den ursprünglichen Anfang des *Speculum
virginum* sehen, müßte man hier *primo libro* verbessern.
Die Feststellung, daß Buch 3 allein unter allen 12 Büchern
ohne Bild konzipiert ist, mag zusätzlich auf seine besondere Stellung hinweisen. Eine vergleichbare Differenz in der
Buchzählung läßt sich nochmals am Ende von Buch 6
nachweisen, wo sieben der frühesten Handschriften das
folgende Buch mit *quinto,* statt des erforderlichen *septimo*
ankündigen.[169] Diese Unstimmigkeiten lassen sich wohl nur
als Spuren einer geänderten und nicht konsequent redigier-
ten Konzeption im Entstehungsprozeß erklären.

Auch die Verweise auf ein ursprünglich konzipiertes
Ende des Werks mit Buch 10 sind nicht zu übersehen. In
Buch 9 wird dieses Ende angekündigt: *Ad finem suscepti
operis iam tendimus.*[170] Danach wird noch einmal in 5 Punk-
ten, die ausdrücklich an die Fünfzahl der klugen Jung-

---

[168] Siehe *Spec. virg.* 2, unten 212,20 f.
[169] In den Hss **L, K, V, T-1, T-2, B, H** heißt es *Spec. virg.* 6,853, unten
562,14–16: *de his tecum aliqua, prout dominus concesserit, conferendo,
quinto libro nostro demus exordium praemissa figura.*
[170] *Spec. virg.* 9, unten 824,26.

frauen anknüpfen[171], die Summe der Unterweisungen zusammengefaßt[172]; dies wird diskutiert, bis es abschließend
heißt: *Et hic finis dialogi nostri et totius operis nostri, ex-
pleta tamen gratiarum actione cum oratione.*[173] Das Dankgebet, das sich schon äußerlich durch Verzicht auf die
Dialogform vom übrigen Text abhebt, umfaßt das ganze
Buch 10 und endet mit dem deutlich im Textverband geschriebenen *Explicit Speculum virginum.*[174]

Nach diesem Befund erscheint es naheliegend, unter
Verzicht auf Buch 1, 2 und 11, 12 eine Fassung des *Speculum virginum* in 8 Büchern zu postulieren.[175] Dem widerspricht jedoch eindeutig das Zeugnis des Einleitungsbriefs,
der den Inhalt der 12 Bücher präzise angibt und damit das
Gesamtkonzept vorgibt. Zudem gibt es Korrespondenzen
in den Bildern und Verklammerungen im Text[176], die die
vorliegende Version des *Speculum virginum* in 12 Büchern
als die eigentlich authentische erscheinen lassen, die be-
stimmend für die weitere Überlieferung wurde. Allerdings

---

[171] *Spec. virg.* 9, unten 826,5 f: *ad formam quinque prudentium virginum
gradus ipsos ordinare.*

[172] *Spec. virg.* 9, unten 826,9: *primus titulus;* 826,12 f: *secundus gradus;*
826,21 f: *tertius ordo;* 828,1 f: *quartus decor;* 828,6: *quintus.*

[173] *Spec. virg.* 9, unten 838,11–13.

[174] *Spec. virg.* 10, unten 876,12. Während sich dieser Vermerk in allen
frühen Hss findet, wurde er anscheinend im Lauf der Zeit eliminiert.
Leipzig, Ms. 665, fol. 143ᵛ schreibt: *Explicit de speculo virginum decima
pars, incipit undecima pars in expositione septiformis gratiae spiritus sancti;*
der wenig spätere Text Leipzig, Ms. 666, fol. 126ᵛ nur: *Explicit pars decima,
incipit XI pars in expositione septiformis gratiae spiritus sancti.*

[175] TRITHEMIUS gibt bei einer Anzahl von 8 Büchern das *initium* von
Collaturo tecum an. Auf diese Unstimmigkeit macht schon ein Eintrag in
der Innsbrucker Hs cod. 742 von 1437 aufmerksam: *Trithemius huic
dialogo Peregrini et Theodorae tribuit tantum octo libros, dum in nostra
ista editione sunt duodecim. Initium operis etiam Trithemii est quod in
nostra editione sequitur post praefationem: Collaturo tecum, o Theodora.*

[176] So wird etwa schon *Spec. virg.* 9, unten 838,13, einer Wiederaufnahme
des Gesprächs Vorschub geleistet und das Ende nur verheißen: *nisi forte
aliqua praetermissa revoces ad memoriam.*

muß man festhalten, daß auch im vorliegenden Text Spuren des Entstehungsprozesses noch deutlich greifbar sind; dazu mag auch der kodikologische Befund zählen, der bei den beiden ältesten Handschriften L und K zu Beginn parallel einen unvollständigen Lagenverband aufweist.

Gerade nach diesen Beobachtungen stellt sich erneut die Frage, welchen Stellenwert man der Londoner Handschrift Arundel 44 zuerkennen soll. Sie bewahrt zusammen mit K den ältesten Text des *Speculum virginum*. Während dieser von K nahezu unverändert an V weitergegeben wird, erfährt er in L durch die Hand von Schreiber A zahlreiche Korrekturen und wird in der korrigierten Fassung (L*) zum eigentlich relevanten Text für die weitere Überlieferung. Damit stellt sich die Frage, ob Schreiber A seine Korrekturen (über 70 Verbesserungen) nach einer älteren Handschrift oder aus eigener Konzeption vorgenommen hat und wir dann in ihm den Autor des *Speculum virginum* zu sehen hätten.[177]

Bei unserem augenblicklichen Kenntnisstand scheint darum — ungeachtet der Rolle von Schreiber A — der Vorschlag berechtigt, an die Spitze des Stemma eine verlorene Handschrift I zu stellen, auf der L und K beruhen und von der über Zwischenglieder (II, III und IV) die übrigen Handschriften (V, T-1, T-2, B, H, M, Z, W) abhängen. Damit bleibt zugleich der Weg für weitere Diskussion offen.

---

[177] Die Argumente des Für und Wider einer Einstufung von Arundel 44 als Autograph bei SEYFARTH, *Speculum virginum* 131*.

Stemma der Handschriften:

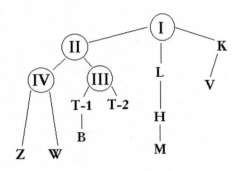

L: London, British Library, Arundel 44

K: Köln, Historisches Archiv, W 276a

V: Rom, Biblioteca Vaticana, Cod. Pal. lat. 565

T-1: Troyes, Bibliothèque municipale, MS 252

T-2: Troyes, Bibliothèque municipale, MS 413

B: Berlin, Staatsbibliothek, Ms. Phill. 1701

H: Baltimore, Walters Art Gallery, W 72

M: Trier, Bistumsarchiv, Abt. 95, Nr. 132

Z: Zwettl, Bibliothek, Cod. Zwetl. 180

W: Würzburg, Universitätsbibliothek, M.p.th.f. 107

VII. ZUM INHALT DER BÜCHER

Zum Schluß dieser Einleitung und vor Beginn des Textes
sei zu einer ersten Orientierung eine kurze Inhaltsangabe
der 12 Bücher vorgelegt. Dabei kann sich ein solches Ver-
fahren unmittelbar auf das Beispiel des Autors berufen, der
vor Beginn des eigentlichen Werkes sein Vorhaben benennt
und in straffer Gliederung seine Themen, nach Büchern
geordnet, auflistet.

Buch 1

Ausgangspunkt für die Erörterung ist die „Blume des
Feldes" nach Hld 2, 1 (Bild 1), unter der Christus verstanden wird. Als Inbegriff aller Schönheit und Reinheit wird
er mit den Blumen und den Wohlgerüchen des Paradieses
verglichen. Ihm muß ein Lobgesang dargebracht werden.
Das Gotteslob nach Sir 39, 17–21 wird Vers für Vers erörtert und in einzelnen Schritten erklärt. Es gipfelt in dem
Bekenntnis: „Alle Werke des Herrn sind sehr gut." Danach folgt eine Diskussion über die Stellung des Menschen
zwischen Schöpfung und Erlösung und die Frage, ob eine
Jungfrau aufgrund ihres Gelübdes schon jetzt an der kommenden Herrlichkeit teilhat oder eine Verlassene ist. Das
Buch schließt mit einer Beschreibung des Paradieses mit
Christus als Quelle, den Paradiesströmen, Aposteln, Kirchenlehrern und Tugenden, wie es das folgende Bild 2
zeigt.

Buch 2

Das zweite Buch handelt von der Keuschheit und ihrer
Bewahrung. Dabei wird ausführlich Notwendigkeit und
Nutzen der Klausur erörtert. Zahlreiche biblische Beispiele belegen, daß das nutzlose Umherstreifen in der Öffentlichkeit zur Sünde verführt, während die Klausur den Jungfrauen Frieden und Ruhe für die Hinwendung zu Gott

bietet. Die Geschichte von einem Kleriker, der in ein Nonnenkloster einbrach, zeigt an einem realen Beispiel die
mögliche Gefahr. Das Buch schließt mit einem nochmali-
gen Lob auf „die Herrlichkeit der Keuschheit", die in
Maria ihre Vollendung findet.

Buch 3

Ausgehend von dem Psalmvers „Höre, Tochter, und sieh"
(Ps 45,11: Vg. Ps 44,11) wird die Jungfrau Christi aufge-
fordert, auf den Zuspruch des heiligen Geistes zu hören,
seinen Weisungen zu folgen und sich durch Demut seiner
würdig zu erweisen. Dann trägt sie zu Recht den Schmuck,
der ihr als Braut des Königs zukommt. Dieser Schmuck
wird am Beispiel der Töchter Zions (Jes 3,16–24) in allen
Einzelheiten nach seinem realen Gebrauchszweck und
seinem allegorischen Sinn besprochen. Als warnendes Beispiel wird berichtet, wie die Töchter Zions diesen
Schmuck verloren, weil sie ihn nicht in Demut, sondern
„mit ausgestrecktem Hals" trugen. Damit endet das dritte
Buch in der grundsätzlichen Antithese von Demut und
Hochmut.

Buch 4

Das vierte Buch ist Tugenden und Lastern gewidmet. Ausgehend vom Bild des Baumes (Bild 3 und 4) wird gezeigt,
wie aus der Wurzel der Demut sieben Haupttugenden mit
Untertugenden, aus der Wurzel des Hochmuts entsprechend Laster und Unterlaster erwachsen. Danach werden
in einem Katalog Tugenden und Laster mit ihren Definitionen aufgezählt. Es folgen konkrete Beispiele von Frauen,
die trotz ihres schwachen Geschlechts *(sexus fragilis)* Demut und Tapferkeit bewiesen, so wie Judit, Jaël (Bild 5) und
Helena, die Mutter Konstantins, aber auch solche aus der
heidnischen Antike. Wenn die Jungfrau Christi ihrem Beispiel nacheifert, wird sie mit dem Gewand der Herrlichkeit
bekleidet werden.

Buch 5

Das Thema des fünften Buches ist Lobpreis und Ermahnung zur Keuschheit. Dabei ist Maria das wichtigste Vorbild für die Jungfrauen Christi. Sie nimmt eine Sonderstellung ein, da sie schon vor allen Zeiten in Gottes Heilsplan als Mutter Christi vorgesehen war. Ihr gebührt das höchste Lob, sie wird in immer neuen Bildern verherrlicht und gepriesen. In ihrer Vorbildfunktion wird Maria unterstützt durch das Beispiel der beiden Johannes, die im Gelübde der Keuschheit zusammen mit Christus eine Quadriga bilden, die mit ihrer seligen Fahrt die Jungfrauen zum Paradies führen kann (Bild 6). Das Buch schließt mit einer Warnung vor schlechten Lehrern. Die Situation des Lehrgesprächs zwischen Lehrer und Schülerin birgt in sich Versuchung und Gefahr.

Buch 6

Im sechsten Buch wird das Gleichnis von den klugen und törichten Jungfrauen nach Mt 25,1–13 erörtert (Bild 7). Diese Parabel galt als Metapher für das Jüngste Gericht und hat darum als zentrales Thema reiche Auslegung erfahren, an die sich auch der Verfasser des *Speculum virginum* ausdrücklich anschließt *(sicut a patribus accepimus)*. In der Abfolge eines Vers-für-Vers-Kommentars wird das Gleichnis besprochen, angereichert durch weitere Beispiele aus der heiligen Schrift. Mit großer Eindringlichkeit wird dabei immer wieder darauf verwiesen, daß die Entscheidung, ob die Jungfrau Christi vom Bräutigam zum Hochzeitsmahl eingelassen oder abgewiesen wird, eine endgültige ist. Darum muß sie schon jetzt die Entscheidung treffen zwischen Rechts und Links, zwischen Gut und Böse, zwischen Erlösung und Verdammung.

Buch 7

Thema des siebten Buchs ist die Beschreibung der drei Stände der Verheirateten, der Witwen und der Jungfrauen.

Sie bringen, wie Bild 8 es eindrücklich vor Augen stellt,
unterschiedliche Mengen an Frucht, und zwar dreißigfache, sechzigfache und hundertfache, so wie es auch im
Gleichnis vom Sämann (Mt 13, 8) heißt. Zwänge und Möglichkeiten eines jeden Standes werden an Beispielen erörtert, die vor allem aus dem Alten Testament, aber auch aus
der paganen Geschichte genommen sind. Denn es erhöht
die Würde des Jungfrauenstandes, daß er auch bei den
Heiden großes Ansehen genoß.

Buch 8

Im achten Buch wird zunächst die Natur des Menschen in
ihren Bestandteilen von Fleisch und Geist definiert. Beide
müssen in einem ausgewogenen Verhältnis zueinander stehen. Denn erst die Disposition von irdischem Körper und
unsterblicher Seele befähigt den Menschen zu freier Entscheidung, wobei immer der Geist Vorrang hat (Bild 9).
Dabei ist es eben seine irdisch-körperliche Existenz, die
dem Menschen die Möglichkeit gibt, den Willen Gottes zu
erfüllen. Dies wird am Zitat der Aufforderung, „das Haus
des Vaters zu verlassen" (Ps 45, 11: Vg. Ps 44, 11), an Beispielen gezeigt. Denn die Lösung von allen irdischen Bin-
dungen macht den Menschen frei für Gott. Das Buch wird
beschlossen mit einer Betrachtung des Sechs-Tage-Werks
im Vergleich zu den Weltzeitaltern, die im Werk des sechsten Tages und der Gottesebenbildlichkeit des Menschen
gipfelt.

Buch 9

Im neunten Buch geht es um die verschiedenen Arten von
Kampf, die eine Jungfrau Christi bestehen muß, wenn sie
auf der Leiter (Bild 10) bis zu Christus emporsteigen will.
Denn Verfolgungen und Versuchungen bedrohen sie von
allen Seiten, und sie muß sich mit aller Kraft um Weisheit
und Geduld bemühen. Noch einmal wird auf die besondere
Situation einer Jungfrau eingegangen, die sich durch ihr

Gelübde zu einem monastischen Leben entschieden hat. Denn so wie ihr besondere Herrlichkeit am Ende der Zeiten verheißen ist, so wird von ihr besondere Anstrengung in der Zeitlichkeit dieser Welt gefordert.

Buch 10

Eine Sonderstellung nimmt das zehnte Buch ein. Bis auf eine kurze Passage als Übergang zum nächsten Buch ist die Dialogform aufgegeben, in einem Monolog scheint alles vorher Gesagte in einen einzigen Lobpreis des Herrn einzumünden (Bild 11). Vielleicht war sogar dieses Dankgebet zunächst als Abschluß des ganzen Werks gedacht. Die zuweilen hymnische Ausdrucksweise bewahrt eine gewisse Unmittelbarkeit, indem Lob und Dank sich immer wieder in direkter Anrede an den Schöpfer äußern. In der Mitte des Buchs wird in Prosafassung das Lied wiederholt, das am Anfang des ganzen Werks steht: Die Nacht ist vorgeschritten, schon naht der Tag, der Tag nie endender Herrlichkeit.

Buch 11

Ausgehend vom Haus der Weisheit, das mit sieben Säulen aufgerichtet ist (Bild 12), wird die Bedeutung der Siebenzahl diskutiert, in ihren Teilen, in ihrer Gesamtheit, in ihrem Vorkommen in der heiligen Schrift. Schließlich ruhen auf Christus die sieben Gaben der Weisheit (nach Jes 11, 2 f und Weish 7, 22 f), die in Wesen und Wirkungsmacht beschrieben werden. Eine Zusammenstellung mit den Vaterunser-Bitten, den Seligpreisungen, Worten aus Apokalypse und Psalter, Sakramenten und Tugenden vervollständigen das Bild von der Gnadenfülle der Siebenzahl.

Buch 12

Das zwölfte Buch ist der Erörterung des Herrengebets nach Mt 6, 9–13 gewidmet, wobei sich die einzelnen Bitten des Gebets wieder in drei göttliche und vier weltliche

gliedern, die sich zur Siebenzahl summieren. Zusammen mit der Besprechung der einzelnen Bitten gehen Anleitung und Ermahnung zum richtigen Beten, denn dies ist die Form des Lobpreises, in der der Mensch Gott die Ehre erweisen kann.

Epithalamium

Das Werk schließt mit einem doppelchörigen Epithalamium, einem Hochzeitslied, das auf einem Akrostichon komponiert ist und im Wechselgesang zu intonieren war. Die im Werk vorgetragenen Gedanken werden hier noch einmal in lyrischer Ausformung zusammengefaßt, wobei die Verheißung zukünftiger Herrlichkeit neben Gebet und Lobpreis im Mittelpunkt steht.

TEXT UND ÜBERSETZUNG

Audite, o lucis filiae, 1
advertite, coheredes regis et salvatoris nostri!
Nox praecessit, dies autem appropinquabit:
Dies interminabilis gratiae,
Dies decoris et gloriae, 5
Dies, inquam, quam fecit dominus,
in qua caeli terraeque omnis ornatus perficitur,
Quando nativus decor hominis

victo mortis vinculo restauratur,
Quando regis aeterni sponsa, 10
columba, soror et amica
sponso suo perfectissimo amoris igne copulatur,

ubi sponsa cum sponso laetatur
et una per unum aeternaliter gloriatur.
Alleluia. <in saecula> saeculorum. Amen. 15

EPISTULA

Ultimus Christi pauperum C. virginibus sacris N. et N.
gaudium assequi beatae perennitatis.

Cum omnis homo naturali quodam ordine ducatur ad principium suum repetendum, id est creatorem suum, ipsius 20
conventione naturae admoneatur attendere et respectu ae-
ternorum temporalia quaeque non magni pendere, illis tamen hoc maxime competit, quos ecclesiae sacramenta regnis

---

[1] Eine Abbildung der Neumennotation (Bild A) findet sich unten nach 160.

[2] Die Konjektur <in saecula> ist notwendig, sonst hat der Genitiv *e u o u a e = saeculorum Amen* (so in den Hss) keinen Bezug.

[3] In einem Teil der Hss findet sich für den Verfasser oder Absender des Jungfrauenspiegels die Initiale C., für die Empfängerinnen nur die Blankettbuchstaben *N. et N.*; vgl. dazu SEYFARTH, *Speculum virginum* 40*. Der

Hört, ihr Töchter des Lichts![1]
Habt acht, ihr Miterbinnen unseres Königs und Retters!
Die Nacht ist vorgeschritten, schon naht der Tag,
der Tag nie endender Gnade,
der Tag voll Ruhm und Herrlichkeit,
der Tag, sage ich, den der Herr gemacht hat,
an dem Himmel und Erde ihre vollkommene Gestalt erhalten,
da die ursprüngliche Würde des Menschen wiederhergestellt
wird,
weil die Fessel des Todes gesprengt ist,
da des ewigen Königs Braut,
seine Taube, Schwester und Freundin,
sich mit ihrem Bräutigam im Feuer vollkommener Liebe
vereint,
da die Braut jauchzt mit ihrem Bräutigam
und die Einzige im Einzigen frohlocket ewiglich.
Halleluja in Ewigkeit. Amen.[2]

BRIEF

Der Letzte der Armen Christi[3] grüßt die heiligen Jungfrau-
en und wünscht ihnen, sie mögen die Freude ewiger Seligkeit erlangen.

Schon aufgrund seiner natürlichen Anlage wird jeder
Mensch dazu geführt, zu seinem Ursprung, das heißt zu
seinem Schöpfer, zurückzustreben, und schon allein dadurch, daß er mit dieser natürlichen Vorgegebenheit über-
einstimmt, wird er ermahnt, wachsam zu sein und im Blick
auf das Ewige das Zeitliche nicht allzu hoch einzuschätzen.
All dies trifft jedoch in besonderem Maß auf die zu, welche
durch die Sakramente der Kirche für das Himmelreich mit

Begriff *pauperes Christi* ist eine Demutsformel, die im 12. Jahrhundert
zu einem bewußt angenommenen Ehrentitel wird, vgl. BOSL, *Potens und
Pauper;* siehe hierzu die Einleitung, oben 21 f mit Anm. 53.

caelestibus consignarunt, quos sacrae legis dogmata aeternis temporalia postponenda instituerunt. Quod vos, o filiae Christo devotae, prompto fecisse animo, id est caducis aeterna praeposuisse, tanto dulcius congaudeo, quo vos patriam, parentelam et, quod perdifficile est, ipsum flori- 5 bundae decus adolescentiae pro Christi amore conculcasse iam video. „Multa igitur mihi fiducia", sicut Paulus ait, „apud vos, multa mihi gloriatio pro vobis, repletus sum consolatione superabundo gaudio in omni tribulatione mea" propter vos. Ut igitur introitus vester feliciori exitu 10 consummetur, divinam semper exoro clementiam, quia hoc linea consanguinitatis, hoc expetit officium geminae caritatis, ut pro vobis vigilet vel | solus in nobis affectus, quem | 2 discernit a vobis et aetas et tempus et locus. Nec magnopere tamen vel cognatorum vel amicorum praesentiam quaeren- 15 dam putetis, quae Christum sponsum vestrum, fratruelem vestrum in corde geritis, in quo et per quem omnia possidetis, sicut ait Paulus: „Omnia", inquit, „vestra sunt, sive mundus sive vita sive mors sive praesentia sive futura, omnia vestra sunt, vos autem Christi." Et in alio loco: „Pro 20 omnibus mortuus est Christus, ut et qui vivunt, iam non sibi vivant, sed ei, qui pro ipsis mortuus est et resurrexit. Itaque nos ex hoc neminem novimus secundum carnem. Etsi cognovimus secundum carnem Christum, sed nunc iam non novimus." Habentes igitur omnia in Christo, ad 25 quem confugistis, o filiae, nolite respicere ad ea, quae pro eius amore contempsistis.

---

[4] Der Christ verläßt Heimat und Eltern und begibt sich auf religiöse Pilgerfahrt, vgl. ANGENENDT, *Monachi peregrini* 124–175; KÖTTING, *Peregrinatio religiosa;* ders., *Wallfahrten.*

einem Siegel versehen wurden und durch die Grundsätze
des heiligen Gesetzes unterwiesen wurden, die zeitlichen
Dinge den ewigen hintanzusetzen. Daß ihr, Christus geweihte Jungfrauen, dies in großherziger Weise getan habt,
nämlich das Ewige dem Trügerisch-Irdischen vorzuziehen, erfüllt mich mit tief empfundener Freude. Dies um so
mehr, da ich sehe, daß ihr schon jetzt eure Heimat, Verwandtschaft und — noch gewichtiger — sogar eure blühende Jugend aus Liebe zu Christus für nichts erachtet
habt (vgl. Lk 18,29).[4] „Im Blick auf euch bin ich", sagt
Paulus, „voller Zuversicht; um euretwillen rühme ich
mich; um euretwillen bin ich mit reichem Trost erfüllt und
freue mich in überschwenglicher Freude trotz meiner
Trübsal" (2 Kor 7,4). Daß aber eurem Beginnen auch ein
möglichst glücklicher Ausgang zuteil werde, darum flehe
ich ständig Gottes Barmherzigkeit an. Denn daß für euch
wenigstens unsere Zuneigung wach und lebendig sei, wo
uns doch Alter, Zeit und Raum von euch trennen, fordern
das Band der Blutsverwandtschaft und die Pflicht geschwi-
sterlicher Liebe. Aber glaubt nicht, die Nähe von Verwandten und Freunden suchen zu müssen, wo ihr doch Christus
als euren Bräutigam, als euren Bruder im Herzen tragt.
Denn in ihm und durch ihn besitzt ihr alles, wie Paulus
sagt: „Alles gehört euch, sei es die Welt, das Leben oder der
Tod, sei es Gegenwärtiges oder Zukünftiges: alles gehört
euch, ihr aber gehört Christus" (1 Kor 3,21–23). Und an
anderer Stelle: „Christus ist für alle gestorben, damit die,
die leben, nicht für sich selbst leben, sondern für ihn, der
für sie gestorben und auferstanden ist. Daher kennen wir
von nun an niemand mehr nach menschlicher Weise. Und
wenn wir auch Christus früher nach menschlicher Weise
gekannt haben, so kennen wir ihn doch jetzt nicht mehr so"
(2 Kor 5,15 f). Da ihr, gottgeweihte Jungfrauen, nun alles in
Christus besitzt, zu dem ihr eure Zuflucht genommen habt,
so schaut nicht zu dem zurück, was ihr um seiner Liebe
willen geringgeachtet habt.

Verum quia amor numquam otiosus est, misi vobis libel-
lum quoddam mutui amoris insigne, in quo mentem exer-
ceatis, ad sponsi aeterni gratiam proficiatis minusque de
absentia nostra doleatis. Intitulatur autem idem opusculum
speculum virginum, in quo Peregrinus presbiter cum Theo- 5
dora, Christi virgine tanta contulisse probatur, ut studiosis
Christi virginibus sit in eo magnum conservandae castitatis
incitamentum, fastidium praesentium, formula quaedam
caelestium appetendorum. Titulus igitur efficaciam sequentis ostendit materiae, ut quodam genere similitudinis, 10
quomodo invisibilia quaerenda sunt, agnoscatis. Specula
virgines oculis suis applicant, ut ornatus sui vel augmentum
vel detrimentum intelligant. Repraesentatur enim in speculo intuentis imago, et licet diversa sint aspectus et respectus imaginarius, utcumque tamen ad id, quod appetit, 15
intuentis informaretur affectus. Legimus Moysen dei con-
secretalem „labrum fecisse de speculis mulierum, quae ex-
cubabant ad ostium tabernaculi", unde „lavarentur Aaron
et filii eius". Sunt enim specula mulierum eloquia | divina | 3
visibus obiecta sanctarum animarum, in quibus semper 20
considerant, quomodo sponso aeterno aut placeant decore
sanctae conscientiae aut displiceant peccati foeditate. Porro
„ad ostium tabernaculi excubare" dicuntur, quia dum in hac
carne morantur, sancta sanctorum supernae matris nostrae
Ierusalem non ingrediuntur. Cum ergo „transierit aenigma 25

Weil nun aber in der Tat Liebe niemals müßig ist, schicke ich euch als Zeichen der gegenseitigen Zuneigung dieses kleine Büchlein. Es möge dazu dienen, euren Geist darin zu üben, in der Gnade des ewigen Bräutigams voranzuschreiten und über unsere Abwesenheit weniger Schmerz zu empfinden. Der Titel dieses kleinen Werkes lautet *Jungfrauenspiegel*. Hierin erörtert der Presbyter Peregrinus mit der Christus geweihten Jungfrau Theodora gewichtige Themen. Diese Themen können den eifrigen Jungfrauen Christi zum Ansporn dienen, die Keuschheit zu bewahren, zur abschätzigen Beurteilung alles Gegenwärtig-Irdischen und zur Wegweisung bei der Suche nach dem Himmlischen. Der Titel ,Jungfrauenspiegel' macht insofern auf die Darstellungsform des folgenden Stoffes aufmerksam, als ihr gewissermaßen in spiegelbildlicher Ähnlichkeit erkennen sollt, auf welche Weise das Unsichtbare zu suchen ist: Junge Mädchen schauen in den Spiegel, um zu erkennen, ob die Schönheit ihrer Erscheinung zu- oder abgenommen hat. Denn im Spiegel wird das Bild dessen gegenwärtig, der hineinschaut, und wenn auch das wirkliche Gesicht und das reflektierte Bild verschiedene Dinge sind, so wird dennoch der, der in den Spiegel schaut, irgendwie in seinem Herzen von dem erfaßt, dem er sich im Spiegelbild zuwendet. Wir lesen, daß Mose, der Geweihte des Herrn, aus den Spiegeln der Frauen, die vor der Stiftshütte den Dienst versahen, ein Becken gemacht hat (vgl. Ex 38,8), worin Aaron und seine Söhne sich wuschen (vgl. Ex 40,30 f). Die Spiegel der Frauen sind die göttlichen Worte, die dem Blick heiliger Seelen vor Augen gestellt sind. In ihnen erblicken sie ständig, wie sie ihrem ewigen Bräutigam durch den Schmuck eines reinen Gewissens gefallen oder durch die Häßlichkeit der Sünde mißfallen. Weiter heißt es, daß sie am Eingang zur Stiftshütte ihren Dienst versahen (vgl. Ex 38,8). Solange sie in diesem Fleisch verweilen, treten sie noch nicht in das Allerheiligste von Jerusalem, unserer himmlischen Mutter, ein. Wenn aber „vergangen sind rät-

et speculum, quibus deus ex parte nunc cognoscitur, quod
nunc invisibiliter in scripturis quaeritur, facie ad faciem
repraesentabitur". In hoc igitur labro de lege divina composito, beatae virgines Christi, lavate conscientiam, ut dei
imago in vobis expressa resplendeat et, quod nunc utpote 5
divinum mortalibus tegitur, sole meridiano lucidius appa-
reat.

Denique quia lectio varia delectat, tractus uniformis et
continuus legentis intentionem emollit et gravat, opusculum idem in partes duodenas distinxi, ut dum virgo Christi 10
verbi divini avida per easdem partes quasi per prata con-
iuncta discurrens floribus diversis, id est sensibus misticis
delectatur, coronam multicolorem capiti suo de verbo dei
texere glorietur.

Prima igitur pars est de misticis paradisi floribus ex uno 15
„flore campi et lilio convallium" prodeuntibus, id est de
sacris Christi virginibus, florem et fructum suum in Christi
amore nutrientibus, de forma etiam paradisi cum quatuor
tipicis fluminibus, id est quatuor evangelistis et doctoribus
totam ecclesiam verbo et exemplo irrigantibus. Secunda est 20
de inclusionis utilitate, de vagacitatis discrimine et quod
virgines obseratae quinis sensibus peccandi materiam
tollunt, quia hostis accessum per sui custodiam interclu-
dunt, et de quodam clerico claustra virginum irrumpente
mox dei iusto iudicio exspirante. Tertia pars est de allocu- 25

---

⁵ Der Verfasser beruft sich auf den antiken Grundsatz *variatio delectat*
(PHAEDRUS 2 prol. 10 [o. S. POSTGATE]); SEYFARTH, *Speculum virginum* 4* f.
⁶ Die Einteilung des *Speculum virginum* in zwölf Bücher fußt möglicher-
weise auf der Zwölfzahl der Apostel, vgl. MEYER/SUNTRUP, *Mittelalterliche Zahlenbedeutungen* 625. Zuvor hat es offenbar eine Konzeption auf
acht bzw. zehn Bücher gegeben, vgl. Einleitung, oben 57 f, sowie Buch 2,
unten 212 Anm. 50.
⁷ Die Gen 2, 10–14 genannten vier Paradiesströme (Pischon, Gihon, Ti-
gris, Eufrat) werden zu verschiedenen Gruppierungen in der Vierzahl in
Beziehung gesetzt, so nächst den vier Evangelisten zu den vier großen
Kirchenlehrern: AMBROSIUS, AUGUSTINUS, GREGOR DER GROSSE, HIERO-
NYMUS; vgl. POESCHKE, *Paradiesflüsse;* PÖSCHL, *Antike Bildersprache* 533.

selhafte Rede und Spiegel, in denen Gott jetzt nur im Stückwerk erkennbar ist, dann wird sich von Angesicht zu Angesicht zeigen, was jetzt nur unsichtbar in der heiligen Schrift gesucht werden kann" (1 Kor 13,12). In diesem Becken also, das aus dem göttlichen Gesetz geformt wurde, sollt ihr, selige Jungfrauen Christi, euer Gewissen waschen, damit das in euch verwirklichte Bild Gottes zurückstrahlt und — wenngleich als Göttliches im Sterblichen verhüllt — heller als die Mittagssonne aufleuchtet.

Ein letzter Hinweis: Weil eine abwechslungsreiche Lektüre erfreut[5], eine eintönige und ununterbrochene Abhandlung aber die Aufmerksamkeit des Lesers ermüdet und beschwert, habe ich dieses kleine Werk in 12 Teile[6] unterteilt. Die Jungfrau Christi, die nach Gottes Wort verlangt, möge durch diese Teile wie durch aneinander grenzende Wiesen eilen, sich am geheimnisvollen Sinn wie an unterschiedlichen Blumen erfreuen und sich aus dem Wort Gottes froh einen vielfarbigen Blütenkranz für ihr Haupt flechten.

Der erste Teil handelt von den geheimnisvollen Blumen des Paradieses, die aus der einzigen „Blume des Feldes und der Lilie im Tal" (Hld 2,1) hervorsprießen; gemeint sind die heiligen Jungfrauen Christi, die in ihrer Liebe zu Christus die eigene Blüte und Frucht hegen und pflegen; weiter handelt der erste Teil von der Gestalt des Paradieses mit seinen vier geistlich zu verstehenden Flüssen, die auf die vier Evangelisten und die vier Kirchenlehrer verweisen[7], die durch ihr Wort und Beispiel die ganze Kirche bewässern. Der zweite Teil handelt vom Nutzen der Klausur im Unterschied zum freien Umherschweifen, und daß die klausurierten Jungfrauen die Gefahr vermeiden, mit den fünf Sinnen zu sündigen, weil sie dem bösen Feind durch ihre Wachsamkeit den Zutritt verwehren; weiter handelt dieser Teil von einem Kleriker, der in ein Jungfrauenkloster einbrach und bald danach aufgrund gerechten göttlichen Urteils sein Leben aushauchte. Der dritte Teil handelt vom

tione spiritus sancti ad filiam ecclesiasticam, de indumento
mistico virginali, quo filiae Syon exornatae, nisi humilien-
tur pro gratia, facile possunt despoliari. Quarta superbiae
et humilitatis, vitiorum et virtutum | formulam quandam | 4
continet, et ad exemplum Iahel et Iudith victricium hosti- 5
um Israel victa per humilitatem superbia virgines Christi
triumphando congaudent. Quinta est de virginum principe
Maria cum filio, cum utroque Iohanne quasi quadriga,
cuius exemplo subleventur ab infimis, quae per florem
virginitatis fructum meriti quaerunt in supernis, et de bonis 10
vel malis virginum magistris. Sexta est de decem virginibus
fatuis et prudentibus et qua discretione sit eis vigilandum.
Septima de tribus gradibus est coniugatorum, viduarum et
virginum et de fructu tricesimo, sexagesimo et centesimo,
ubi etiam feminarum ethnicismo subiectarum virtus in ex- 15
emplum proponitur. Octava est de fructu carnis et spiritus
et eorum impetu et qualitate diversa, et quod de terra sua
spiritaliter exierunt vel exituri sunt, qui ab initio mundi deo
placuerunt vel placituri sunt, ubi etiam VI dierum opera ad
provectum VI aetatum distinguuntur. Nona pars est de 20

---

[8] Jaël tötet Sisera, indem sie ihn mit einem Zeltpflock am Boden festnagelt
(vgl. Ri 4, 17–22). Judit überlistet Holofernes, den Feind Israels, und
schlägt ihm das Haupt ab (Jdt 13, 1–10).

[9] Gemeint sind Johannes der Täufer und Johannes der Evangelist. Beide
gelten als Tugendvorbilder, wobei es insbesondere die Tugend der Keuschheit war, die sie der Verehrung in Frauenklöstern empfahl.

[10] Die Quadriga ist abgebildet auf Bild 6, unten nach 436.

[11] Die Periodisierung der Geschichte unter dem Aspekt der Heilsge-
schichte geht auf AUGUSTINUS zurück, der von Adam bis zum Erscheinen
Christi sechs Weltzeitalter *(aetates mundi)* zählt, die er bereits zu den sechs
Schöpfungstagen in Beziehung setzt. Die Dauer der Weltzeitalter wird
unterschiedlich angegeben (ISIDOR VON SEVILLA, BEDA VENERABILIS) und

Zuspruch des heiligen Geistes an die Jungfrauen, die nach
kirchlicher Ordnung leben, von deren – mystisch zu deu-
tender — Kleidung, mit der die Töchter Zions geschmückt
sind und deren sie leicht verlustig gehen können, wenn sie
sich nicht entsprechend der empfangenen Gnade in Demut
bewähren. Der vierte Teil enthält eine Art Katalog von
Stolz und Demut, von Lastern und Tugenden, und es freu-
en sich die Jungfrauen Christi in gemeinsamem Jubel an
dem Beispiel von Jaël und Judit[8], die über die Feinde Israels
gesiegt haben, weil hier Stolz durch Demut überwunden
wurde. Der fünfte Teil handelt von Maria, der Königin der
Jungfrauen, die zusammen mit ihrem Sohn und den beiden
Johannes[9] mit einer Quadriga[10] verglichen werden kann,
durch deren Beispiel diejenigen aus der Tiefe emporgetra-
gen werden, die in der Höhe von der Blüte der Keuschheit
die verdiente Frucht erwarten; weiter geht es um gute und
schlechte Lehrer der Jungfrauen. Der sechste Teil handelt
von den zehn törichten und klugen Jungfrauen und von der
Entschiedenheit, mit der sie wachsam sein müssen. Der
siebte Teil befaßt sich mit den drei Ständen der Verheirateten, der Witwen und der Jungfrauen und mit der dreißigfa-
chen, der sechzigfachen und der hundertfachen Frucht;
hier werden auch Beispiele tugendhafter Frauen vorgestellt, die noch dem Heidentum unterworfen waren. Der
achte Teil handelt von der Frucht des Fleisches und des
Geistes und deren Unterschied im Heranreifen sowie in der
Beschaffenheit; und weiter davon, daß alle, die von Anbeginn der Welt an Gott gefallen haben und ihm gefallen
werden, auch — im geistlichen Sinn — ihr Heimatland
verlassen haben und verlassen werden; hier wird auch das
Sechs-Tage-Werk in seiner Beziehung zur Folge der sechs
Weltzeitalter besprochen.[11] Der neunte Teil handelt vom

---

insbesondere das letzte Zeitalter bis zum zweiten *adventus* des Herrn
diskutiert; vgl. dazu SEYFARTH, *Speculum virginum* 24* Anm. 63 mit
weiterführender Literatur; siehe auch KÖTTING/GEERLINGS, *Aetas.*

ascensu virginum per scalam erectam fortissimo, et exhor-
tatoriae sive de patientia seu ceteris virtutibus sententiae et
quod virginitatis perfectio maxime per humilitatem et patientiam declaretur. Decima in gratiarum actione est. Undecima septiformis spiritus expositionem cum suis appen- 5
diciis continet et de septenarii ratione per testimonia
scripturarum. Duodecima est dominicae orationis expositio cum epithalamio contemplativo. Hoc igitur munuscu-
lum vos, o Christi virgines, postquam susceperitis, „agnum,
quem sequimini", placate mihi precibus vestris, ut, cui 10
gratia denegatur agnum vobiscum sequendi, non denegetur
perfectas agni sequellas per virtutes imitandi. In speculo,
quod misi, vultus cordium vestrorum attendite, ubi, si omnia non potestis, quae scripta sunt, intelligere, non parva
pars scientiae est intelligentem et audire et amare.   15

Explicit epistula.

außerordentlich mutigen Aufstieg der Jungfrauen auf der Leiter der Vollkommenheit sowie von der Geduld und anderen Tugenden zur Ermahnung und Ermunterung, ferner daß vollkommene Jungfräulichkeit sich vor allem in Demut und Geduld erweist. Der zehnte Teil besteht in einem Dankgebet. Der elfte Teil enthält die Auslegung der siebenfachen Gnade des Geistes samt ihren Folgen und handelt vom Sinn der Siebenzahl nach den Zeugnissen der heiligen Schrift. Der zwölfte Teil ist der Darlegung des Herrengebets gewidmet und schließt mit einem kontemplativen Hochzeitslied. Nachdem ihr, Jungfrauen Christi, nun dieses kleine Werk empfangen habt, versöhnt mir durch eure Gebete das Lamm, dem ihr folgt (vgl. Offb 14, 4), damit demjenigen, dem die Gnade versagt ist, mit euch zusammen dem Lamm zu folgen, nicht die Gnade versagt bleibt, den vollkommenen Nachfolgerinnen des Lamms durch ein tugendhaftes Leben nachzueifern. Achtet in dem Spiegel, den ich euch geschickt habe, auf das Antlitz eurer Herzen; solltet ihr aber nicht alles verstehen können, was dort geschrieben steht, so besteht doch ein nicht geringer Teil des Verstehens darin, auf den, der Einsicht hat, zu hören und ihn zu lieben.

Es endet der Brief.

Incipit Speculum virginum.   5

Collaturo tecum, o Theodora, de floribus paradisi, de fructu germinis ecclesiastici, id est de sanctitate virginalis vitae
et consummatione in Christi membris pudicitiae materia
vel exordium collationis nostrae flos ille ponendus est, qui 5
dixit: „Ego flos campi et lilium convallium", de quo videlicet flore fructus tam mirandae suavitatis vel decoris proveniunt, ut eius respectu dulcia quaeque vel florida munda-
ni horti amarescant, pretiosa sordescant. In huius igitur
radice floris vel flore radicis gemina gratia est, castitatis   10
amatoribus fructu suo sic occurrens, ut flos servatae nunc
pro Christo virginitatis sit futurus in paradiso dei fructus
virginum specialis. Sic enim habes in propheta: „Eunuchis
meis", ait dominus, „dabo in domo mea et in muris meis
locum et nomen melius filiis et filiabus", quia cum in   15
futuro praemia dentur aliis alia, nullis sicut virginibus
talia. „Sequuntur enim agnum, quocumque ierit." Ipsa
igitur Christi sponsa ecclesia paradiso comparata „fons
signatus, hortus conclusus" est, fons quidem ad ipsum
hortum irrigandum, hortus ad fructum multiplicandum,   20
fons aquae salientis in vitam aeternam, hortus ligni aroma-
tizantis aeternae dulcedinis copiam, fons sitibundis haustu
subveniens, hortus fame sacri verbi laborantes reficiens.
Hortus iste deliciosis floridus incrementis parit diversorum

---

[12] Das ganze erste Buch des *Spec. virg.* ist durch eine vielfältige Garten-
(Paradies-) und Blumenmetaphorik gekennzeichnet, vgl. dazu ANGE-
NENDT, *Sicut paradisus;* KLAUSER, *Blume;* KRAUSS, *Schöne Blumen;*
BÖRSCH-SUPAN, *Garten;* POESCHKE, *Paradies.*
[13] Vgl. hierzu Bild 1, unten nach 160.

Es beginnt der Spiegel der Jungfrauen.

Derjenige, Theodora, der mit dir über die Blumen des
Paradieses[12] und über die Frucht aus dem Wurzelstock der
Kirche sprechen will, das heißt über die Heiligkeit jungfräulichen Lebens und die Vollendung der Keuschheit, und
zwar bei denen, die Glieder am Leibe Christi sind, der muß
zuerst als Stoff und Ausgangspunkt für unsere gemeinsame
Erörterung jene Blume pflanzen, die gesagt hat: „Ich bin
eine Blume des Feldes und eine Lilie im Tal" (Hld 2, 1). Aus
dieser Blume wachsen Früchte von so wunderbarer Süße
und Anmut, daß im Vergleich dazu alles Duften und Blühen eines irdischen Gartens und all seine Pracht gering und
trübe wird. Es liegt nämlich in der Wurzel dieser Blüte und
in der Blüte aus dieser Wurzel eine doppelte Gnade.[13] Diese
bringt in den Liebhabern der Keuschheit in der Weise
Frucht, daß gerade die Blüte der Jungfräulichkeit, die jetzt
für Christus bewahrt wird, im Paradies Gottes die besondere Frucht jungfräulichen Lebens sein wird. So nämlich
findest du es im Buch des Propheten: „Meinen Eunuchen,
sagt der Herr, will ich in meinem Haus und in meinen
Mauern einen Platz geben und einen Namen, der mehr wert
ist als Söhne und Töchter" (Jes 56, 4 f). Denn wenn einmal
der künftige Lohn ausgeteilt wird, jeweils ganz unterschiedlich, so wird keiner einen solch wertvollen erhalten wie die,
die keusch gelebt haben. „Denn sie folgen dem Lamm,
wohin immer es geht" (Offb 14, 4). Die Kirche selbst aber,
als Braut Christi dem Paradies vergleichbar, ist „der versie-
gelte Quell und der verschlossene Garten" (Hld 4, 12).
Quelle ist sie, um den Garten zu bewässern, Garten ist sie,
um vielfältige Frucht hervorzubringen. Quelle lebendigen
Wassers zum ewigen Leben, Garten, dessen Holz die Fülle
ewiger Süße zum Blühen bringt; als Quelle bietet sie sich
dem Dürstenden zum Schöpfen an, als Garten erquickt sie
die, die hungern nach dem heiligen Wort. Dieser Garten
bringt in der Fülle köstlichen Wachstums Gewächse ver-

pigmentorum germina, pacis et iustitiae fructus germinan-
tia, gignit diversi generis flores, florum aeque colores et
odores; albescit illic lilium castitatis, ardet crocus caritatis,
viola splendet humilitatis, rubet illic rosa verecundiae, nardus spirat odorem spiritalis disciplinae, graciles illic virgu- 5
lae balsama sudant, virginum milia divinis obtutibus arden-
tissimae dilectionis pigmenta multiplicant; et hic hortus tot
parit odoramentorum oblectamenta quot fuerint in sancto
proposito virtutum exercitia. Quotiens in hoc horto | spi- | 6
ritali sponsus deambulat et ut flos ceteris venustior flores 10
oberrat, singulis addens de gratia sua, nulla de ipsis naturali
gloriae suae sumens incrementa. „Descendi", inquit, „in
hortum nucum, ut viderem poma convallium." Hortum
nucum et poma suavissima convallium deo plantat anima,
cum in humilitate mentis deo placere desiderat inviolabili 15
pudicitiae morumque sanctimonia.

T.: Quia, frater in Christo, Peregrine, principalis inter virtutes virtus castimonia est, „sine qua nemo videbit deum",
qui iuxta apostolum „exhibuit sibi ecclesiam gloriosam sine
macula et ruga", nihil mihi iocundius, nihil, arbitror, hoc 20
tempore commodius tecum quam de pudicitia conferendum, praesertim cum antiquus ille caminus Babilonicus
nappa, pice, resina nunc temporis adeo succensus sit, ut non
modo Daniel cum tribus pueris, verum etiamsi possunt in
ecclesiae filiis aliqui inveniri innocentia maiore muniti, in- 25
cendium eius nisi magna dei virtute non evadant. Ad refri-
gerandum igitur corporis aegri caminum et cor labe viti-

---

[14] Das *Speculum virginum* zitiert die Begebenheit nicht korrekt nach dem
biblischen Bericht. Daniel wird nicht selbst in den Feuerofen geworfen,
sondern erzählt (Dan 3, 1–97) von dem Schicksal der drei Jünglinge, die,
in das Feuer geworfen, unversehrt bleiben und jenen Lobgesang anstimmen, der dann unter die *Cantica* aufgenommen wurde. Im vorliegenden
Text wird der babylonische Feuerofen mit der Glut der Unkeuschheit
verglichen.

schiedener Farbe hervor, die die Frucht des Friedens und
der Gerechtigkeit tragen. Der Garten läßt Blumen ver-
schiedenster Art mit ihren Farben und Düften wachsen.
Weiß sticht dort die Lilie der Keuschheit hervor, es glüht
der Krokus der Liebe, verhalten schimmert das Veilchen
der Demut, rot strahlt die Rose der Sittsamkeit, die Narde
atmet den Duft geistlicher Zucht, zarte Triebe verströmen
dort Balsam, und Tausende von Jungfrauen steigern die
farbige Vielfalt glühender Liebe im Angesicht Gottes. Und
so viele ergötzliche Düfte erzeugt dieser Garten, wie Tugenden geübt werden nach heiligem Vorsatz. Wann immer
in diesem geistlichen Garten der Bräutigam umherwandelt
und gleich einer Blume, ja köstlicher als sie, den Blumen
begegnet, teilt er den einzelnen von seiner Gnade mit und
nimmt ihnen nichts weg von dem, was an eigener Herrlichkeit in ihnen heranwuchs. „Ich bin hinabgestiegen", sagt er,
„in den Nußgarten, um die Früchte im Tal zu betrachten"
(Hld 6, 11). Es pflanzt aber die Seele für Gott einen Nußgarten und süße Früchte im Tal, wenn sie in Demut des
Herzens Gott zu gefallen sucht durch einen unverbrüchli-
chen Wandel in Keuschheit und gottgefälligem Betragen.
     T.: Weil die Keuschheit, du Bruder in Christus, Pere-
grinus, die führende unter den Tugenden ist, „ohne die
keiner Gott sehen wird" (Hebr 12, 14), der nach dem Wort
des Apostels „sich die Kirche ohne Flecken und Falten
herrlich erschuf" (Eph 5, 27), so ist mir nichts lieber, nichts,
meine ich, ist im augenblicklichen Zeitpunkt passender, als
mit dir über die Keuschheit zu sprechen, zumal jener alte
babylonische Feuerofen gerade in unserer Zeit durch
Schwefel, Pech und Harz so angefacht wird, daß nicht nur
Daniel[14] mit den drei Knaben, sondern auch irgendwelche
unter den Söhnen der Kirche seinem Feuer nicht entkom-
men außer durch Gottes mächtige Hilfe, selbst wenn sich
manche finden lassen, die mit recht großer Unschuld gewappnet sind. Um nun den Feuerofen eines kranken Körpers abzukühlen und das Herz, das vom Sturz in die Laster

orum aestuans „virtute altissimi obumbrandum" floris su-
pradicti medicinam et umbram cum fructibus suis mutua
collatione celebremus, ut in altero spes salutis sit et sanitatis, ex altero cedat aestus caloris. Sed cur omnium florenti-
um, omnium fructificantium et quorumvis nascentium pa- 5
ter et creator se florem campi dixerit, tam vanae rei se
comparaverit, primum perpaucis absolve, postea vero, quis
fructus florem sequatur, oportet nos indagare. Equidem
misteriorum enodatio profectus intellectuum est.

P.: Cum rerum insensibilium vel irrationalium similitu- 10
dines rationali creaturae vel ipsi creatori collatas audieris,
ea ratio est, ut de pulchris nativoque suae unitatis splendore
fulgentibus ad pulchriora quaerenda mens humana excitetur et a minoribus ad maiora promoveatur.

T.: Dic igitur, quis sit iste flos, florum virtus floridorum 15   7
idemque „lilium convallium".

P.: Flos iste flos est de flore, Christus virgo de virgine
matre, formosus sponsae sponsus ecclesiae, flos quidem
radice sua pulchrior, stirpe sua venustior, visum intuentium
candore suo semper alliciens, gustum eorum mirando sapo- 20
re demulcens, olfactu suavis, tactu gratus, auditu delectabi-
lis et virginalibus disciplinis semper desiderabilis. Flos iste
primum latens in campo patriarcharum, apertior inlata pro-

---

[15] Die fünf Sinne (Sehen, Schmecken, Riechen, Tasten, Hören) werden
angeführt, um die Gesamtheit der Christuserfahrung deutlich zu machen.
[16] Gemeint sind die Erzväter Abraham, Isaak und Jakob.

glüht, durch „die Macht des Allerhöchsten zu beschatten"
(Lk 1,35), wollen wir die Heilkraft und den Schatten der
oben genannten Blume zusammen mit ihren Früchten in
wechselseitiger Erörterung preisen, damit in dem einen die
Hoffnung auf Errettung und Gesundung bestehenbleibe,
mit Hilfe des anderen aber die Glut der Hitze entweiche.
Warum aber der Vater und Schöpfer aller Blumen, aller
fruchttragenden Bäume, ja aller beliebigen Pflanzen überhaupt sich als „Blume des Feldes" (Hld 2,1) bezeichnet und
sich mit einem so vergänglichen Ding vergleicht, das erkläre mir zuerst mit ganz wenigen Worten; danach aber sollten
wir untersuchen, welche Frucht auf die Blüte folgt. Denn
die Auflösung der Geheimnisse bedeutet Fortschritt in der
Erkenntnis.

P.: Wenn du hören wirst, daß Dinge, die weder sinnlich
erfahrbar noch mit dem Verstand erfaßbar sind, mit der
vernünftigen Kreatur und sogar mit dem Schöpfer selbst
verglichen werden, so ist der Grund dafür der, daß der
menschliche Geist von dem Schönen, das aus dem natürlichen Glanz seines eigenen Wesens leuchtet, angetrieben
wird, noch Schöneres zu suchen, und daß er sich von den
geringeren Dingen zu den höheren hinziehen läßt.

T.: Sag also, wer ist diese Blume, die wirkende Kraft in
den blühenden Blumen ist und zugleich „Lilie im Tal" (Hld
2,1).

P.: Diese Blume ist die Blume aus der Blume, Christus,
der Keusche, von einer keuschen Mutter geboren, der
wohlgestaltete Bräutigam seiner Braut, der Kirche; eine
Blume in der Tat, die schöner ist als ihre Wurzel, lieblicher
als ihr eigener Stamm, die mit ihrem strahlenden Weiß
immer den Blick des Betrachters auf sich zieht, seinem
Geschmack mit ihrer wunderbaren Würze schmeichelt,
süß für den Geruch, angenehm zu greifen, ergötzlich zu
hören[15] und immer begehrenswert für die jungfräulichen
Stände. Diese Blume lag zuerst verborgen im Feld der
Patriarchen[16], dann wuchs sie, eingepflanzt bei der Nach-

pagine prophetarum et regum ad fructum beatae perennitatis processit, ex quo fructus vitae proveniunt omnibus
agnum castitatis gressibus sequentibus. Quid autem aliud
est flos iste convallium nisi Christus et idem decus et pulchritudo mentium humilium, quae accepta spiritalis gratiae 5
pluvia fundo summissae devotionis donum retinent, quod
acceperint, ut virtutum in eis fructus tanto surgat uberior,
quanto caelestis humoris vallis inclinatae mentis tenatior?
Imber enim montibus illapsus ad humiliora semper defluit,
quia prona montis vertigine locum suae stationis non inve- 10
nit. Sic de cordibus superbis considera. Potest et in his
convallibus, unde lilium istud processit, humilis parentela
Christi intelligi, ex qua flos et fructus prodiit ad nostra
tempora, qui sine tempore mundum creavit et tempora.

T.: Patet omnino, quantae fuerint parentes Christi pau- 15
pertatis, qui pro agno offerendo vix sufficiebant sacrificio
vel columbae vel turturis.

P.: O pulchritudo floris et lilii in mundi valle gratanter
exorti, sicut scriptum est: „Germinaverunt campi heremi"
germen odoris Israel. Campus heremi terra inculta est vel 20
integritas in Maria virginalis, de quo germine sine cultore
fecunda florem et floris | odorem visibus humanis produxit, | 8
proclamans sponso cum sponsa: „Trahe me post te, curre-
mus in odore unguentorum tuorum." Nonne de hoc floris
odore loquitur, qui multa ecclesiae sacramenta figuraliter 25
rebus et verbis expressisse probatur, „ecce", inquiens,

kommenschaft von Propheten und Königen, offen sichtbar
empor zu einer Frucht von seliger Dauer, aus der die Früchte des Lebens all denen zuwachsen, die dem Lamm mit den
Schritten der Enthaltsamkeit folgen. Was ist aber diese
Blume im Tal anderes als Christus und zugleich Schmuck
und Schönheit demütiger Herzen, die den Regen geistlicher Gnade empfangen haben und festhalten als ein Geschenk der Aufopferung, das der Erde zur Unterstützung
gewährt wurde, damit die Frucht der Tugend in ihnen um
so üppiger heranwächst, je mehr an himmlischer Feuchtig-
keit das Tal schwankenden Geistes standhaft festhält?
Denn der Regen, der auf den Bergen fällt, fließt immer in
die tiefer gelegenen Gegenden ab, weil er wegen der schrä-
gen Neigung des Berges keinen Platz zum Verweilen findet.
So bedenke es auch in bezug auf hochmütige Herzen.
Unter den Tälern, aus denen diese Lilie emporwächst, können aber auch die demütigen Eltern Christi verstanden
werden, aus denen bis hin in unsere Zeiten die Blüte und
die Frucht hervorgegangen ist, die ohne Zeit die Welt erschaffen hat und die Zeit.

T.: Es liegt in der Tat offen zutage, von wie großer Armut
die Eltern Christi gewesen sind, die statt der Darbringung
eines Lammes kaum dem Opfer von Taube und Turtel
genügten (vgl. Lk 2, 24).

P.: O Schönheit der Blume und der Lilie, die gnadenvoll
im Tal der Welt entstanden ist, so wie geschrieben steht:
„Die Steppe läßt sprießen" (vgl. Joël 2, 22) einen Zweig des
Duftes Israel. Es ist aber diese Steppe das unbebaute Land,
das heißt die jungfräuliche Unversehrtheit von Maria, die
schwanger aus diesem Samen ohne Hilfe eines Gärtners die
Blume und den Duft der Blume sichtbar für das menschliche Auge hervorgebracht hat, indem sie dem Bräutigam
zusammen mit der Braut zuruft: „Ziehe mich dir nach, laß
uns laufen im Duft deiner Salben" (Hld 1, 3 f). Spricht nicht
auch jener, der nachweislich viele Geheimnisse der Kirche
in Wort und Tat bildlich ausdrückt, vom Duft dieser Blume,

„odor filii mei, quem benedixit dominus"? Quae est autem
agri istius plenitudo, nisi Maria „gratia plena", benedictione singulari „inter omnes benedicta"? Licet enim ipse Christus ager sit plenus, „in quo habitat omnis plenitudo divinitatis corporaliter", tamen et ipsa Maria ager iste probatur, 5
sicut et ipsa sol ut filius eius, sed alio modo ipsa et luna sicut
ecclesia, maris etiam stella, per quandam similitudinem
periclitantibus in hoc mundo provisa et haec cuncta voca-
bula de hoc flore suo trahit, quem virga de stirpe Iesse
producta produxit. Hunc igitur florem adulescentulae ni- 10
mis diligunt, amplexantur, colendo sequuntur habentes
matrem et filium praecedentes, ut cum floribus floreant et
fructum aeternitatis in castimonia floribunda conquirant.

T.: Quamvis nonnumquam suffocati seminis sit indicium
floridus ager, non tamen hoc floribus virginalibus metuen- 15
dum est, quia fructus cum floribus ibi proveniunt, ubi
campi divini nihil seminis genitivi susceperunt. Ubi enim
sine semine flos praecedit, dignum est, ut sequatur fructus
flori similis, utpote spiritalibus surgens incrementis.

P.: Quandoquidem de floribus ecclesiasticis, id est de 20
virginalibus disciplinis agendum nobis est, visne canticum
illud proferri in medium, de quo spiritus sanctus agni se-
quellis quoddam dictavit invitatorium, alloquens fructus
divinos, proferentes flores, rosas et lilium?

wenn er sagt: „Siehe, das ist der Duft meines Sohnes, den der Herr gesegnet hat" (Gen 27,27)? Was aber ist die Fülle dieses Ackers, wenn nicht Maria, „voll der Gnade, die gesegnet ist unter allen" (Lk 1,28) in einzigartigem Lobpreis? Auch wenn zugegebenermaßen Christus selbst der reiche Acker ist, „in dem die ganze Fülle der Gottheit leibhaftig wohnt" (Kol 2,9), wurde dennoch auch Maria mit Recht als dieser Acker verstanden, so wie sie auch Sonne genannt wird wie ihr Sohn, in anderer Bezeichnung aber auch Mond wie die Kirche, und Meeresstern, weil sie — diesem vergleichbar — denen die Richtung weist, die in den Gefahren dieser Welt ihren Weg ziehen: Alle diese Namen bezieht sie von dieser einen, ihr zugehörigen Blume, die sie, Sproß aus der Wurzel Jesse, hervorgebracht hat. Darum lieben junge Mädchen so sehr diese Blume, umarmen sie, folgen ihr in Verehrung, indem sie sich Mutter und Sohn zum Vorbild nehmen, damit sie in blühender Keuschheit mit den Blumen blühen und die Frucht der Ewigkeit erlangen.

T.: Obwohl ein blühendes Feld zuweilen ein Zeichen für niedergetretenen Samen ist, muß man dies für die jungfräulichen Blumen nicht fürchten, weil dort die Früchte zugleich mit den Blumen hervorbrechen, wo die göttlichen Felder nichts von zeugendem Samen empfangen haben. Wo nämlich eine Blüte ohne Samen vorangeht, dort sollte auch eine Frucht folgen, die dieser Blüte ähnlich ist, zumal wenn sie in geistlichem Wachstum entsteht.

P.: Da wir uns ja vorgenommen haben, über die Blumen in der Kirche, das heißt über die jungfräulichen Ordnungen zu sprechen, willst du da nicht, daß jenes Lied in unserer Mitte vorgetragen werde, nach dem der heilige Geist gewissermaßen ein Einladungsgedicht für die Nachfolgerinnen des Lamms verfaßt hat, indem er sie anredet als göttliche Früchte, die Blumen wachsen lassen, Rosen und Lilie (vgl. Sir 39,17–19 Vg.)?

T.: Cum sermo noster sumpserit initium ex uno flore saeculis omnibus insolito, dignum est, ut quicquid in laude virginum dicitur, caelesti concinat epithalamio. Itaque cantici huius ordinem prosequere, et sic demum pateat, quae utilitas in nostra inclusione.   5

P.: Iusta consequentia cantica sponso celebrare et cantici 9 locum vel causam agnoscere.

T.: Dic igitur.

P.: „Audite me", inquit, „divini fructus", et cetera. Sicut fructus florem suum sequitur, sic Christum virginem virgi- 10 nes, sic agnum castitatis sequellae, veritatis amicae, sponsi pudici sponsae pudicae. Audiant igitur virgines Christi, qui sunt vere fructus divini, audiant vocem monitoris, ubi vel quomodo fructificent, quibus laudibus fructificata conservent. Tunc enim recte divini fructus sunt, si in laude Christi 15 sursum dicaverint, quod acceperunt. „Quid enim habes, quod non accepisti?"

T.: Cum omnis animae profectus non inmerito divini fructus possint intellegi, miror, cur solis virginibus fructum istum sic asscripseris, ut ordines licet magni meriti de hoc 20 exclusisse videaris. Pluribus enim aufertur, quod singulariter uni conceditur. Neque vero fructum spiritus, quem distincte ponit apostolus, „qui est caritas, gaudium, pax, longanimitas", divinum esse fructum negabis, quem Paulus

T.: Da unser Gespräch von jener einzigen Blume seinen Anfang genommen hat, die gänzlich fremd in dieser Welt ist, so ist es angemessen, daß in einem himmlischen Brautlied das erklingt, was nur zum Lob der Jungfrauen gesagt werden kann. Deshalb gehe also dieses Lied der Reihe nach durch, und so mag schließlich deutlich werden, welcher Nutzen in unserer Abgeschlossenheit liegt.

P.: Die richtige Reihenfolge ist, die Lieder für den Bräutigam zu singen und dann Ort und Anlaß für das Lied zu bestimmen.

T.: Sprich also.

P.: „Hört auf mich, ihr göttlichen Früchte" und so weiter (Sir 39, 17 Vg.), sagt er. So wie nämlich die Frucht auf ihre Blüte folgt, so folgen die Jungfrauen dem jungfräulichen Christus, so die Gefolgschaft der Enthaltsamkeit dem Lamm, die Freundinnen der Wahrheit, die züchtigen Bräute eines züchtigen Bräutigams. Sie sollen also hören, die Jungfrauen Christi, die in Wahrheit die göttlichen Früchte sind, sie sollen hören auf die Stimme ihres Lehrmeisters, wo und wie sie Frucht bringen und mit welchen Lobgesängen sie den Ertrag an Frucht bewahren können. Dann nämlich sind sie in Wahrheit göttliche Früchte, wenn sie das, was sie empfangen haben, zum Lob Christi dem Himmel geweiht haben werden. „Denn was hast du, was du nicht empfangen hättest?" (1 Kor 4, 7).

T.: Wenn nun aber jeder Fortschritt der Seele nicht zu Unrecht als göttliche Frucht verstanden werden kann, wundere ich mich, warum du allein den Jungfrauen diese Frucht in der Weise zugeschrieben hast, daß du offenbar die anderen Stände davon ausgeschlossen hast, auch wenn sie große Verdienste haben. Denn es wird mehreren weggenommen, was einem einzigen im besonderen zugestanden wird. Und du wirst in der Tat auch nicht leugnen, daß die Frucht des Geistes, von der der Apostel ausdrücklich feststellt, „daß sie Liebe, Freude, Friede und Langmut ist" (Gal 5, 22), eine göttliche Frucht ist, von der die Paulus noch

non specialiter ad virgines solas referendum, sed generaliter
ad omnes „in fide, quae per dilectionem operatur", profi-
cientes complexus est, et in alio loco: „Fructus", inquit,
„lucis est in omni bonitate et iustitia et veritate." Igitur
omnis virtus „ad finem legis, qui est Christus", relata di- 5
vinus esse fructus cognoscitur, per quem homo cuiusque
ordinis salvabitur, si fructui bono perseverantia suffragetur.

P.: Omnis quidem, ut ais, animae profectus iustitiae fructus esse probatur, sed tamen virginalis vitae gloria praerogativa quadam de supradicto flore prorumpen<te>s fructus 10
divinos magis dixerim, quia magis applicatur divinitati,
quod prae ceteris invigilat castitati. Sic enim dominus: „Non
omnes", inquit, „capiunt verbum hoc, sed quibus | datum | 10
est." Datum quidem cunctis bonis in commune bene operari, non datum est omnibus florere vel fructificari vita virgi- 15
nali. Concessum est, filia, multis, ut in fide ecclesiasticae
societatis proficiant, non datum est nisi paucis, ut virginitatis rosa florescant. Attende prophetam Zachariam: „Quid
est", inquit, „bonum dei, nisi vinum germinans virgines?"
Quid est hoc? Quomodo vinum liquore suo quicquam ger- 20
minat, cum radice, flore vel fronde penitus careat?

T.: Non facile crediderim sermonem divinum quicquam
in irritum texere, cum omne, quod verbis et rebus ostendit,
semper nixum sit veritatis ratione.

P.: Nihil verius. Ipse igitur summe bonus et „pulchri- 25
tudo iustitiae", ipse „panis confirmans cor hominis, ipse

sagt, daß sie insbesondere nicht allein auf die Jungfrauen
zu beziehen sei, sondern ganz allgemein alle umfaßt, die
Fortschritte machen „im Glauben, der durch die Liebe
wirkt" (Gal 5, 6); und an anderer Stelle sagt er: „Die Frucht
des Lichts besteht in lauter Güte, Gerechtigkeit und Wahrheit" (Eph 5, 9). Also erkennt man, daß jegliche Tugend, die
sich „auf Erfüllung des Gesetzes, das Christus ist" (Röm
10, 4), bezieht, göttliche Frucht ist, durch die der Mensch
eines jeden Standes gerettet werden kann, wenn er in Be-
harrlichkeit die gute Frucht fördert.

P.: In der Tat erweist sich, wie du sagst, jeder Fortschritt
einer Seele als Frucht der Gerechtigkeit, aber dennoch
möchte ich diese vorrangig als göttliche Früchte bezeichnen, die gewissermaßen in vorweggenommener Herrlichkeit jungfräulichen Lebens aus der oben genannten Blüte
hervorbrechen, weil das, was vor anderen auf Keuschheit
bedacht ist, auch mehr der Gottheit zuzurechnen ist. Denn
so spricht der Herr: „Nicht alle fassen dieses Wort, sondern
die, denen es gegeben ist" (Mt 19, 11). Es ist zwar allen
Guten gegeben, in Gemeinsamkeit Gutes zu wirken, aber es
ist nicht allen gegeben, in jungfräulichem Leben zu blühen
und Frucht zu tragen. Vielen, Tochter, ist es zugestanden,
daß sie in Treue zur kirchlichen Gemeinschaft Fortschritte
machen, aber nur wenigen ist es gegeben, daß sie in der Rose
der Jungfräulichkeit blühen. Achte auf den Propheten
Sacharja: „Was ist Gottes Güte, wenn nicht der Wein, der
Jungfrauen sprossen läßt?" (Sach 9, 17 Vg.). Was ist das?
Wie kann der Wein mit seinem Saft etwas erzeugen, wenn
er völlig der Wurzel, der Blüte und des Laubs entbehrt?

T.: Ich möchte kaum glauben, daß die heilige Schrift
etwas ohne Nutzen erdichtet hat, da sich doch alles, was sie
in Worten und Taten zeigt, immer auf die Wahrheit als
Grundlage stützt.

P.: Nichts ist wahrer. Denn er selbst ist in höchstem Maß
gut und „die Schönheit der Gerechtigkeit" (Jer 31, 23 Vg.),
er selbst ist „das Brot, das des Menschen Herz stärkt, er

vinum laetificans cor" in se proficientis et germinans virgines. Vere, soror Theodora, sapor huius vini virgines facit
fructus divini, quia respuit anima carnale commercium,
quae gustu vini huius illecta speciali puritate tendit ad vitam
angelorum. Nulla enim virtus angelicae puritati sic coapta-   5
tur quomodo splendor castitatis, quippe cum homo natura
dissimilis angelo virtutum conatu consequitur, quod naturalis condicio spiritibus supernis ab aevo dedisse probatur.
Sciscitantibus enim perfidis pharisaeis de fratribus septem
uxorem unam habentibus, cuinam eorum asscribenda esset   10
uxor omnium in resurrectione, respondit, quoslibet dignos
aeterna remuneratione aequales angelis futuros nec ullius
carnalis commercii lege stringendos. Unde apparet vitam
virginalem angelicae vitae testimonium et quoddam futurae
resurrectionis insigne.   15

T.: Vinum igitur illud tam potens in germinandis virginibus de botro tipico expressum non ambigo, qui de terra
repromissionis allatus inter duos pependit in ligno. Qui
tactus ex latere fusoque fonte cum sanguine sacramenta
dedicavit ecclesiae, „lavans in sanguine uvae pallium suum,   20
quia ligavit ad vitem pullum suum".

P.: Recte sentis. Adverte nunc apertius, quomodo vinum   11
istud virgines germinaverit, quando „vinum de aqua factum" discipulum prae ceteris magis dilectum amovit a nuptiis, qui vinum unicae dilectionis a pectore domini suxit,   25

---

[17] Vgl. hierzu BROWN, *Keuschheit der Engel,* und FRANK, ΑΓΓΕΛΙΚΟΣ
ΒΙΟΣ.

selbst ist der Wein, der das Herz dessen erfreut" (Ps 104, 15:
Vg. Ps 103, 15), der in ihm voranschreitet, und er ist es, der
Jungfrauen hervorbringt. Wahrlich, Schwester Theodora, der
Geschmack dieses Weins bringt Jungfrauen von göttlicher
Frucht hervor, weil eine Seele, die vom Geschmack dieses
Weins in seiner besonderen Reinheit angelockt wird, kör-
perlichen Verkehr zurückweist und nach dem Leben der
Engel strebt. Denn keine Tugend paßt sich so der Reinheit der
Engel an wie der Glanz der Keuschheit[17], zumal der Mensch,
der aufgrund seiner Natur dem Engel unähnlich ist, nur durch
Bemühung in den Tugenden das erreicht, was den höchsten
Geistwesen ihre natürliche Anlage offenbar von Ewigkeit
an zugebilligt hat. Denn als die listigen Pharisäer nach den
sieben Brüdern fragten, die eine einzige Frau hatten, und
wem von ihnen denn diese Frau bei der Auferstehung aller
zuzuschreiben sei, antwortete er, daß alle des ewigen Lohns
wert sein würden, die den Engeln gleichen und nicht durch
eine Bindung körperlichen Verkehrs gefesselt seien (vgl. Mk
12, 18–25). Daraus wird klar, daß das jungfräuliche Leben
Zeugnis für das Leben der Engel ist und gewissermaßen ein
Verweis auf die zukünftige Auferstehung.

T.: Ich zweifle nicht, daß hier im Bild darauf verwiesen
wird, daß jener Wein, der so mächtig ist, daß er Jungfrauen
zu zeugen vermag, aus der Traube gepreßt worden ist, die
aus dem Land der Verheißung herbeigetragen wurde und
zwischen den beiden Männern am Holze hing (vgl. Num
13, 23). Sie hat, getroffen in die Seite, aus der Wasser ver-
mischt mit Blut floß, der Kirche die Sakramente gestiftet:
„Er wäscht seinen Mantel in Traubenblut, denn er hat sein
Füllen an den Weinstock gebunden" (Gen 49, 11).

P.: Das hast du richtig erfaßt. Aber jetzt sollst du noch
besser verstehen, wie dieser Wein Jungfrauen erzeugt hat,
da es „der Wein war, der aus Wasser gemacht war" (Joh 2, 9),
der den Lieblingsjünger, der vor den anderen ausgezeichnet
war, von einer Heirat abhielt, den Jünger, der den Wein
einzigartiger Liebe von der Brust des Herrn gesaugt hat

cum in cena calix novi testamenti discipulis magno pietatis sacramento distribui coepit.

T.: Beatus per omnia liquor, qui dum rationabilem natu- ram infundit, supra ius naturae naturam, quam implet, impellit. Verum quod sequitur in cantico, in floribundo 5 videlicet invitatorio: „Et quasi rosa plantata super rivos aquarum fructificate", consequenter, obsecro, prosequere, ut fructus iste magis ex hoc pateat, si radix spiritalis in nobis ex huius mistica significatione convalescat.

P.: Tuis precibus praecurrentibus canticum istud Christo 10 favente resolvam, hoc solum superest, ne te pigriorem in studiis inceptis inveniam. In arvis quidem siccitate squalen- tibus rosa vix provenit, ramos vero pulchri floris et fructus in locis humectis expandit. Quid igitur intelligi datur in rosa nisi virginalis vita, quae semper intenta fluentis scrip- 15 turarum materiam inibi floridae conversationis accipit et inter alios ecclesiasticae vitae ordines quasi rosa ceteris floribus pulchrior in Christi amore florescit? Attende Re- beccam, Rachel et Liam virgines, filiam Pharaonis, filias quoque sacerdotis Madian, quae iuxta aquas apparuerunt, 20 quod nihil aliud est, nisi quod sanctae animae semper ex scripturarum irrigatione quasi rosa iuxta aquas plantata pro- fecerunt. Porro quis flos pulchrior vel rubicundior rosa? Quid in ecclesia pulchrius quantum ad puram conscientiam

---

[18] Vgl. zur Rose als christlicher Metapher SCHUMACHER-WOLFGARTEN, *Rose.*

(vgl. Joh 13, 23), als beim Mahl der Kelch des Neuen Bundes den Jüngern im großen Geheimnis der Liebe ausgeteilt wurde.

T.: Selig über alles ist dieser Saft, der sich in die vernünftige Natur verströmt und dabei die Natur, die er erfüllt, über das Naturgesetz hinaus antreibt. Aber nun bitte ich dich, du mögest der Reihe nach weiter durchgehen, was in dem Lied — ich meine natürlich das liebliche Einladungsgedicht — folgt: „und traget Frucht wie die Rose, die an den Ufern der Wasser gepflanzt ist" (Sir 39, 17 Vg.), damit diese Frucht sich eben in dem Maß offener zeigt, als die geistliche Wurzel in uns aufgrund ihres geheimnisvollen Verweises erstarkt.

P.: Deinen Bitten, die du oben geäußert hast, will ich entsprechen und dieses Lied mit Christi gnädiger Hilfe erklären. Allerdings kann dies nur geschehen, wenn ich dich nicht etwa nachlässig finde bei deinen Studien, die du begonnen hast. Denn in Gefilden, die vor Trockenheit starren, kann die Rose kaum gedeihen, an feuchten Orten dagegen breitet sie ihre Zweige mit schöner Blüte und Frucht aus. Denn was soll man unter der Rose anderes verstehen als die Lebensweise einer Jungfrau[18], die immer gespannt auf eine lebhaft fließende Unterredung den Stoff der heiligen Schrift sofort aufnimmt? Unter den anderen Ständen der Kirche steht sie in der Liebe zu Christus in Blüte wie eine Rose, schöner als die anderen Blumen? Richte deine Aufmerksamkeit auf Rebekka (vgl. Gen 24, 15), auf Rahel und Lea (vgl. Gen 29, 9.16) als sie noch Jungfrauen waren, auf die Tochter des Pharao (vgl. Ex 2, 5) und auf die Töchter des Priesters von Midian (vgl. Ex 2, 16), die sich alle am Wasser zeigten; das meint nichts anderes, als daß heilige Seelen immer aufgrund der Bewässerung durch die heilige Schrift wachsen wie eine Rose, die am Wasser gepflanzt ist. Weiter frage ich, welche Blume schöner ist als die Rose oder glühender in ihrer roten Farbe? Und was ist in der Kirche in bezug auf das reine Gewissen schöner als

virgine sacra? Sed ne fallat te in hoc sensu facies tua venustior ceteris, quia virgo, quae gloriatur ex speciei suae praestantia, lutum vendit alienis oculis, suis decepta. Sola igitur interiora sensus iste respicit, quia „virgo domini cogitat, quae domini sunt, ut sit sancta | et spiritu et corpore", 5 | 12
appetens illi soli placere, qui conditor est utriusque et qui regit utrumque.

T.: Quod appetitus laudis ex specie formosa gratiam sanctitatis excludat, patet ratio, quia saepe terra pulcherrima spinarum, deformis vero interdum pulchrae segetis fe- 10
rax est. Sed miror, cum de rosa ageret, cur dixerit ipsam rosam plantatam.

P.: An excidit tibi, qualiter „deus vineam de Aegypto transtulerit ipsamque gentibus eiectis plantaverit", sicut alio loco dicitur: „Et plantavi vineam Soreh", id est electae 15
vitis, et Paulus: „Ego", inquit, „plantavi, Apollo rigavit, deus autem incrementum dedit"? Vis igitur nosse rationabilis rosae plantationem?

T.: Modis omnibus.

P.: „Audi", inquit, „filia et vide et inclina aurem tuam 20
et obliviscere populum tuum et domum patris tui."
Quicquid enim plantatur, de loco in locum transfertur, ut locus secundus plantae novellae fiat occasio fructus uberioris, quia locus primus aegrae radici obfuit, quam terra suscepto semine sinu profundiore non abscondit. Ita- 25
que plantatio rosarum mutatio est vel morum vel lo-

[19] Vgl. HIERONYMUS, *quaest. hebr. in gen.* 49,11 (CCL 72,54); ders., *nom. hebr.,* de Isaia propheta (CCL 72,121).

die heilige Jungfrau? Aber laß dich in diesem Gefühl nicht von deinem Angesicht täuschen, das lieblicher ist als das der übrigen; denn eine Jungfrau, die sich des Vorzugs ihres hübschen Aussehens rühmt, verkauft fremden Augen Schmutz, getäuscht von den eigenen. Ihr Sinn soll allein auf die inneren Dinge gerichtet sein, weil „eine Jungfrau des Herrn sich allein um die Dinge des Herrn sorgt, um heilig zu sein an Seele und Leib" (1 Kor 7, 34), indem sie danach trachtet, jenem allein zu gefallen, der der Schöpfer ist von beidem und der beides lenkt.

T.: Für vernünftige Einsicht liegt es offen zutage, daß das Heischen nach Anerkennung aufgrund von schönem Aussehen die Gnade der Heiligung ausschließt, wie ja auch häufig ein sehr schönes Land, selbst wenn es von Dornen entstellt ist, bisweilen doch für eine gute Saat fruchtbar ist. Aber ich wundere mich, warum er, wenn er von der Rose spricht, sagt, daß die Rose selbst gepflanzt sei.

P.: Ist dir etwa entfallen, wie „Gott selbst den Weinberg von Ägypten verpflanzt und ihn wieder eingepflanzt hat nach der Vertreibung der Völker" (Ps 80, 9: Vg. Ps 79, 9), und wie an anderer Stelle gesagt wird: „Ich habe einen Weinberg angepflanzt von Sorek" (Koh 2, 4 Vg.), das meint von einem ausgewählten Weinstock[19], und Paulus sagt: „Ich habe gepflanzt, Apollos hat es begossen, Gott aber hat das Gedeihen gegeben" (1 Kor 3, 6)? Willst du aber den Grund für die Verpflanzung der Rose wissen?

T.: Auf jeden Fall.

P.: „Höre, meine Tochter", sagt er, „und sieh und neige dein Ohr und vergiß dein Volk und das Haus deines Vaters" (Ps 45, 11: Vg. Ps 44,11). Was nämlich gepflanzt wird, das wird von einem Ort an einen anderen übertragen, damit der zweite Platz der jungen Pflanze Gelegenheit gibt, reicher Frucht zu tragen, weil der erste Standort nicht förderlich war für die angegriffene Wurzel, die die Erde nach Empfang des Samens nicht tief genug in ihrem Schoß geborgen hat. Deshalb ist das Pflanzen von Rosen ein Wechsel, und

corum sanctae animae Christum quaerentis in amore. Nisi
enim se de loco in locum transponeret, de pulchro ad magis
pulchrum non pertingeret. Quia igitur in domo paterna vel
consuetudine vitae perversae vel etiam commanentium lege
vel exemplo proficere non poteras, Christo cultore et ipso, 5
quod coluit, caelesti pluvia irrigante in agro dominico plantata es, ut tollatur occasio sterilitati, ubi gleba mentis pin-
guescit irrigatione caelesti. Quod enim dicitur: „Eiecisti
gentes et plantasti eam", quid aliud est, nisi quod in con-
versione fidelium primum spiritus sanctus vitiorum spinis 10
instat exstirpandis, postea vero virtutibus fructificandis?
Rosa igitur est plena verecundiae | virginitas, plantatio eius | 13
virginitatis sanctitas. Inde illud habes in psalmo: „Plantati
in domo domini, in atriis dei nostri florebunt."

T.: Cum per exempla divinorum fructuum nobis casti- 15
moniae conservandae paras incitamentum, hortum excolis
rosarum et aromatum. Sed quod scriptum est de matre
domini virgine, virginum omnium principe, quod sit quasi
„plantatio rosae in Iericho", non satis occurrit, cur locus
ille Iericho differentiam roseis floribus in sui singularitate 20
velut uberior ceteris indicat, quasi gleba Iericontina aliarum
regionum roseta praecellat.

P.: Quia de mistico fructu ad litteram nudam, si tamen
nudam, inquisitio tua nos inflectit, paucis oportet ostendi,

---

[20] Der Vergleich von Blumenduft und dem Wohlgeruch (*odor suavitatis*)
der Heiligkeit ist bereits in der Antike verbreitet, vgl. KÖTTING, *Wohlgeruch*.

zwar sowohl von Sitten wie von Aufenthaltsorten der heiligen Seele, die Christus in Liebe sucht. Wenn sie sich nämlich nicht stufenweise weiterbegeben würde, dann würde sie
nicht vom Schönen zum noch Schöneren gelangen. Weil du
aber im Haus deines Vaters und in der Gewöhnung an eine
unrichtige Lebensweise und auch in der Bindung an deine
Mitmenschen und ihr Beispiel keine Fortschritte machen
konntest, bist du unter dem Regen himmlischer Bewässerung in den Acker Gottes eingepflanzt worden, wobei Christus selbst der Gärtner war, weil er dich gepflegt hat, damit
das Schicksal der Unfruchtbarkeit von dir genommen wird,
sobald die Scholle des Geistes unter der himmlischen Bewässerung fett geworden ist. Daß aber gesagt ist, „du hast
die Völker vertrieben und den Weinstock eingepflanzt" (Ps
80, 9: Vg. Ps 79, 9), was meint das anderes, als daß der heilige
Geist bei der Bekehrung der Gläubigen darauf besteht,
zuerst die Dornen der Laster auszureißen, danach aber die
Frucht der Tugenden wachsen zu lassen? Die Rose bedeutet also die Jungfräulichkeit voll scheuer Sittsamkeit, ihre
Einpflanzung dagegen die Heiligkeit der Jungfräulichkeit.
Darum findest du auch jenes Wort im Psalm geschrieben:
„Die im Haus des Herrn gepflanzt sind, werden in den
Vorhöfen unseres Gottes blühen" (Ps 92, 14: Vg. Ps 91, 14).

T.: Du legst einen Garten von Rosen und Wohlgerüchen[20]
an, indem du uns durch Beispiele von göttlicher Frucht den
Anreiz zur Bewahrung der Keuschheit gibst. Aber es leuchtet nicht ausreichend ein, warum von der jungfräulichen
Mutter des Herrn, dem Vorbild aller Jungfrauen, geschrieben steht, sie sei „wie das Wachsen einer Rose in Jericho" (Sir
24, 18 Vg.), und warum jener Ort Jericho gewissermaßen
üppiger als andere einen Unterschied in der Einzigartigkeit
seiner Rosenblüte zeigt, gerade so als erhebe sich die Scholle
von Jericho über die Rosengärten anderer Gegenden.

P.: Weil deine Frage nach der geheimnisvollen Frucht uns
auf die nackte Schrift hinweist, wenn sie denn überhaupt
nackt ist, soll mit wenigen Worten gezeigt werden, was der

quae causa sit roseti pulchrioris, quod civitas ista proponit.
In arvis Iericontinis fons prorupit antiquitus mirae sterili-
tatis, intemperantiae et amaritudinis, utpote dignus suis
cultoribus. Rivi eius nihil salutis et gratiae sua irrigatione
promiserunt, immo circumiacentia arva suis damnavere 5
meatibus. Fons idem ad tempora duravit Helisei, non modo
potantibus perniciosus, sed discriminis plenus. Ab incolis
igitur Heliseus propheta pulsatus, ut aquas benedictione
sanaret, quo remedium civibus unda restituta conferret, in
vas fictile novum salis modicum misit, quo fonti iniecto 10
virus violatae naturae repressit. Exinde fontis benedicti
fluentis gleba terrae solito largius infusa non solum fructibus vulgaribus et domesticis sinum uberiorem praebuit, sed
etiam species aromatum ceteris regionibus nobiliores sicut
balsama maioresque protulit, quippe cuius sterilitatem et 15
amaritudinem benedictio prophetica in dulcedinem fecun-
ditatemque commutavit. Decursus itaque rivorum eius in
fructibus terrae qualitatem auxit et quantitatem, praecipue
tamen in speciebus aromaticis adeo, ut paradisi similitudinem putares illius campos regionis. Hinc decor etiam flo- 20
ridus tantus in roseto provenit, ut flos | roseus scutellae | 14
latitudinem aequare videatur, et tantae pulchritudinis rosa
in toto terrarum situ vix inveniatur.

T.: Rationem misticae significationis de hac fontis commutatione a te quaererem, si te ab incepto non revocarem. 25

Grund für die besonders schönen Rosen ist, die diese Gegend darbietet. In der Gegend von Jericho entsprang vor langen Zeiten eine Quelle von ungewöhnlicher Unfruchtbarkeit, Wildheit und bitterem Geschmack, die in der Tat zu den Bewohnern der Gegend paßte. Die Wasserläufe aus dieser Quelle verhießen mit ihrer Bewässerung weder Gedeihen noch Wohlgefallen, sie fügten im Gegenteil den umliegenden Gefilden mit ihrem Lauf nur Schaden zu. In diesem Zustand dauerte die Quelle fort bis zu den Zeiten des Elischa, und sie brachte nicht nur Verderben für die, die daraus tranken, sondern war voll von Gefahr. Schließlich wurde der Prophet Elischa von den Anwohnern bedrängt, daß er durch seinen Segen das Wasser von dem Übel befreie, damit die Flut, wenn sie wieder rein wäre, den Bürgern als Heilmittel diene. Elischa gab in ein neues irdenes Gefäß ein Maß Salz, legte dieses in die Quelle und verdrängte so das Gift der geschändeten Natur (vgl. 2 Kön 2, 19–22). Daraufhin bot die Erdscholle, die vom gesegneten Quellwasser reichlicher als gewohnt durchfeuchtet wurde, nicht nur den gewöhnlichen Früchten und Feldpflanzen einen fruchtbaren Nährboden, sondern brachte auch im Vergleich mit anderen Gegenden edlere und größere Arten von Gewürzen wie Balsam hervor, da ja der Segen des Propheten ihre Unfruchtbarkeit und Bitterkeit in Süße und Fruchtbarkeit verwandelt hatte. Die Wasserläufe aus dieser Quelle ließen bei den Früchten des Landes Qualität und Quantität ansteigen, besonders aber bei den duftenden Arten, und zwar so sehr, daß man die Felder jener Gegend für ein Abbild des Paradieses hätte halten können. Daher wächst auch im Rosengarten ein Blütenschmuck von solcher Größe, daß die einzelne Rosenblüte anscheinend die Ausdehnung einer Trinkschale erreicht und sich auf dem ganzen Erdkreis wohl kaum eine Rose von solcher Schönheit finden läßt.

T.: Ich würde dich ja nach dem Sinn des geheimnisvollen Verweises bei der Verwandlung dieser Quelle fragen, wenn ich dich nicht dadurch von unserem Vorhaben ablenken

Procede igitur in cantico nostro, quod quasi invitatorium
quoddam ad maiora quaerenda praemittis, ut demonstres in
sequentibus, quid per praemia sit praemissi floris effectus.

P.: Hortatur adhuc spiritus sanctus virgines nostras ad
excelsa virtutum: „Quasi Libanus", inquiens, „odorem sua- 5
vitatis habete." Libanus mons Fenicis est ea de causa dictus
odorus, quia lignum odoriferum parit et imputribile, ce-
dros scilicet mirae altitudinis et decoris. Quo monte quid
aliud datur intelligi nisi mentes caelestium contemplatione
sublimes, memoria virtutum imputribiles, fructibus sanctae 10
fidei quasi odore gratanti praestantes? Alta est enim virginalis vitae gloria per contemplationem, pulchra per puritatis virtutem, odora per aestimationem, grata per exemplum.
Sequitur: „Florete flores quasi lilium."

T.: Mira ratio florem, ut floreat, exhortari et, quod habet 15
in natura, quaerere quodammodo per studia.

P.: Motus tuus in admiratione non inanis esse videtur.
Cum enim flos omnis in eo, quod flos est, floreat nec nomen
quidem floris possit habere, nisi florendo consocietur rebus
floridis, non immerito quaerimus, cur flores dicti sunt flo- 20
rere, cum manifestum sit alterum in altero constare.

T.: Resolve igitur.

P.: Spiritus sanctus in eo, quod florem florere praecepit,
virtutem sanctae virginitatis expressit, quia tunc vere Christi
virgines sunt, si virtutes colendo, in amore Christi florendo 25

---

[21] *Libanus* meint an dieser Stelle des Sirach-Textes wohl nicht das Gebirge
‚Libanon', sondern den duftenden Weihrauch, der allerdings nur in
Südarabien und Afrika wuchs (griechisch beides: ὁ λίβανος [weißer
Kalkberg / weißes Harz], hergeleitet aus dem hebräischen Wort für ‚weiß').
Während im Bibeltext der exklusive Weihrauchduft gemeint ist, hebt der
Verfasser des *Spec. virg.* auf das Aroma des im Libanon wachsenden
Zedernholzes ab, um so die Besonderheit der heiligen Jungfrauen zu
unterstreichen; vgl. MÜLLER, *Weihrauch* 745.

würde. Darum fahre fort in unserem Lied, das du wie eine
Art Einladung vorausschickst, um nach noch größeren
Dingen zu fragen, und zeige im folgenden, was die oben
genannte Blume durch Belohnungen zu bewirken vermag.

P.: Der heilige Geist verweist also weiterhin unsere Jungfrauen auf die Gipfel der Tugenden, indem er sagt: „Verströmt einen süßen Duft wie der Libanon" (Sir 39,18 Vg.
= 39,14 LXX). Der Libanon ist ein Gebirge in Phönizien,
und er wird darum ,wohlriechend' genannt, weil er ein
Holz hervorbringt, das süß duftet und nicht fault, nämlich
Zedern von wunderbarer Höhe und Schönheit im Wuchs.
Was soll man unter diesem Gebirge anderes verstehen als
die Herzen, die durch die Betrachtung himmlischer Dinge
erhoben, durch Erinnerung an die Tugend unverweslich
sind und durch die Früchte heiligen Glaubens in lieblichem
Duft emporragen?[21] Denn hoch ist die Herrlichkeit jungfräulichen Lebens wegen der Betrachtung innerer Dinge,
schön wegen der Tugend der Reinheit, duftend wegen ihres
Ansehens und lieblich durch ihr Beispiel. Es folgt der Vers:
„Blühet, ihr Blumen, wie die Lilie" (Sir 39,19 Vg.).

T.: Eine merkwürdige Überlegung, die Blume aufzufor-
dern, daß sie blühen solle, und gewissermaßen mit Eifer
nach dem zu fragen, was sie von Natur aus hat.

P.: Daß du dich vor Verwunderung erregst, scheint nicht
unbegründet zu sein. Wenn nämlich eine jede Blume darum,
weil sie Blume ist, blüht und den Namen Blume in der Tat
nicht haben könnte, wenn sie sich nicht durch ihr Blühen
den blühenden Dingen zugesellte, dann fragen wir zu
Recht, warum den Blumen gesagt wird, sie sollten blühen,
wo doch klar ist, daß das eine im anderen besteht.

T.: Darum erkläre es.

P.: Der heilige Geist drückt darin, daß er die Blume
auffordert zu blühen, die Tugend heiliger Jungfräulichkeit
aus, weil die Jungfrauen erst dann in Wahrheit Jungfrauen
Christi sind, wenn sie durch die Pflege der Tugenden und
durch das Blühen in der Liebe zu Christus Fortschritte

proficiunt. Quid enim prodest flos castitatis, si in ipsa
corporis puritate deest fructus | operis? Nonne et hoc | 15
evangelica littera licet omnibus ecclesiae magistris generaliter dixisse videatur, specialiter tamen castitatem professis
eloquitur: „sint lumbi vestri praecincti et lucernae arden- 5
tes", ut lucis fructus sit in opere, ubi flos castitatis floret in
mente vel corpore? Itaque decus virginitatis flos quidam est
ex integritate corporis, sed flos idem florere non desinit,
cum bonis operibus ipsa virgo in laude divina floridum
florem ostendit. Apibus herbae necessariae non sunt, sed 10
flores, sic Christi virginibus holera nuptiarum necessaria
non sunt, sed flores castitatis. Sic enim ait apostolus: „Qui
infirmus est, holus manducet."

T.: Sed cur additur ‚sicut lilium'?

P.: Natura lilii talis est, ut stirpem suam bis in anno, id 15
est gemino flore vestiat, si tamen humana subtilitas huius
naturae arte sua subveniat.

T.: Dic, quaeso, naturae huius nobis hactenus ordinem
inauditum et quasi novum creaturae genus instrue per rationem.   20

P.: Lilium, cum aestivo tempore ad florem usque protrac-
to stipite pervenerit, succide limoque, ut fieri solet, impri-
me, et cum penitus effloruerit floremque suum iam marci-
dum proiecerit, in locum secretiorem stipitem eius adhuc
limo suo sicco infixo pone, sicque stipitem ipsum quasi 25

---

²² Wie die Rose ist auch die Lilie Symbol christlicher Jungfräulichkeit,
vgl. PFISTER-BURKHALTER, *Lilie.*

machen. Denn was nutzt die Blume der Enthaltsamkeit,
wenn selbst bei Reinheit des Körpers die Frucht des Werkes
fehlt? Und meint dies nicht auch die Botschaft des Evangeliums, selbst wenn sie es anscheinend allgemein allen
Kirchenlehrern sagt, so doch besonders denen, die Keuschheit gelobt haben, wenn sie sagt: „Eure Lenden sollen
gegürtet sein und eure Lampen sollen brennen" (Lk 12,35),
damit die Frucht des Lichts sich im Werk zeige, wo die
Blume der Enthaltsamkeit blüht im Geist und im Körper?
Deshalb ist die Zierde der Jungfräulichkeit gewissermaßen
eine Blume, die aus der Unversehrtheit des Körpers erwachsen ist, aber eben diese Blume hört nicht auf zu blühen, wenn die Jungfrau selbst durch gute Werke zum Lob
Gottes eine blühende Blume vorweist. Bienen brauchen
nicht Gras, sondern Blüten; so brauchen auch die Jungfrau-
en Christi nicht das Grünzeug der Hochzeit, sondern die
Blumen der Enthaltsamkeit. Denn so sagt der Apostel:
„Wer krank ist, der soll Gemüse essen" (vgl. Röm 14,2).

T.: Aber warum ist hinzugefügt ‚so wie die Lilie'?

P.: Die Natur der Lilie[22] ist so beschaffen, daß sie zweimal im Jahr einen eigenen Schößling hervorbringt, das
heißt sich mit doppelter Blüte schmückt, allerdings vorausgesetzt, menschliche Sorgfalt kommt mit eigener Geschicklichkeit ihrer Naturanlage zu Hilfe.

T.: Ich bitte dich, erzähle uns von diesem Wunderwerk
der Natur, von dem wir bisher noch nichts gehört haben,
und gib uns eine begründete Erklärung für diese neue Art
von Schöpfung.

P.: Wenn eine Lilie zur Sommerzeit zur Blüte gelangt
und ihre Stengel weit ausgebreitet hat, dann grabe sie von
unten aus und bedecke sie in der üblichen Art mit feuch-
ter Erde; wenn sie innerlich ausgeblüht und ihre Blüte
abgeworfen hat, die dann schon welk ist, lege ihre Knolle an einen abgeschiedenen Ort, wobei die Erde, mit der
du sie bedeckt hattest, inzwischen trocken geworden ist;
und du wirst sehen, daß die Knolle selbst, die nach dem

decusso primo flore suo languidum, resumptis superius
viroris prisci viribus videbis rursus hiberno tempore novum ex se florem generare et lilia tua totius seminis post
florem expertia quasi tempus vernum aspirare. Habes hanc
in sancta virginitate similitudinem. De flore semper 5
prorumpit in florem, de virtute in virtutem donisque caeli-
tus multiplicatis sancti propositi sui stipite florem candida-
tae vitae suae non desinit fructu geminato vestire. Nonne
et dominus in evangelio lilii naturam commendasse videtur,
ubi ait: „Considerate lilia agri, quomodo | crescunt", quae 10 | 1(
nativo decore suo floribundi regis Salomonis ornatum an-
tecellunt? Praestantior est enim vigor et pulchritudo conditionaliter insita naturae quam diligentia circa naturam
artis humanae. In hoc quippe quod in se cuiuslibet geniti-
vum unum est, ei praestat, quod arte humana sicut vestium 15
ornatus diverso modo contextum est.

T.: Quid est, quod sequitur: „Date odorem", cum florum
habeat hoc natura suavitatis exhalare thimiama? Quis du-
bitat, quod per ipsum florem suum naturalem lilia spirant
odorem et quod primaeva conditione floribus impressum 20
est temporibus suis monstrare vim naturae, quae in ipsis
est?

P.: Sed sermo divinus odorem florum rationabilium in
hoc loco videtur expetere, quia sicut flos florere iubetur, sic
odor odorem dare praecipitur. Flos igitur, ut dictum est, 25
decus et virtus est integrae virginitatis, odor floris opinio

Schnitt der ersten Blüte schlaff war, zur Winterzeit wieder
eine neue Blüte aus sich hervorbringt, weil sie die Kräfte
des alten Grüns von früher wiedergewonnen hat, und daß
deine Lilien, die nach der Blüte von keinerlei Samen berührt wurden, gewissermaßen die Zeit des Frühlings at-
men. Du kannst diese Naturanlage mit der heiligen Jungfräulichkeit vergleichen: Ständig bricht Blüte um Blüte aus
ihr hervor, Tugend um Tugend, und sie vervielfältigt aus der
Knolle eigenen heiligen Vorsatzes die Geschenke vom
Himmel und läßt nicht nach, die Blüte ihres strahlenden
Lebenswandels mit doppelter Frucht zu schmücken. Und
scheint nicht der Herr selbst im Evangelium die Natur der
Lilie gepriesen zu haben, wenn er sagt: „Seht die Lilien auf
dem Felde, wie sie wachsen" (vgl. Lk 12, 27), die Lilien, die
an natürlicher Anmut den strahlenden Schmuck König
Salomos übertreffen? Denn die Kraft und Schönheit, die in
der Natur von der Schöpfung her angelegt ist, ist herrlicher
als das Bemühen menschlicher Geschicklichkeit um die
Natur. Daher kommt es, daß das, was allein aus sich besteht, ganz gleich welcher Herkunft, den Vorrang hat vor
dem, was durch menschliche Kunstfertigkeit auf unterschiedliche Weise geschaffen wurde wie etwa der Schmuck
von Kleidern.

T.: Was bedeutet das, was folgt: „Gebt Duft" (Sir 39, 19
Vg.), wo doch dies die Natur der Blumen ist, daß sie die
Süße von Thymian ausatmen? Wer könnte zweifeln, daß
die Lilien durch die Blüte selbst ihren eigenen natürlichen
Duft verströmen und daß den Blumen von Beginn der
Schöpfung an eingepflanzt ist, daß sie zu eigenen Zeiten die
Kraft der Natur zeigen, die in ihnen verschlossen liegt.

P.: Aber die heilige Schrift scheint an dieser Stelle den
Duft vernunftbegabter Blumen zu fordern, weil ebenso wie
der Blume befohlen wird zu blühen, so auch dem Duft
vorgeschrieben wird, Duft zu verströmen. Die Blume ist
also, wie schon gesagt, Zierde und Kraft unversehrter Jungfräulichkeit, der Duft der Blume ist der allgemeine Ruf und

seu bona fama sanctae virginis est. Alterum monstratur ex
altero.

T.: „Melius est nomen bonum quam unguenta pretiosa."

P.: Quid ergo prodest, si fulges integritatis gratia, si
odorem virtutum non spargis per exempla? Nota a parte 5
per simile. Species aromaticas si modio suppresseris, quid
vel cui prodest in eis vis naturalis? Impietatis crimen est
nulli velle prodesse ex dono, quod videris accepisse. Bonum
quidem est in acceptis divinitus donis vanae gloriae frena
non laxare, melius in exemplo proximum aedificare, per- 10
optimum vero quicquid es et poteris, virtuti divinae, unde
merces speratur, consignare.

T.: Alioquin stultitiae virgo arguetur, cuius lucerna propriis meritis tandem extinguenda, aliis ad tempus accendi-
tur.   15

P.: Visne perpaucis sancti floris odorem advertere?

T.: Dic.

P.: „Cum esset", inquit, „rex in accubitu suo, nardus 17
mea dedit odorem suum", et item: „Vineae florentes odorem dederunt", et: „Manus meae distillaverunt mirram." 20
Quod nihil aliud est nisi virtutum propagatio in beatae
virginis exemplo, quae attracta et delibuta divinorum unguentorum odore cursum movet in superna virtutum exemplo vel ornatu vitae pudicae. Et Paulus: „Bonus odor
erat Christi" in bonis et in malis, bonis quidem verbo eius 25

---

[23] Das Gleichnis von den klugen und törichten Jungfrauen (Mt 25, 1–13)
verweist auf den Tag des Jüngsten Gerichts, siehe dazu Buch 6.

gute Name einer heiligen Jungfrau. Das eine erweist sich aus dem anderen.

T.: „Besser ist ein guter Name als kostbare Salben" (Koh 7, 1 Vg.).

P.: Was nützt es nämlich, wenn du in der Gnade der Keuschheit leuchtest und nicht durch beispielhaftes Handeln den Duft der Tugenden verbreitest? Achte auf den Vergleich im einzelnen: Wenn du wohlriechende Kräuter in einem Scheffel verbirgst, was oder wem nützt dann die Naturkraft, die in ihnen wohnt? Es ist ein Vergehen, das von mangelnder Frömmigkeit zeugt, wenn du mit dem Geschenk, das du offenbar empfangen hast, keinem nützen willst. In der Tat ist es gut, bei den Gaben, die du von Gott empfangen hast, die Zügel eitler Ruhmsucht nicht schleifen zu lassen, besser ist es, den Nächsten durch Beispiel aufzurichten, weitaus am besten aber ist es, was du bist und was du vermagst, der göttlichen Kraft zuzuschreiben, von der der Lohn zu erwarten ist.

T.: Übrigens wird ja auch die Jungfrau der Torheit beschuldigt werden, deren Lampe durch eigenes Verschulden schließlich verlöschen muß, während sie den anderen zur rechten Zeit angezündet wird.[23]

P.: Willst du mit einigen wenigen Gedanken deine Aufmerksamkeit dem Duft der heiligen Blume zuwenden?

T.: Sprich.

P.: „Als der König in seinem Schlafgemach war", sagt er, „gab meine Narde ihren Duft" (Hld 1, 12), und ebenso: „Die Weinberge haben in der Blüte ihren Duft verströmt" (Hld 2, 13), und „Meine Hände trieften von Myrrhe" (Hld 5, 5). Dies meint nichts anderes als die Fortpflanzung der Tugenden am Beispiel der seligen Jungfrau, die, angezogen und benetzt vom Duft göttlicher Salben, in beispielhafter Tugend und im Schmuck einer keuschen Lebensführung ihren Lauf in die himmlischen Gefilde lenkt. Und Paulus sagt: „Gut war Christi Duft" (vgl. 2 Kor 2, 15) bei den Guten und bei den Schlechten, bei den Guten darum, weil sie in seinem

proficientibus, malis livore deficientibus. Verum quia in-
stantiae tuae satisfaciendum est, quod restat de cantico,
praecedentibus annectendum est.

T.: Prima, media et ultima, si recte disponantur, in omni
causa rationabili statu indeflexo fulciuntur, si vero tria ista 5
non concordaverint, negotium frustra inceptum vacillabit.
Iunge primis sequentia, quia gressum iam movere probaris
ad cantici nostri media.

P.: Sequitur: „Et frondete in gratiam et collaudate canticum." Metaforam observat, quam de floribus et fructibus 10
supra posuerat. Nec enim sine frondibus flores et fructus
proficiunt, quia ex una radicis materia haec tria sunt compendentia. Porro frondem dirigis ad gratiam, cum moribus
et vita tendis ad coronam servatae virginitati promissam.
Profectum tuum illi assignabis, a quo est, quod es et omne, 15
quod proficis. Habes et alibi scriptum: „Ego quasi tere-
bintus extendi ramos meos, et rami mei honoris et gratiae",
et illud: „Montes Israel ramos vestros expandite et florete
et fructus facite." Fiunt autem rationali creaturae rerum
irrationalium et insensibilium similitudines, ut, sicut prae- 20
missum est, saltim excitemur ad profectum ab inferiori-
bus, quibus exempla non sufficiunt a superioribus. Sicut
enim ad usum, sic ad exemplum homini rerum natura pro-
po|sita est. Asina olim magistri magistra facta est, cuius | 18
apertos oculos caecitatis umbra confudit, ne videret, quod 25

Wort Fortschritte machen, bei den Schlechten, weil sie vor Neid zugrunde gehen. Weil man aber in der Tat deinem Drängen genügen sollte, muß dem Vorangegangenen hinzugefügt werden, was an dem Lied noch fehlt.

T.: In jeder Untersuchung, wenn sie richtig aufgebaut ist, werden Anfang, Mitte und Ende nach vernünftiger Überlegung unverrückbar festgelegt, denn wenn diese drei sich nicht aufeinander beziehen, ist die Sache vergeblich begonnen und wird haltlos schwanken. Verbinde darum den Anfang mit dem, was folgt, weil du offenbar deinen Schritt schon bis zur Mitte unseres Liedes gelenkt hast.

P.: Es folgt: „und bekränzt euch zum Dank und stimmt ein Loblied an" (Sir 39, 19 Vg.). Er beachtet die Metapher, wie er sie schon oben bei den Blumen und Früchten benutzt hatte. Es gedeihen nämlich die Blumen und Früchte nicht ohne Laub, weil aus dem einen Stoff der Wurzel diese drei zusammenhängend hervorgehen. Weiter richtest du das Laub her zum Dank, wenn du durch Sitten und Lebensführung nach der Krone strebst, die für bewahrte Jungfräulichkeit verheißen ist. Deinen Erfolg wirst du jenem zuschreiben, von dem ist, was du bist, und alles, was du erreichst. Du findest es auch an anderer Stelle geschrieben: „Ich breite wie eine Terebinthe meine Zweige aus, und meine Zweige sind voll Ehre und Dank" (Sir 24, 22 Vg.); und jenes Wort: „Ihr Berge Israels, breitet eure Zweige aus, blühet und bringt Frucht" (Ez 36, 8). Es wurden aber für die vernunftbegabte Kreatur Vergleiche für die unverstehbaren und sinnlich nicht erfahrbaren Dinge geschaffen, damit wir, wie schon oben gesagt wurde, wenigstens von den niederen Dingen zum Fortschritt angeregt werden, wo uns die Beispiele von den höheren nicht genügen. Die Dinge der Natur sind nämlich für den Menschen sowohl zum Gebrauch wie zum Vorbild bereitgestellt. Eine Eselin wurde einst zum Lehrmeister ihres Herrn, dessen Augen, obwohl er sie geöffnet hatte, vom Schatten der Blindheit geschlagen waren, so daß er nicht erkannte, was für das

pecudi visum est. Equidem florida creatura perfecti creatoris testimonium est, ad quem dum properas quaerendo
principium tuum, ordinem imitaris quodammodo creaturae per cursum legitimum.

T.: O si vellet homo, quod postulat ipsa conditionis ratio, 5
nec distantibus a se creaturis fieret inferior, suo ordini
contrarius, cuius naturae solus competeret caelestium intuitus. Quotiens revocatur ad se rerum insensibilium exemplo, ut respectus visibilium semita quaedam esset, ut si non
omne posset, quod bene vellet, nollet tamen, quod damno 10
suo posset!

P.: Quod sit natura ductrix quaedam ad invisibilia nec
Paulus tacuit: „Invisibilia", inquiens, „dei per ea, quae facta
sunt, intellecta conspiciuntur, sempiterna quoque eius virtus et divinitas, ut sint inexcusabiles." 15

T.: Quomodo de excessu suo posset excusari mortalis,
cum etiam ad profectum urgeatur rebus insensatis? Sed
repete litteram, quae provocat floridum chorum in laudem
divinam.

P.: Quod sequitur: „Et collaudate canticum", sic videtur 20
positum, quomodo superius dictum est, „Florete flores
quasi lilium", cum ipsius cantici vocabulum laudem semper
resonet, si tamen gratiae divinae respondet.

T.: Sic videtur. Cum enim cantica damus, deum lauda-
mus, laudando vero cantamus. Quomodo igitur canticum 25

---

[24] Vgl. zur Natur als Führerin christlichen Lebens z.B. AMBROSIASTER, *in
Rom.* 2,14 (CSEL 81/1,75); ARNOBIUS, *nat.* 1,33 (CSEL 4,22).

liebe Vieh offensichtlich war (vgl. Num 22,23). Darum ist die blühende Schöpfung Zeugnis für die Vollkommenheit des Schöpfers, zu dem du eilst, wenn du nach deinem Ursprung suchst, wobei du durch deinen richtigen Lauf gewissermaßen die Abfolge nachahmst, die in der Schöpfung vorgegeben ist.

T.: Ach wenn der Mensch doch wollte, was das Prinzip der Schöpfung selbst fordert, und nicht schwächer wäre als die Kreatur, die sich von ihm abhebt, im Gegensatz zu seiner natürlichen Bestimmung, für die doch die Betrachtung der himmlischen Dinge allein zulässig sein sollte! Wie oft wird er durch das Beispiel von Dingen, die keine Sinnenhaftigkeit vorweisen, zu sich selbst zurückgerufen, so daß ihm der Blick auf die sichtbaren Dinge gewissermaßen als Pfad dient, damit er wenigstens nicht will, was er zu seinem Schaden vermöchte, wenn er schon nicht alles vermag, was er an Gutem will.

P.: Was das betrifft, daß die Natur eine Art Führerin[24] zu den unsichtbaren Dingen ist, so schweigt auch Paulus darüber nicht, wenn er sagt: „Das unsichtbare Wesen Gottes, das ist seine immerwährende Macht und Göttlichkeit, wird wahrgenommen durch die Dinge, die geschaffen sind, so daß sie (*sc.* die Menschen) unentschuldbar sind" (Röm 1,20).

T.: Wie könnte ein sterblicher Mensch für sein Abweichen entschuldigt werden, wenn er sogar durch Dinge, die keine Sinnenhaftigkeit vorweisen, zum Aufbruch gedrängt wird? Aber gehe weiter im Text, der den lieblichen Chor zum Gotteslob ruft.

P.: Was nun folgt, nämlich: „und lobt ihn gemeinsam mit einem Lied" (Sir 39,19 Vg.), das scheint ebenso gemeint, wie weiter oben gesagt wurde: „Blühet, ihr Blumen, wie die Lilie" (Sir 39,19 Vg.), da in dem Wort Gesang immer das Lob mitschwingt, soweit es überhaupt der göttlichen Gnade antwortet.

T.: Es scheint so. Denn wenn wir einen Gesang vortragen, dann loben wir Gott, und im Lob singen wir in der Tat. Wie

collaudamus, cum laus dei sit quaedam ipsum canticum,
quo deum canimus?

P.: Canticum quidem a cantando nomen accepit, quod
recte divinae laudi convenit, cum homo secundum hoc,
quod laudat, vivit. „Non est enim speciosa laus in ore 5
peccatoris." Quaeramus igitur canticum collaudandum, in
laude sanctae virginitatis amandum, quod solum cantant,
„qui agnum sequuntur, quocumque ierit". Canti|cum istud | 19
„canticum novum est, quod nemo potest dicere, nisi animae
praecedentis agni sequellae, quae in albis ambulant", quia 10
de carnis integritate triumphant. Quid est autem ipsum
canticum collaudare, nisi de dono, quod divinitus acceperunt, gratias sursum referendo gaudere? Quod canticum
illud ex vita pudica meruisti, attende, cuius donum sit, et
canticum collaudasti. „Cum scirem", inquit, „quod nemo 15
potest esse continens, nisi tu, deus, des et id ipsum erat
sapientiae scire, cuius hoc donum sit." Certissime igitur
noveris, quod virgo, quae sapientiam istam ignorat, ut sciat,
cuius vel unde sit donum, quod habet, inter fatuas virgines
reputabitur nec canticum illud collaudare probatur.   20

T.: Constat plane virginem superbam hoc nescire canticum, quam sit vel quomodo laudandum, quia, si gratias
agendo saperet, olei sui pinguedinem infatuata non amitte-
ret. Quod autem additur: „Et benedicite dominum in omnibus operibus suis", cur eis quasi specialiter intimatur, 25
cum sit proprium omni homini laudes dare creatori?

aber loben wir den Gesang, wenn das Gotteslob gewissermaßen der Gesang selbst ist, mit dem wir Gott besingen?

P.: Der Gesang hat seinen Namen allerdings vom Singen
empfangen, was gut zum Gotteslob paßt, weil der Mensch
sich in seinem Leben nach dem richtet, was er lobt. „Denn
das Lob im Munde eines Sünders ist nicht lieblich" (Sir
15, 9 Vg.). Darum wollen wir danach streben, den Gesang
zu loben und im Lob heiliger Jungfräulichkeit das zu lieben, was allein die besingen, „die dem Lamm folgen, wohin
immer es geht" (Offb 14, 4). Dieses Lied ist „ein neues Lied,
das niemand singen kann außer den Seelen, die dem Lamm
folgen, das voranschreitet, und die in weißen Gewändern
gehen" (vgl. Offb 14, 3 f; 3, 4), weil sie im Sieg jubeln über
die Unversehrtheit des Fleisches. Was aber bedeutet ‚das
Lied selbst loben‘, wenn nicht dem Himmel in Freude
Dank zu sagen für das Geschenk, das sie von Gott empfangen haben? Weil du aber jenes Lied nur aufgrund eines
keuschen Lebenswandels verdient hast, denke daran, wessen Geschenk es ist, und dann hast du den ‚Gesang gelobt‘.
„Da ich aber wußte", sagt er, „daß niemand enthaltsam sein
kann, wenn nicht du, Herr, es gibst — und das allein war
schon Weisheit, zu wissen, von wem das Geschenk ist"
(Weish 8, 21). Darum wirst du ganz sicher einsehen, daß
eine Jungfrau, die diese Erkenntnis mißachtet, nämlich zu
wissen, von wem und woher das Geschenk in ihrem Besitz
ist, daß diese unter die törichten Jungfrauen gerechnet und
nicht gewürdigt wird, ‚jenes Lied zu loben‘.

T.: Es steht vollkommen fest, daß eine hochmütige Jungfrau dieses Lied nicht kennt und nicht weiß, wie und auf
welche Weise sie den Lobgesang anstimmen muß, weil sie ja
nicht als törichte Jungfrau ihr glänzendes Öl verloren hätte,
wenn sie sich auf das Danken verstanden hätte. Daß aber
hinzugefügt wird: „und preiset den Herrn in allen seinen
Werken" (Sir 39, 19 Vg.), da frage ich, warum ihnen dies
gleichsam noch besonders anvertraut wird, da es doch zu
jedem Menschen gehört, seinem Schöpfer Lob zu spenden?

P.: Omni quidem creaturae laus creatoris generaliter in-
dicitur, sed his magis, quos maior gratia illustrasse probatur. Maior est angelus homine, maior homo omni visibili
creatura, bonus est ordo coniugalis, melior vidualis, opti-
mus virginalis, ac per hoc iuxta graduum singulorum natu- 5
ram et merita laus dispertienda videtur creatori de creatura.
Magnum opus dei lex matrimonialis ex filiorum generatio-
ne, maius opus sexum virgineum ipsa naturae iura per
continentiam in Christi amore transcendere et unum cum
eo spiritum esse: „Qui enim adhaeret deo, unus spiritus est" 10
et quodammodo iam videri incipit in terris, quod homo
futurus est in caelis. In his igitur et in omnibus creaturis et
factis et iudiciis benedicendus est deus, quia in omnibus
magnis et minimis, quae deus fecit, una potentia creatoris
apparuit.   15

T.: Debita quidem divinae laudis in virgine satis adverto, 20
sed quaestionem movisse videris de angelo.

P.: Iustae quaestioni solutio digna debetur, inani nec id
quidem, quod meretur.

T.: Quod superius angelum homini dignitate quadam 20
praetulisti, cum eum in Apocalipsi „conservum" et civem
angelorum dictum noverimus, quando superiorem adorare
voluit, utpote minor et infimus.

P.: Littera evangelica nodum tuae quaestionis absolvit, si
mens tua propriis sopita neglegentiis evigilaverit. „Inter 25

---

[25] Gemeint ist Johannes als Seher und Schreiber der Apokalypse.

P.: In der Tat ist das Lob des Schöpfers aller Kreatur ganz allgemein aufgetragen, aber in besonderem Maß denen, von denen erwiesen ist, daß größere Gnade sie erleuchtet hat. Der Engel ist bedeutender als der Mensch, der Mensch ist bedeutender als alle sichtbare Kreatur, gut ist der Stand der Verheirateten, besser der Witwenstand, am besten der der Jungfrauen, und darum muß entsprechend der Natur und den Verdiensten der einzelnen Grade das Lob für den Schöpfer der Schöpfung anscheinend unterschiedlich zugeteilt werden. Ein großes Verdienst bei Gott ist die Bindung in der Ehe wegen der Erzeugung von Söhnen, ein größeres Verdienst ist es, daß das Geschlecht der Jungfrauen sogar den Anspruch der Natur durch Enthaltsamkeit in der Liebe zu Christus überspringt und mit ihm ein Geist ist: „Denn wer an Gott hängt, ist ein Geist mit ihm" (1 Kor 6, 17), und irgendwie fängt er schon auf der Erde an, sich als das zu zeigen, was der Mensch erst zukünftig im Himmel sein wird. Darum muß man in diesen ebenso wie in allen Geschöpfen, in allen Taten und Urteilen Gott preisen, weil in allen Dingen, die Gott geschaffen hat, den großen und den kleinsten, die einzigartige Macht des Schöpfers sich offenbart.

T.: Ich habe jetzt ausreichend verstanden, welches Gottteslob eine Jungfrau schuldet, aber mir scheint, du hast die Frage auf den Engel gelenkt.

P.: Einer berechtigten Frage gebührt eine entsprechende Antwort, einer törichten allerdings auch nicht das, was sie verdient.

T.: Du hast oben den Engel an Würde über den Menschen gestellt, obwohl wir doch erfahren haben, daß er[25] in der Apokalypse Mitknecht (vgl. Offb 19, 10) und Mitbürger der Engel genannt wird, als er den Engel als einen Höhergestellten anbeten wollte, er, der allerdings geringer und ganz unten ist.

P.: Der Text des Evangeliums hätte schon den Knoten deiner Frage gelöst, wenn dein Geist wachsam gewesen wäre, der durch eigene Nachlässigkeit schlaftrunken wurde.

natos", inquit, „mulierum non surrexit maior Iohanne baptista. Qui autem minor est in regno caelorum, maior est
illo." Sicut igitur in natis mulierum nemo maior Iohanne,
sic Iohannes angelus est, sic Helias est, sed misterii ratione.
Ipse quippe Iohannes in terra maior hominibus, sed ipso 5
maior est in regno caelorum angelus minimus. Proinde
virgo domini deum benedicat in omnibus operibus suis,
gaudeat in ecclesiasticis a deo iuste dispositis ordinibus.
Non leveris, Christi virgo, super viduam aut maritatam,
quia et tu matrem maritatam habuisti, quam si non haberes, 10
non esses, nec virgo quidem, si gratia ductrice caruisses.
Tanto profundius cadis, si levaris ex dono, quanto subli-
mior ceteris ordinibus tuus ordo. Denique quod sequitur
in cantico: „Date nomini eius magnificentiam", qualiter
accipiemus, qui huc usque pro posse processimus?   15

T.: „Magnus dominus et magna virtus eius." Non igitur
video, quomodo deus magnificari possit per laudem humanam, cum eius naturae prorsus incomprehensibili nil acci-
dat, nil decidat, quippe qui semper immobili fulgore suae
aeternitatis lumen manet idem, unus semper et idem.   20

P.: Frustra igitur virgo virginum hausto rore spiritus 21
sancti proclamasse dicitur: „Magnificat anima mea dominum", et David: „Magnificate dominum mecum", et multi
sanctorum in hunc modum.

T.: Sensum itaque proba huius magnificentiae.   25

---

[26] Elija, der immer wieder auf den wahren Gott verwiesen hat, gilt als ein
Vorläufer Johannes' des Täufers (2 Kön 1, 8), ist in seiner Keuschheit wie
dieser Tugendvorbild und den Engeln vergleichbar und wird schon vor
dem Ende der Zeiten zu diesen entrückt (2 Kön 2, 11).

„Unter den Söhnen von Frauen", sagt er, „ist keiner erschienen, der größer war als Johannes der Täufer. Der aber
im Himmelreich der kleinste ist, ist größer als jener" (Mt
11,11). So wie also unter den von Frauen Geborenen keiner
größer ist als Johannes, so ist Johannes ein Engel, so wie
auch Elija einer ist[26], aber auf geheimnisvolle Art und Weise. Johannes selbst war also auf der Erde größer als die
Menschen, aber im Himmelreich ist der kleinste Engel
größer als er. Darum soll die Jungfrau des Herrn Gott in
allen seinen Werken preisen und sich freuen über die Stände
in der Kirche, die von Gott gerecht eingerichtet sind. Aber
du, Jungfrau Christi, sollst dich nicht erheben über eine
Witwe oder eine verheiratete Frau, denn auch du hast eine
verheiratete Frau als Mutter gehabt, und wenn du sie nicht
gehabt hättest, dann gäbe es dich nicht und du wärest auch
nicht Jungfrau, wenn du die Führung durch die Gnade
hättest entbehren müssen. Wenn du dich dieses Geschenkes
rühmst, dann fällst du um so tiefer, je höher dein Stand über
die anderen Stände erhoben ist. Aber wie sollen wir, nachdem wir entsprechend unserem Vermögen bis hierher vor-
angeschritten sind, nun schließlich das auffassen, was in
dem Lied folgt, nämlich „Gebt seinem Namen die Ehre"
(Sir 39,20 Vg.)?

T.: „Groß ist der Herr und groß seine Stärke" (Ps 147,5:
Vg. Ps 146,5). Folglich kann ich nicht sehen, wie Gott
durch menschliches Lob erhoben werden kann, da doch zu
seiner unbegreiflichen Natur nichts hinzu und nichts ab-
handen kommt und er überhaupt im unbeweglichen Glanz
seiner ewigen Dauer immer dasselbe Licht bleibt, immer
der einzige und derselbe.

P.: Soll denn die Jungfrau der Jungfrauen, als der Tau des
heiligen Geistes sie benetzte, vergeblich ausgerufen haben:
„Meine Seele preist den Herrn" (Lk 1,46), und David:
„Preist mit mir den Herrn" (Ps 34,4: Vg. Ps 33,4), und viele
Heilige in derselben Weise?

T.: Deshalb erkläre den Sinn dieses Lobgesangs.

P.: Laudibus quidem tuis deus magnus non maior effici-
tur nec blasphemia minoratur, sed iuxta vel profectum vel
defectum animae qualitates istae divinitati assignantur.
Non enim gradus isti relativi maior et minor, qui semper ad
aliquid dicuntur, in dei substantiam immutabilem cadunt, 5
sed nobis lacte cibandis divinae scripturae condescendunt.
Quod si non facerent, multis in locis spiritalis intelligentiae
ianuam infirmioribus intellectibus nostris obstruerent.
Quando enim „deum cum sancto sanctum, cum perverso
perversum" dicimus, putasne divinitatem mutabilitates 10
istas non evadere, quia spiritui sancto placuit ad mores
humanos magis ista referre?

T.: Quomodo igitur intellegendum est „Date nomini eius
magnificentiam"?

P.: Cum magni meriti splendore fulges in domino, non 15
ipse de te, sed tu crescis in illo. Crescit enim anima quodammodo spiritualibus et aeternis intendendo, decrescit desipi-
endo, sed habitus iste variabilis fit motu qualitativo, non
quantitativo. Neque enim anima spatiis corporalibus in longum vel latum extenditur vel in artum contrahitur, sed vita 20
vel exemplo magis et magis proficiendo in deo magnificatur.
Sicut igitur „nomen dei blasphemari in gentibus" dicitur,
sic in bonis absque sui commutatione magnificatur. Sequitur: „Confitemini illi in voce labiorum vestrorum. Corde
creditur ad iustitiam, ore autem confessio fit in salutem." 25

P.: Durch Lobgesang wird zwar der große Gott nicht größer, wie er andererseits auch nicht durch Lästerung erniedrigt werden kann, aber entsprechend dem Fortschritt und Rückschritt der Seele werden diese Eigenschaften der Gottheit zugeschrieben. Denn diese Schritte, seien sie nun größer oder kleiner, die sich immer auf irgendetwas beziehen, fallen nicht in Gottes unveränderliche Wesenheit, sondern sie steigen herab, um uns mit der Milch der heiligen Schrift zu erquicken (vgl. Hebr 5,12). Wenn sie dies nicht täten, dann würden sie an vielen Stellen das Tor zum geistlichen Verständnis für unsere allzu schwache Einsicht verschließen. Denn da wir ja „Gott mit dem Heiligen heilig und mit dem Falschen falsch" (Ps 18,26 f: Vg. Ps 17,26 f) nennen, glaubst du da, daß die Gottheit diesen Veränderungen nicht entgeht, nur weil es dem heiligen Geist gefallen hat, diese Dinge mehr auf menschliche Maßstäbe zu beziehen?

T.: Wie ist denn nun das zu verstehen: „Gebt seinem Namen die Ehre" (Sir 39,20 Vg.)?

P.: Wenn du nun im Herrn erstrahlst im Glanz großer Auszeichnung, so ist nicht er es, der von dir wächst, sondern du wächst in ihm. Denn in irgendeiner Weise wächst die Seele, wenn sie sich um geistliche und ewige Dinge bemüht, und sie nimmt ab, wenn sie sich der Torheit überläßt, aber diese Änderung der Erscheinung geschieht durch Veränderung in der Beschaffenheit, nicht in der Größe. Denn die Seele dehnt sich nicht nach den Maßen des Körpers in die Länge und Breite oder zieht sich eng zusammen, sondern sie wird in Gott verherrlicht, wenn sie in Lebensführung und vorbildlichem Verhalten mehr und mehr Fortschritte macht. Denn so wie „der Name Gottes bei den Heiden gelästert wird" (Röm 2,24), so wird er bei den Guten gepriesen ohne irgendeine Veränderung seiner selbst. Es folgt: „Bekennt euch zu ihm mit der Stimme eurer Lippen" (Sir 39,20 Vg.). „Denn wenn man von Herzen glaubt, dann wird man zur Gerechtigkeit gelangen, wenn man aber mit dem Mund bekennt, zum Heil" (Röm

Vox labiorum cum exit „de corde puro, conscientia bona et
fide non ficta", perfecta dei laus | cum cantico promitur, | 22
quia vox pio cordi consona laudis meritum firmare probatur. Fictus servus dominum labiis honorat, cor autem eius
longe est ab eo. „Dilexerunt eum", inquit, „in ore suo et 5
lingua sua mentiti sunt ei." Ad laudes itaque domini ex
sacro corde labia confitentur, quia bonum suum, quod
amant, laude non ficta frequentant. Nonne de his labiis
habes in Osee, qui ait in precibus domino: „Omnem aufer
iniquitatem et accipe bonum et reddemus vitulos labiorum 10
nostrorum"? David quoque: „Et placebit", inquit, „domino super vitulum novellum, cornua producentem et ungulas."

T.: Qui sunt, quaeso te, vituli labiorum? Quamvis firmis-
sima ratione semper prophetae testes veritatis, sicut subtiles 15
in misteriis, sic etiam mirandi inveniuntur in verbis suis.
Quomodo enim labiis accidant vituli, cum haec sint quaedam partes corporis et officia sua suppleant verbis ex ore
formandis vel enuntiandis?

P.: Cum per scripturarum prata transimus, saepe mutuae 20
collationi nostrae testimonia ipsarum quasi floribus flores
adiceremus, nisi quod more femineo curiositate quadam
malles ab incepto retardari, quam sensum misticum in ipso
testimonio non experiri. Vis enim, ut ad prolata testimonia
concurrat allegoria, ut totiens interrumpatur cursus sus- 25

10, 10). Wenn aber die Stimme der Lippen „aus reinem Herzen, aus gutem Gewissen und echtem Glauben" (1 Tim 1, 5) entspringt, dann wird mit dem Lied das vollkommene Gotteslob vorgetragen, weil eine Stimme, die aus frommem Herzen klingt, das Gotteslob wahrhaftig und würdig zu festigen weiß. Ein heuchlerischer Diener ehrt seinen Herrn mit den Lippen, sein Herz aber ist weit entfernt von ihm. „Sie liebten ihn", sagt er, „mit ihrem Mund, und mit ihrer Zunge belogen sie ihn" (Ps 78, 36: Vg. Ps 77, 36). Deshalb bekennen sich die Lippen zum Lob des Herrn aus heiligem Herzen, weil sie immer von neuem mit echtem Lobgesang das eigene Gute stärken, das sie lieben. Und ist nicht auch von den Lippen die Rede bei Hosea, der in seinem Gebet zum Herrn sagt: „Nimm alle Schuld hinweg, und lasse das Gute zu, und wir wollen dir die Jungstiere unserer Lippen opfern" (Hos 14, 3)? Und auch David sagt: „Das wird dem Herrn besser gefallen als ein junger Stier, dem Hörner und Hufe wachsen" (Ps 69, 32: Vg. Ps 68, 32).

T.: Was sind denn, frage ich, die Jungstiere der Lippen? Denn obwohl die Propheten sich immer mit sehr zuverlässiger Argumentation als Zeugen der Wahrheit erweisen, zeigen sie sich doch ebenso feinsinnig in den geheimnisvollen Hinweisen wie staunenswert in ihren Worten. Denn wie sollen Jungstiere auf die Lippen kommen, da diese doch sozusagen Teile des Körpers sind und ihren Dienst versehen beim Bilden und Aussprechen von Worten aus dem Mund.

P.: Wenn wir die Wiesen der heiligen Schrift durchwandern, könnten wir unserer wechselseitigen Erörterung häufig Beweise aus ihr wie Blumen den Blumen hinzufügen, wenn du dich nicht nach Art der Frauen lieber durch irgendeine Absonderlichkeit vom einmal Begonnenen abhalten lassen wolltest anstatt den verborgenen Sinn im Zeugnis selbst zu erforschen. Denn du willst, daß zu den vorgelegten Zeugnissen jeweils die allegorische Deutung hinzutreten soll, so daß jedesmal der Gang der aufgenom-

cepti ordinis, quotiens testimonium adicimus de scripturis.
Attende itaque vitulos labiorum. Sicut vitulus fuit hostia
principalis veteris legis peccatis eorum, a quibus offereba-
tur, expiandis, sic laus divina per vitulum significata victima
nobis est salutaris, ut per hanc deus placetur offensus et 5
nobis ad ipsum praeparetur accessus. Hinc dominus:
„Sacrificium", inquit, „laudis honorificabit me et illic iter,
quo ostendam, illi salutare dei", et illud: „Tunc imponent
super altare tuum vitulos", hoc est laudem iustitiae signifi-
catam per vitulos.   10

T.: Adice nunc, quomodo vituli hostia deo placeat pro- 23
ducentis cornua et ungulas.

P.: Si vere Christi es, tu cum tuis similibus per hunc
vitulum notata es. Sicut enim in hoc animali cornua et
ungulae carnem excedunt, sic quae vere agni immaculati 15
sequellae sunt, licet in carne conditionaliter positae, ex
vitiis tamen vel desideriis carnalibus emerserunt, discretio-
nis et virtutum robore carni praestantes, quia semper supe-
riores inveniuntur, conatum mentis de temporalibus ad
altiora levantes. Inde igitur deo placent, quia, „quae dei 20
sunt", agere student. Sed eminentius aliquid adiciam. Sicut
cornua in vitulo carnem, sic tuus ordo virginalis legitime
custoditus omnem ecclesiasticorum ordinum excedit dignitatem. Paucis enim datum est „agnum sequi, quocumque
ierit", ac per hoc eis, qui sequi non possunt, merces singu- 25

menen Untersuchung unterbrochen wird, wenn wir ein Schriftzeugnis heranziehen. Jetzt richte also deine Aufmerksamkeit auf die Jungstiere der Lippen. So wie nämlich der Jungstier das Hauptopfer des Alten Bundes war zur Sühne für die Sünden derer, von denen er dargebracht wurde, so ist das Gotteslob, das mit dem Jungstier gemeint ist, das Opfer, das für uns heilsam ist, damit dadurch der erzürnte Gott versöhnt wird und für uns der Zugang zu ihm vorbereitet wird. Darum sagt der Herr: „Das Opfer des Lobpreises ehrt mich, und dort ist der Weg, den ich ihm zeige und der ihm das Gottesheil bringt" (Ps 50,23: Vg.G Ps 49,23), und jenes Wort: „Dann opfern sie auf deinem Altar Jungstiere" (Ps 51,21: Vg. Ps 50,21), das heißt das Lob der Gerechtigkeit, das mit den Jungstieren gemeint ist.

T.: Jetzt erkläre, wie das Opfer eines „Jungstieres, dem Hörner und Hufe wachsen, Gott gefallen kann" (Ps 69,32: Vg. Ps 68,32).

P.: Wenn du in Wahrheit Christus gehörst, so bist du zusammen mit denen, die dir ähnlich sind, mit diesem Jungstier gemeint. Denn so wie bei diesem Tier Hörner und Hufe sich vom Fleisch trennen, so sind auch die wahren Nachfolgerinnen des unbefleckten Lammes aus Lastern und fleischlichen Begierden aufgetaucht, auch wenn sie von der Schöpfung her im Fleisch begründet sind, indem sie durch entschiedene Trennung und Stärke in den Tugenden das Fleisch überwinden, weil sie sich immer dann überlegen zeigen, wenn sie den Drang des Herzens von den zeitlichen Dingen weg zu den himmlischen emporlenken. Denn dann gefallen sie Gott, weil „sie sich bemühen, die Dinge Gottes zu tun" (1 Kor 7,34). Aber ich will noch etwas hinzufügen, was besonders wichtig ist. So wie die Hörner beim Jungstier aus dem Fleisch herausragen, so ragt dein jungfräulicher Stand, wenn er ordentlich bewahrt wird, unter allen Ständen in der Kirche an Würde heraus. Denn wenigen ist es gegeben, „dem Lamm zu folgen, wohin immer es geht" (Offb 14,4), und darum wird dieser einzigartige Lohn um so mehr

laris praevalebit. Sed ad omissa redeamus. Sequitur: „In canticis labiorum et citharis." Vides, ad gaudia quanta chorus virginalis invitatur, cuius devotio semper in gratiarum actione versatur? Ubique laus cum iocunditate agnum sequentibus imperatur, quia non pariunt filios carnales in 5 dolore, quae semel invisibilis sponsi praeveniuntur amore.

T.: Quaenam sunt igitur cantantium citharae?

P.: Cithara carnalis abstinentiae typus est, quia deum praedulci modulatione magnificas, cum te per discretam carnis abstinentiam mortificas. Cum enim omnibus deum 10 quaerentibus abstinentia conveniat, Christi virgini magis convenit, quae „adhaeret aeterno sponso, ut unus cum eo spiritus sit". Hinc scriptum est: „Praevenerunt principes coniuncti psallentibus in medio iuvencularum tympanistriarum."   15

T.: Quaenam, rogo, iuvenculae tympanistriae sunt?   24

P.: Coetus virginalis et innocentiae innovatus baptismate, florens in castimonia, siccum habens corpus in abstinentia, in cuius medio principes morantur ecclesiae, dum illi praesunt Christi virginibus, quibus sponso earum 20 nihil in hac vita dulcius est et iocundius. Erit igitur princeps virginum coniunctus bene psallentibus, hoc est primus in recte operantibus, quia magister ille vasa Christi sancta et immaculata bene custodit, qui prius „vas suum in sanctificationem possidere novit, non in passione noxii 25 desiderii" desiderioque coniacentis peccati. Quomodo

Ansehen bei denen genießen, die dem Lamm nicht folgen können. Aber wir wollen zu dem zurückkehren, was wir verlassen haben. Es folgt: „mit den Liedern unserer Lippen und mit Leiern" (Sir 39, 20 Vg.). Siehst du, zu welch großer Freude der Chor der Jungfrauen eingeladen ist, dessen fromme Gesinnung sich immer im Danksagen äußert? Überall ist der Lobpreis in Fröhlichkeit denen aufgetragen, die dem Lamm folgen, weil diejenigen, die einmal durch die Liebe des unsichtbaren Bräutigams ausgezeichnet wurden, nicht in Schmerzen fleischliche Söhne gebären.

T.: Was sind denn nun diese Leiern der Sänger?

P.: Die Leier ist das Bild für körperliche Enthaltsamkeit, weil du dann Gott in süßem Gesang verherrlichst, wenn du dich durch entschiedene Enthaltsamkeit im Fleisch abtötest. Die Enthaltsamkeit kommt zwar allen zu, die Gott suchen, doch in besonderem Maß der Jungfrau Christi, „die ihrem ewigen Bräutigam anhängt, damit sie mit ihm ein Geist sei" (1 Kor 6, 17). Darum steht geschrieben: „Die Anführer gehen voran zusammen mit den Sängern inmitten der jungen Mädchen, die die Pauke schlagen" (Ps 68, 26: Vg. Ps 67, 26).

T.: Welches sind denn, frage ich, die jungen Mädchen, die die Pauke schlagen?

P.: Es ist eine jungfräuliche Schar, durch die Taufe in ihrer Unschuld erneuert, blühend in Keuschheit, mit einem Körper, der trocken ist vor Enthaltsamkeit. In deren Mitte halten sich die Ersten der Kirche auf, so lange jedenfalls, als jene den Jungfrauen Christi vorstehen, für die es in diesem Leben nichts Süßeres und nichts Lieblicheres gibt als ihren Bräutigam. Es wird also derjenige als Führer der Jungfrauen den Sängern gut verbunden sein, das heißt der erste unter denen, die ihr Werk gut verrichten, der zuerst „gelernt hat, sein eigenes Gefäß in Heiligung zu besitzen, nicht in der Leidenschaft schuldhaften Verlangens" (1 Thess 4, 4 f) und in der Begierde, die bei der Sünde liegt, weil nur jener als Lehrer die heiligen und reinen Gefäße Christi gut bewacht.

enim animarum sanctarum dignitatem in exemplo praevenit, qui suae condicionis ordinem infra se positus non
attendit? Qui se ipsum cursibus indisciplinatis excedit, ia-
centi similis, praecurrentem subditum non praevenit.

T.: Parem impari conferre videtur admodum iniuriosum, 5
immo dementiae proximum depositum illi committere, qui
negligit sua custodire.

P.: Purae mentis ponderator, non formae rubentis vecors
inspector vasa sacri ministerii iure servanda suscipit, qui
non vultum formosum deceptus, sed animum sanctum at- 10
tendit in virgine, amore sancto puritatem professus. Pascit
enim captos oculos luto, cui magis placet corporis quam
animae pulchritudo. Detestanda prorsus insania! Quanti,
filia, principes in medio iuvencularum tympanistriarum ex
hoc non eas disciplina magistrorum praevenerunt, sed de- 15
fecerunt, quia obliti curam animarum apertis oculis nihil
videbant ex appetitu corporum. Taceo nunc de senioribus
impiis, duplicem mortem Susannae tractantibus, de quibus
et eorum similibus aliqua ponenda sunt in sequentibus;
fortissimus Iudaeorum Samson nunc in exemplum suf- 20
ficiat, qui coram femina fortium | vincula virium propone- | 25
bat. Vigilans itaque dormitabat nec in hac propositione
dormiendo vigilabat. Attende, Theodora. Nullus sanctorum vigilans capitur, pressus animae somno tam facile vincitur, quam vincitur Samson; postquam victus est, vinctus 25

---

[27] Mit dem Hinweis auf doppelten Tod für Susanna ist einmal der Tod
durch die Sünde gemeint, zum anderen der physische Tod, der Susanna
durch die verleumderische Anklage der beiden schamlosen Alten drohte.

Denn wie kann einer würdig dem Ansehen heiliger Seelen im Beispiel vorangehen, der auf sich gestellt nicht auf die Ordnung in seinem eigenen Leben achtet? Wer sich in liederlichem Lebenslauf von sich selbst getrennt hat, vergleichbar einem, der sich zum Ausruhen hinlegt, der kann seinen Untergebenen nicht überholen, der vorbeiläuft.

T.: Gleiches mit Ungleichem zu vergleichen, erscheint ziemlich unrecht; dennoch grenzt es in der Tat an Wahnsinn, einen Schatz demjenigen anzuvertrauen, der seinen eigenen nicht behüten kann.

P.: Derjenige, der die Reinheit des Herzens wägt und nicht die Schönheit errötender Gestalt frevelhaft betrachtet, empfängt die Gefäße heiligen Dienstes, um sie richtig zu bewahren, er, der sich nicht täuschen läßt durch ein gefälliges Aussehen, sondern auf die heilige Gesinnung bei der Jungfrau achtet, weil er sich in heiligem Eifer zur Keuschheit bekennt. Aber mit Schmutz füttert seine verblendeten Augen derjenige, dem die Schönheit des Körpers mehr gefällt als die der Seele. Um es mit einem Wort zu sagen: Dieser Wahnsinn muß verdammt werden! O Tochter, wie viele Oberen inmitten der Pauken schlagenden Jungfrauen gehen aus diesem Grunde nicht in der Zucht der Lehrer den Jungfrauen voran, sondern versagen, weil sie die Sorge für die Seelen vergessen, indem sie vor Verlangen nach den Körpern bei geöffneten Augen nichts sehen. Im Augenblick schweige ich von den schamlosen Alten, die doppelten Tod für Susanna[27] betrieben (vgl. Dan 13), da über diese und ähnliche Fälle im Folgenden einiges zu sagen sein wird. Jetzt mag das Beispiel Simsons, des tapfersten Mannes unter den Juden, genügen, der vor seiner Frau die Grenzen seiner ungeheuren Kraft offenlegte (vgl. Ri 16, 4–29). Denn im Wachen schlief er ein, und durch das Einschlafen hielt er nicht wachsam aus bei seinem Vorsatz. Sei wachsam, Theodora! Kein Heiliger wird ergriffen, solange er wach ist, aber überwältigt vom Schlaf der Seele, wird er ebenso leicht besiegt, wie Simson besiegt wurde; nachdem er besiegt war, wurde er gefesselt,

est et accessit letale vinculum victo, quia gratiam dei negle-
xerat de hoste numeroso impari congressu saepe triumpha-
to. Numquid virum vigilantem succuba dolosa ligare potuit, quando retia insidiarum vultu palliato tetendit?

T.: Minime, quia si laqueum meretricis Samson vigilans 5
praevidisset, conatus impios feminae elusisset.

P.: Itaque sopor in Samsone materia fuerat femineae
victoriae, et quod vir a femina capi poterat, membra fortia
recolligens torpor effecerat. Virum strenuum vilis persona
blandimentis victricibus illusit, et quod in eo non poterat 10
exercitus, dolus effecit femineus. Quid ergo? Quamdiu
vincula ista durabant? Quamdiu fortis dormitabat. In vigilante patebat, quod in dormiente latebat. Nam mox ut
evigilavit, vincula rupit nec illudi ab hostibus vigilans poterat, cum illectrici succubae robur in se latens necdum 15
prodiderat. Sic sensum rationabilem si carnis illecebris
somno mentis depressus summiseris, vinculis non carebis,
post vincula hostium illusiones mereberis.

T.: Quaenam vincula?

P.: De quibus David: „Funes", inquit, „peccatorum cir- 20
cumplexi sunt me", et: „Funes ceciderunt mihi in praecla-
ris", et alibi: „Vae qui trahitis peccatum in funiculis." Quod
si septem crines capitis tui succubae lascivae prodideris,
decalvatus ab hoste etiam caecitatis noctem non evadis.

und den Besiegten umfing die Fessel des Todes, weil er die Gnade Gottes nicht geachtet hatte, obwohl er doch so oft in ungleichem Kampf über zahllose Feinde triumphiert hatte. Aber meinst du, die heimtückische Buhlerin hätte den Mann im Wachen binden können, wenn sie die Netze ihrer List mit bleichem Gesicht ausgelegt hätte?

T.: Keineswegs, weil Simson über die gottlosen Versuchungen der Frau gespottet hätte, wenn er wach geblieben wäre, und dann den Fallstrick der Hure vorausgesehen hätte.

P.: Deshalb war Simsons Trägheit die Voraussetzung für den Sieg der Frau, und erst die Schlaffheit, die die starken Glieder ergriff, hatte bewirkt, daß er als Mann von einer Frau gefangen werden konnte. Die käufliche Person spielte dem tapferen Mann mit ihren erfolgreichen Schmeicheleien übel mit, und was ein ganzes Heer bei ihm nicht vermocht hatte, das bewirkte die List einer Frau. Was also? Wie lange dauerten diese Fesseln? So lange der Tapfere schlief. In wachem Zustand offenbarte er, was er im Schlaf verbarg. Denn sobald er erwacht war, zerriß er seine Fesseln, und in wachem Zustand konnte er von seinen Feinden nicht verspottet werden, weil er der verführerischen Buhle noch nicht den Grund seiner verborgenen Kräfte verraten hatte. So wirst auch du den Fesseln nicht entgehen, wenn du, niedergedrückt vom Schlaf des Geistes, deinen vernünftigen Sinn den Verlockungen des Fleisches unterordnest, und nach den Fesseln wirst du den Spott deiner Feinde verdient haben.

T.: Welche Fesseln denn?

P.: Von denen David sagt: „Die Stricke der Sünde halten mich umfangen" (Ps 119,61: Vg. Ps 118,61), und: „Die Stricke sind mir gefallen auf besonders schönes Land" (Ps 16,6: Vg. Ps 15,6), und an anderer Stelle: „Weh euch, die ihr die Sünde herbeizieht mit Stricken" (Jes 5,18). Wenn du aber der geilen Buhlerin die sieben Locken auf deinem Kopf verraten hast, dann entgehst du, kahlgeschoren von deinem Feind, auch nicht der Nacht der Blindheit.

T.: Quid est caput decore suo nudatum?

P.: Mens tua participio spiritus sancti despoliata, si carnali petulantiae summiseris interiora tua. Si enim scripturam attendis, crines capitis in bona et in mala significatione
positos repperis. | Iubentur igitur in quibusdam nutriri, in 5 | 26
quibusdam abscidi. Nutriuntur in Nazaraeis, radi iubentur
in Levitis. Sicut ergo caput caesaries, sic virtutum decor
ornat mentes, qui si abscisus fuerit, quid restat, nisi ut
deturpatus homo caecitatem mentis incurrat et ut Samson
motu girovago molam in noctis carcere tollat? Cum igitur 10
gloria capitis amittitur, nil superest, nisi ut et cetera membra
confundantur. Nonne audisti Ieremiam super his digna
lamentatione gementem? „Cecidit", inquit, „corona capitis
nostri, vae nobis, quia peccavimus."

T.: Quid est hoc? Nunquid in Babilone captivis cuique 15
ipsorum accidit corona regalis? Immo dolor et miseria, quia
propria sede remota contigit affici laboribus in terra aliena.

P.: Alius sensus est. Corona cadit capitis, cum mentem
meritis sanctis denudatam confundit desperatio suscipiendae pro anteacto labore mercedis. Quodsi mens Christi 20
gratia praeventa mortis somnum repente discusserit, consequenter et conceptae nexus illecebrae sine mora disrumpit nec mentem virilem peccati consensus moroso torpore
valet tenere, cui ratio suffragatur in virtutum repetitione.

---

[28] Simson, der den Reizen der Delila verfallen war, gab ihrem Drängen
nach und verriet ihr das Geheimnis seiner Kraft, die in seinen Haaren lag.
Als er im Schlaf seinen Kopf in Delilas Schoß bettete, schnitt diese ihm
die Haare ab, so daß die Philister ihn überwältigen konnten. Sie stachen
ihm die Augen aus, und er mußte, in Ketten gefesselt, im Gefängnis die
Mühle drehen (vgl. Ri 16,21).

T.: Was bedeutet das, daß der Kopf von seinem Schmuck entblößt ist?

P.: Deine Seele wird der Teilhabe am heiligen Geist beraubt, wenn du dein Inneres dem Schmutz des Fleisches unterwirfst. Wenn du nämlich die heilige Schrift aufmerksam liest, dann findest du, daß das Haupthaar sowohl in der Auslegung zum Guten wie zum Schlechten genannt wird. Denn bei einigen gilt die Vorschrift, es wachsen zu lassen, bei anderen, es abzuschneiden (vgl. Num 6,5; Ez 44,20). Bei den Nasiräern läßt man es wachsen, bei den Leviten gilt die Anordnung, es schneiden zu lassen. So wie aber das Haupthaar den Kopf schmückt, so der Liebreiz der Tugenden den Geist. Was bleibt, wenn dieser Schmuck abgeschnitten ist, anderes übrig, als daß der verunstaltete Mensch sich in die Blindheit des Geistes verrennt und wie Simson im Kerker der Nacht in kreisender Bewegung den Mühlstein dreht?[28] Wenn also die Herrlichkeit des Hauptes verloren ist, bleibt nichts übrig als die Entstellung auch der übrigen Glieder. Hast du nicht gehört, wie Jeremia darüber in berechtigter Klage seufzt? „Die Krone", sagt er, „ist von unserem Haupt gefallen, weh uns, daß wir gesündigt haben" (Klgl 5,16).

T.: Was soll das? War denn in Babylon jedem Gefangenen eine eigene Königskrone aufgesetzt? In der Tat doch Schmerz und Elend, weil für die, die von ihrer angestammten Heimat vertrieben sind, doch das Los gilt, daß sie im fremden Land von Mühsal heimgesucht werden.

P.: Der Sinn ist ein anderer. Die Krone fällt vom Haupt, wenn die Seele, die von heiligem Verdienst entblößt ist, am Empfang des Lohns für vorangegangene Mühe verzweifelt. Wenn aber der Geist durch Christi zuvorkommende Gnade den Schlaf des Todes plötzlich sprengt und folgerichtig und ohne Zögern die Schlingen empfangener Versuchung zerreißt, dann vermag auch der Einklang mit der Sünde einen starken Geist nicht in langanhaltender Erstarrung zu halten, wenn ihn Einsicht durch Wiederaufnahme der Tugenden unterstützt.

T.: Iuxta hoc, quod ponis de sensu rationabili malae
suggestioni subiecto, multi quidem mares et feminae pro-
bantur indifferenter corruisse seque deludendos ab hostibus in hos peccati nexus iniecisse non inmerito, quippe dum
quod in eis praestantius erat, viliori postposuerunt, mox 5
somno mortis depressi se ipsos miserabiliter prostituerunt.

P.: Putasne Iacob hoc somno dormisse, qui saxo capiti
subposito sacramenta caelestia vidit, aut Samuelem, quem
divina providentia ter excitavit, aut Heliam, cui angelus
corpori reficiendo ministravit? | Non hoc somno sancti 10 | 2
dormire noverunt, qui dolum femineum corde vigilando
praevenerunt. Somnus letali discrimine plenus Hisboset,
virum confusionis, Sysaram et Olofernem oppressit et deiecit, quamvis alia significatione duo principes isti inter-
ierint a feminis zelo virtutis armatis, quippe qui mortis 15
exitium intentaverant fidelibus populis. Non hoc somno
dormire voluit, quia non potuit, qui dixit: „Ego dormio et
cor meum vigilat", et sponsa: „Somnus meus mihi dulcis."

T.: Quaeso te, quomodo somnus et vigiliae in Christo
convenerunt, quomodo in eo, „qui non dormit neque dor- 20
mitat", tempora sua variarunt?

---

[29] Isch-Boschet war ein Sohn Sauls, der nach dessen Tod von Abner zum
König über Israel eingesetzt und nach nur zweijähriger Regierungszeit
ermordet wurde. Er hatte sich gerade in der Mittagshitze zur Ruhe nieder-
gelegt und die Türhüterin war eingeschlafen, als seine Mörder Rechab und
Baana in sein Haus eindrangen und ihn töteten (vgl. 2 Sam 4,5 f). Sisera
war Heerführer einer Koalition kanaanitischer Könige gegen die Israeli-
ten. Müde suchte er nach dem Kampf Zuflucht im Zelt Jaëls, deren Familie
mit der seinigen in Frieden lebte. Jaël nahm ihn freundlich auf, gab ihm
zu trinken und versprach, über seinen Schlaf zu wachen. Als Sisera eingeschlafen war, tötete sie ihn, indem sie seinen Kopf mit einem Pflock am
Boden des Zeltes festnagelte (vgl. Ri 4,17–21). Die schöne und fromme
Witwe Judit war in der höchsten Not ihrer Vaterstadt Betulia in das Lager der Feinde aufgebrochen, hatte Holofernes, den Heerführer Nebukad-

T.: Entsprechend dem, was du über die vernünftige Einsicht darlegst, die böser Einflüsterung unterworfen ist, da zeigt es sich allerdings, daß viele Männer und Frauen unterschiedslos gestrauchelt sind und sich nicht ohne eigenes Verschulden in den Netzen der Sünde verfangen haben, die von ihren Feinden zu ihrer Verspottung ausgelegt wurden, wobei sie dann allerdings das, was an besserer Anlage in ihnen vorhanden war, der schlechteren opferten und niedergedrückt vom Schlaf des Todes sich bald selbst als elend erwiesen.

P.: Glaubst du, daß Jakob, der sich einen Stein unter den Kopf schob und die himmlischen Geheimnisse erblickte (vgl. Gen 28, 11–15), in diesem Schlaf geschlafen hat oder Samuel, den die göttliche Fürsorge dreimal erweckte (vgl. 1 Sam 3, 8), oder Elija, dem ein Engel diente, um seinen Leib zu erquicken (vgl. 1 Kön 19, 5)? Die Heiligen, die weiblicher List durch ein wachsames Herz vorbeugten, haben gelernt, nicht in diesem Schlaf zu schlafen. Ein Schlaf voll von tödlicher Gefahr hat Isch-Boschet, den Mann der Verwirrung, Sisera und Holofernes[29] bedrängt und niedergeworfen, wenngleich die beiden letzteren Fürsten unter anderen Vorzeichen ihren Untergang durch Frauen fanden. Denn diese Frauen waren mit dem Eifer der Tugend bewaffnet, natürlich darum, weil diese Männer tödliches Verderben für das gläubige Volk im Schilde führten. Der, der gesagt hat: „Ich schlafe, und mein Herz wacht" (Hld 5, 2), hat nicht in diesem Schlaf schlafen wollen, weil er es nicht konnte, wie die Braut, die gesagt hat: „Mein Schlaf ist mir süß" (Jer 31, 26).

T.: Ich frage dich, wie Schlaf und Wachen bei Christus zusammenpassen, wie in ihm, „der nicht schläft und nicht schlummert" (Ps 121, 4: Vg. Ps 120, 4), sich die Zeiten geändert haben?

---

nezzars mit ihrer Schönheit beeindruckt und trunken gemacht, und ihm schließlich das Haupt abgeschlagen, als er in Schlaf versunken war (Jdt 13, 4–8).

P.: Nonne pendens Christus in cruce dormierat, qui pro
te corde vigilabat, dormivit passione, vigilabat redemptio-
ne, dormivit pro te patiendo, vigilavit tartarea regna cum
principe suo subvertendo? Dic ergo vigilanti sponso tuo,
numquam dormienti: „Illumina oculos meos, ne umquam 5
obdormiam in morte, ne quando dicat inimicus meus: Prae-
valui adversus eum.“ Si enim causa sopiti corporis magni
per feminas tyranni corruerunt, quomodo mentis somnum
cavere debent, qui sponsas Christi, hoc est depositum spiritus sancti custodiunt? Illectrix enim peccati caro, qua 10
femina sensum rationabilem, sicut Dalila Samsonem, in
somnum peccati resolverit, peccati causa poena mox caecitatis capto illudit. Sed de his hactenus. Restat ultima cantici
nostri clausula: „Sic dicetis in confessione: Opera domini
universa bona valde.“   15

T.: Haec confessio etiam ingratis facile potest persuaderi, 28
cum hoc consecretalis dei magnus propheta non tacuerit,
qui gesta divinae operationis ab exordio mundi enarranda
suscepit. „Vidit deus“, inquit, „cuncta, quae fecit, et erant
valde bona.“   20

P.: Quicquid deus fecit in creaturis rerum, in sui perfectione perfectum ostendit principem creaturarum. Tanta
eius sapientia in minimo, quanta in magno, totum bonum,
quia iustitia ordinatum, sive in corporalibus seu in in-
corporalibus, sensibilibus vel insensibilibus, in omnibus 25
opera domini universa bona valde. Quicquid etiam vult in
bonis misericors gratia, quicquid permittit in malis iusta

P.: Hatte nicht Christus, der für dich im Herzen wachte, geschlafen, als er am Kreuz hing, hat er nicht geschlafen im Leiden und gewacht bei der Erlösung, geschlafen im Leiden für dich und gewacht, als er das Höllenreich zusammen mit seinem Fürsten zerstörte? Darum sprich zu deinem Bräutigam, der wacht und niemals schläft: „Erleuchte meine Augen, damit ich niemals einschlafe im Tod, damit mein Feind nicht sagt, er habe die Oberhand über mich gewonnen" (Ps 13, 4 f: Vg. Ps 12, 4 f). Wenn sogar mächtige Tyrannen durch Frauen stürzten, weil ihr Körper im Schlaf befangen war, wie sollen da diejenigen den Schlaf des Geistes vermeiden, die die Bräute Christi, das heißt das Unterpfand des heiligen Geistes, bewachen. Denn das Fleisch ist Verlockung zur Sünde; durch das Fleisch kann eine Frau die vernünftige Einsicht in den Schlaf der Sünde fallen lassen, ebenso wie Delila den Simson, und bald verhöhnt die Strafe der Blindheit wegen der Sünde den Gefangenen. Aber genug über diese Sache. Zum Schluß bleibt noch der letzte Vers unseres Liedes übrig: „So sprecht und bekennt, alle Werke des Herrn sind sehr gut" (Sir 39, 20 f Vg.).

T.: Zu diesem Bekenntnis dürften auch die Undankbaren leicht überredet werden, zumal auch der Geweihte des Herrn und große Prophet darüber nicht schweigt, der es übernommen hat, die Taten von Gottes Schöpfung vom Anfang der Welt an aufzuzählen. Er sagt: „Gott sah alles, was er gemacht hatte, und es war sehr gut" (Gen 1, 31).

P.: Was immer Gott bei der Schöpfung der Dinge gemacht hat, das zeigt den vollkommenen Herrn der Schöpfung in seiner Vollkommenheit. Seine Weisheit ist ebenso groß im Kleinsten, wie sie groß ist im Großen, es ist das Gute schlechthin, weil es von Gerechtigkeit bestimmt ist, sowohl bei den körperlichen Dingen wie bei den nicht körperlichen, bei dem, was sinnenhaft erfahrbar ist, und dem, was keine Sinnenhaftigkeit aufweist, bei allen sind die Werke des Herrn allesamt sehr gut. Was immer seine barmherzige Gnade bei den Guten will, was immer sein gerechter Richterspruch

vindicta, totum bonum et iustum est, quia non potest malum et iniustum facere, qui bonus et iustus est. Dum igitur
singula quaeque creaturarum ortus et occasus per temporum
momenta percurrunt, omnia divinae dispositioni „exquisita
in omnes voluntates eius" occurrunt. Cogimur in hoc loco, 5
filia, per exordia rerum advertere simul initia scripturarum,
quia licet, quae facta sunt, sex dierum opera scriptorem
praecesserint, tamen in factis et facta scribendis veritas
immobilis fuit, quia quod deus fecit vel fieri voluit, si
numquam scriberetur, rerum tamen artificem pulchritudo 10
saeculorum in naturis rerum veritatis statu testaretur. Non
igitur temporum differentia veritas rerum latens aut appa-
rens poterat imminui, quam divina dispensatio dedit, ut
voluit, quando voluit, intelligendam et scribendam humanae rationi. Cur igitur factum sit, quod factum est, — quia 15
nemo qui<dem> dubitet, quid deus in scripturis homini
innotuerit —, multos ex parte latet.

T.: Velim igitur per te super hoc negotio aliqua cogno-
scere, quia licet apostolus dicat: „Quaecumque scripta sunt,
scripta esse, ut per patientiam et consolationem scrip- 20
turarum spem habeamus", quid tu tamen de scripturis sen-
tias, quantum ad superiora, quae praemisisti, proferre non
differas.

P.: Omnium rerum scripturarumque circuitum gemino 29
cardine volvi manifestum est aut ex conditione vel repara- 25
tione. Cardinem unum intellige creaturarum omnium na-

bei den Bösen zuläßt, alles ist vollkommen gut und gerecht, weil der nichts Böses und Unrechtes tun kann, der gut und gerecht ist. Indem also alle Dinge der Schöpfung je einzeln im Lauf der Zeiten ihren Anfang und ihr Ende durchlaufen, sind sie alle der göttlichen Ordnung unterworfen, „kostbar nach seinem vollkommenen Willen" (Ps 111, 2: Vg. Ps 110, 2). An dieser Stelle sind wir gezwungen, Tochter, bei den Anfängen der Dinge zugleich unsere Aufmerksamkeit den Anfängen der heiligen Schrift zuzuwenden; auch wenn das, was geschehen ist, nämlich das Werk der sechs Tage, dem vorangegangen ist, der es aufgeschrieben hat, so bleibt dennoch die Wahrheit bei den Taten und beim Aufschreiben der Taten unverrückbar bestehen, weil die Schönheit der Welt in der Natur der Dinge immer den wahren Schöpfer der Dinge bezeugen würde, auch wenn niemals aufgeschrieben worden wäre, was Gott getan hat oder was er wollte, daß geschehen sollte. Also konnte die Wahrheit der Dinge, ob sie nun zu unterschiedlichen Zeiten im Verborgenen lag oder sich offen zeigte, nicht verringert werden, die Wahrheit, von der der göttliche Heilsplan nach ihrem Willen bestimmt hat, wie und wann sie von der menschlichen Vernunft zu verstehen und aufzuschreiben sei. Warum aber geschehen ist, was geschehen ist, das bleibt vielen teilweise verborgen, obwohl niemand an dem zweifelt, was Gott in der heiligen Schrift dem Menschen zur Kenntnis gegeben hat.

T.: Ich würde gerne mit deiner Hilfe einige Erkenntnis über diese Arbeit gewinnen, wo doch sogar der Apostel sagt: „Alles, was geschrieben ist, das ist geschrieben, damit wir durch Geduld und den Trost der heiligen Schrift Hoffnung haben" (Röm 15, 4). Darum sollst du nicht zögern, deine Meinung über die heilige Schrift vorzutragen, soweit es sich auf das bezieht, was du schon zu dem Obigen gesagt hast.

P.: Es ist offensichtlich, daß sich der Lauf der Ereignisse und der heiligen Schrift zwischen zwei Angelpunkten bewegt, und zwar zwischen Schöpfung und Erlösung. Unter dem einen Angelpunkt mußt du das Werden der gesamten

turam a deo dispositam, alterum cardinem accipe redemp-
tionem humanam. In cuius redemptionis ordine series totius scripturae versatur, sive divinae misericordiae in huma-
num genus beneficia recensendo, seu severitatem
exponendo aut replicando signorum eius magnalia aut di- 5
versa in creaturis omnibus eius opera. Exponit igitur, qualiter vel quid creatum sit vel homo creaturis praelatus visibilibus, quomodo redimi debuerit. In altero conditio
rerum, in altero redemptio versatur humana. Sit igitur laudis divinae confessio operum eius considerata magnitudo, 10
ubi ratio ipsa visum intuentis in sapiente praevenit, quia ex
consideratione rerum visibilium, quod futurum est, puri-
ficatae mentis intellectu iam praecurrit. Ubi dum virgo licet
in hac carne posita steterit, interiori mentis auditu sponsum
clamantem attendit: „Non vocaberis ultra derelicta et terra 15
tua non vocabitur amplius desolata." Tunc enim primum
miseriam suam homo cognoscit, dum, quid amiserit, attendit. „Ego dixi", inquit, „in excessu mentis meae, proiectus
sum a facie oculorum tuorum."

T.: Quare se desolatam virgo Christi quereretur, cum ex 20
ordinis sui dignitate magis a sponso caelesti amplexaretur?
Quaenam est illa, quae ait: „Leva eius sub capite meo et
dextera illius amplexabitur me"?

P.: Numquid non videtur tibi virginitas quodammodo ex
hoc derelicta, quae licet sponso caelesti desponsata coniu- 25

Schöpfung verstehen, wie sie von Gott geordnet ist, unter dem anderen Angelpunkt die Erlösung des Menschen. In der Reihenfolge dieses Erlösungsplans bewegt sich nun die Abfolge der gesamten heiligen Schrift, sei es, daß sie die Wohltaten göttlichen Erbarmens gegenüber dem Menschengeschlecht aufzählt, sei es, daß sie seine Strenge erläutert oder seine Wundertaten entfaltet oder seine verschiedenen Werke an aller Kreatur. Sie erklärt also, wie und was geschaffen wurde und wie sogar der Mensch, der über alle sichtbare Kreatur erhoben ist, losgekauft werden muß. Bei dem einen Punkt geht es um die Schöpfung der Dinge, bei dem anderen um die Erlösung des Menschen. Darum soll die Betrachtung der Größe seiner Werke in das Bekenntnis zum Gotteslob einmünden, sobald jedenfalls bei einem Weisen das Denken selbst der Anschauung vorausgeht, weil ja aufgrund der Betrachtung der sichtbaren Dinge das, was erst in Zukunft sein wird, in der Einsicht eines reinen Herzens schon jetzt vorweggenommen wird. Sobald eine Jungfrau dort ihren Platz eingenommen hat, auch wenn sie noch im Fleisch des Diesseits befangen ist, hört sie mit dem inneren Ohr ihres Herzens, wie der Bräutigam ausruft: „In Zukunft sollst du nicht mehr Verlassene genannt werden, und dein Land soll nicht mehr Wüste heißen" (Jes 62, 4). Dann nämlich erkennt der Mensch zum ersten Mal sein Elend, wenn er bemerkt, was er verloren hat. „Ich habe gesprochen", sagt er, „in der Angst meines Herzens, ich bin verstoßen vom Anblick deiner Augen" (Ps 31, 23: Vg. Ps 30, 23).

T.: Warum sollte eine Jungfrau Christi sich beklagen, daß sie verlassen sei, wo sie aufgrund der Würde ihres Standes um so mehr von ihrem himmlischen Bräutigam umarmt wird? Ist sie denn nicht jene, die sagt: „Seine Linke liegt unter meinem Kopf, und seine Rechte wird mich umfangen" (Hld 2, 6)?

P.: Scheint dir denn der Jungfrauenstand nicht aus dem Grund irgendwie verlassen, weil eine Jungfrau, auch wenn sie dem himmlischen Bräutigam verlobt ist, doch völlig

galis gratiae vel prolis manet tamen penitus ignara? Totius
humanae culturae vel sementis nescia est ac per hoc ad
multiplicandos filios Adae penitus infecunda est. Itane
menti tuae querimonia lugubris excidit, quam vox una
feminarum sterilium in veteri lege coram domino effudit se 5
derelictas a deo conquerentium, quia sterilitate ventris
earum | populus dei non accepit incrementum? Quid ait | 30
Sara marito suo? „Ecce", inquit, „conclusit me dominus, ne
parerem." In sequentibus visitavit autem dominus Saram,
sicut promiserat, et concepit et peperit filium, et de Rachel: 10
„Recordatus quoque dominus Rachelis, exaudivit eam et
aperuit vulvam eius", et multa in scripturis divinis in hunc
modum. Ubi igitur dicitur dominus feminas pie maritatas
et conclusisse et aperuisse, visitare et earum recordari, nonne videntur tibi prius ex infecunditate quodammodo dere- 15
lictae, sed ipso recordante et visitante fecundae? Verum non
parva inter illas et nostras virgines discretio. Infecunditas
in nostris voluntaria, in illis exosa. „Beatus enim, qui habet
semen in Israel." Porro „qui seminat in corruptione, de
corruptionibus et metet, et qui seminat in spiritu, metet 20
vitam aeternam".

T.: Quod verbis insinuas, testimonio probas, et quicquid
a domino sic derelinquitur, multo cumulatius iuxta sensum,
quem praemisisti, multiplicatur. Sed annecte, quod sequitur.   25

P.: „Sed vocaberis", inquit, „voluntas mea in ea et terra
tua habitata." Equidem in hac terra, quantum ad prolis
propaginem derelicta, hoc est in virginitate sancta, divina

unerfahren bleibt in dem Gnadengeschenk von Ehe und
Nachkommenschaft? Sie weiß überhaupt nichts von
menschlicher Bestellung und Befruchtung und ist darum
völlig unfruchtbar für die Vermehrung der Söhne Adams.
Ist denn deinem Herzen die jammervolle Klage entfallen,
die die unfruchtbaren Frauen des Alten Bundes wie mit
einer Stimme vor dem Herrn erhoben, weil das Volk Gottes
wegen der Unfruchtbarkeit ihres Leibes keine Vermehrung
erfuhr? Was sagt Sara zu ihrem Mann? „Siehe", sagt sie,
„der Herr hat mich verschlossen, daß ich nicht gebäre"
(Gen 16,2). Aber in der Folge besuchte der Herr Sara, und
sie empfing und gebar einen Sohn, wie er versprochen
hatte. Und von Rahel heißt es: „Auch Rahels erinnerte sich
der Herr, er erhörte sie und öffnete ihren Schoß" (Gen
30,22), und noch viele Beispiele dieser Art findest du in der
heiligen Schrift. Wo also berichtet wird, daß der Herr
Frauen, die in frommer Ehe lebten, verschlossen und geöffnet habe, sie besuchte und sich ihrer erinnerte, scheint
dir da nicht, daß sie früher aufgrund ihrer Unfruchtbarkeit
gewissermaßen verlassen waren, jetzt aber fruchtbar, da er
selbst sich ihrer erinnerte und sie besuchte? In der Tat ist
der Unterschied zwischen jenen und unseren Jungfrauen
nicht gering. Bei unseren ist die Unfruchtbarkeit freiwillig,
bei jenen war sie verhaßt. „Denn glücklich ist, wer Nachkommen hat in Israel" (Jes 61,9). Und weiter heißt es: „Wer
Verderben sät, der wird auch vom Verderben ernten, und
wer im Geist sät, der wird das ewige Leben ernten" (Gal
6,8; vgl. 2 Kor 9,6).

T.: Was du mit Worten anklingen läßt, bekräftigst du mit
einem Beweis, und was immer vom Herrn so verlassen
wird, das wird in dem besprochenen Sinn um ein Vielfaches
vermehrt. Aber jetzt füge hinzu, was dann folgt.

P.: „Aber du wirst genannt werden", sagt er, „meine Lust
an ihr und dein Land das bewohnte" (Jes 62,4). Allerdings
wacht in diesem Land, soweit es zur Erzeugung von Nachkommenschaft verlassen wurde, das heißt in heiliger Keusch-

voluntas sola vigilabat, ut sicut desponsatio spiritalis, sic etiam fructus formaretur in ea caelestis, quia „non omnes capiunt verbum hoc, sed quibus datum est". Sicut igitur divinae voluntatis est, ut detur verbum hoc Christi virginibus in terris, sic permanet voluntas eadem, ut virginitas 5 sancta donis prae ceteris excellentioribus coronetur in caelis. Complacuit enim domino habitatio in corporibus immaculatis, ideoque terra illa inhabitabitur spiritalibus donis multipliciter in gratia cumulatis et nullo fine concludendis.

T.: Ut video, terra illa non inmerito derelicta vocatur, 10 quae nulla cura humana exercetur. Sed cum fructus donis spiritalibus tam multiplex in futuro derelictae praebendus promittatur, arva | mundanae prolis expertia non iniuria | 31 nunc temporis de infecunditate sua gloriantur. At propheticum illud: „Laetabitur deserta et invia et florebit solitudo 15 sicut lilium", numquid ad eundem sensum valet inflecti?

P.: Licet sensus iste gentilitati possit asscribi, quae ante adventum veri agricolae nostri nullo evangelici dogmatis vomere culta est nec fidei fructum obtulit, quippe quae sementem nullam recepit, tamen et hic sensus virginitati 20 iure valet aptari, quae ab omni coniugali societate deserta, causa etiam castimoniae conservandae a turbis remota laetabitur more lilii florendo sancta conscientia, quem florem sola plantat in virgine divina sapientia. Inde idem propheta:

heit, allein die göttliche Lust, damit, so wie die Vermählung
geistlich stattfand, auch die Bildung der Frucht sich in ihr
himmlisch vollzieht, weil „nicht alle dieses Wort ergreifen,
sondern die, denen es gegeben ist" (Mt 19, 11). So wie es
also göttlicher Wille ist, daß dieses Wort den Jungfrauen
Christi schon auf der Erde gegeben wird, so bleibt es
ebenso göttlicher Wille, daß der heilige Jungfrauenstand im
Himmel mit Geschenken ausgezeichnet wird, die herrlicher sind als die der übrigen. Denn dem Herrn hat es
gefallen, Wohnung in unbefleckten Körpern zu nehmen,
und darum wird jenes Land von geistlichen Gaben be-
wohnt werden, die in Gnade vielfältig angehäuft wurden
und ohne Ende verschlossen werden müssen.

T.: Wie ich sehe, wird jenes Land nicht zu Unrecht
verlassen genannt, das von keiner menschlichen Fürsorge
beackert wird. Aber wenn dem verlassenen Land versprochen wird, daß es in Zukunft so vielfältige Frucht an geistlichen Gaben hervorbringen wird, dann frohlocken die
Gefilde, die keine weltliche Nachkommenschaft kennen,
nicht zu Unrecht über ihre augenblickliche Unfruchtbarkeit. Aber kann nicht jenes Wort des Propheten „Es wird
sich freuen die Wüste und die Einöde, und die Steppe wird
blühen wie eine Lilie" (Jes 35, 1 f) in eben diesem Sinn
verstanden werden?

P.: Natürlich, vorausgesetzt dieser Sinn könnte auch auf
das Volk der Heiden angewandt werden, das vor der Ankunft unseres wahren Ackermanns nicht mit einer Pflug-
schar aus der Lehre des Evangeliums beackert wurde und
keine Frucht des Glaubens brachte, da es ja auch keinen
Samen empfing. Aber dennoch kann auch dieser Sinn mit
Recht auf die Jungfrauenschaft bezogen werden, die sich
allein ohne jede eheliche Gemeinschaft nur zur Bewahrung
der Keuschheit von der Menge zurückgezogen hat und sich
allein am reinen Gewissen freuen wird nach Art einer
blühenden Lilie, welche Blume allein die göttliche Weisheit
in der Jungfrau pflanzt. Darum sagt derselbe Prophet:

„Laetare", inquit, „sterilis, quae non paris", et cetera.
Quamvis igitur benedictione divina beatificetur, „qui habet
semen in Israel", beatior est tamen in novitate gratiae virginitatis infecunda, quam matrimoniale foedus in prole
numerosa. Equidem in virgine sacra Christus semper con- 5
cipitur et formatur, in carnali commercio soboles corruptioni et damnationi, nisi gratia subveniat, obnoxia genera-
tur. Ecclesia enim, in qua virgines locum optimum
sortiuntur, in similitudinem Mariae, cum cotidie generet
semperque parturiat, incorrupta est. Porro linea nobilitatis 10
vel ignobilitatis in virgine vel vidua non discernit meritum
vel praemium castitatis, si par fuerit in omnibus virtus
humilitatis.

T.: At mirari non sufficio, cur idem propheta illi iocun-
dissimae et serenissimae civitati cohabitationem iuvenis 15
cum virgine asscripserit dicens: „Habitabit iuvenis cum
virgine et habitabunt in te filii tui", cum in hoc saeculo huic
commanentiae non parvum periculum sit, si timor et amor
Christi non intercesserit. Quod tamen dementissimae co-
gitationis est, aliquid huiusmodi in illo regno suspicari, ubi 20
flos incorruptae naturae amodo immutabilis nihil vult nec
habere poterit corruptionis.

P.: Attende, Theodora. Cum apostolus etiam praesentem 32
ecclesiam „desponsatam uni viro virginem castam" dixerit,
„et templum dei sanctum est, quod estis vos", itemque 25
„unus panis, unum corpus multi sumus in Christo, alter

„Freue dich, du Unfruchtbare, die du nicht gebierst" (Jes 54, 1), und so weiter. Obwohl durch göttlichen Segen auch der gepriesen wird, „der Nachkommen hat in Israel" (Jes 61, 9), ist dennoch die Unfruchtbare im neuen Gnadengeschenk der Jungfräulichkeit mehr gesegnet als die eheliche Verbindung mit ihrer zahlreichen Nachkommenschaft. Denn in einer heiligen Jungfrau wird Christus ständig empfangen und ausgetragen, in der fleischlichen Gemeinschaft dagegen eine Nachkommenschaft erzeugt, die der Verderbnis und Verdammnis verfallen ist, wenn nicht die Gnade zu Hilfe kommt. Denn die Kirche, in der die Jungfrauen in Nachahmung Marias den besten Platz erlost haben, ist ohne Verderbnis, obwohl sie täglich zeugt und immer gebiert. Weiter macht die Abstammung aus adliger oder nichtadliger Familie bei Jungfrau und Witwe keinen Unterschied in Verdienst und Belohnung für die Keuschheit, wenn nur die Tugend der Demut bei allen gleich gewesen ist.

T.: Aber ich kann nicht aufhören, mich zu wundern, warum der gleiche Prophet jener lieblichen und wunderbaren Stadt das Zusammenwohnen von Jüngling und Jungfrau verordnet hat, indem er sagt: „Der Jüngling wird mit der Jungfrau zusammenwohnen, und es werden deine Söhne in dir wohnen" (Jes 62, 5 Vg.), wo doch in unserer Zeit eine ziemlich große Gefahr in diesem Zusammenleben liegt, wenn nicht Scheu vor Christus und Liebe zu ihm dazwischentreten. Allerdings ist es eine völlig wahnwitzige Überlegung, irgendetwas dieser Art in jenem Reich zu argwöhnen, wo die Blüte einer unverderbten Natur, bisher unveränderlich, nichts von Verderbtheit haben will noch haben kann.

P.: Paß auf, Theodora! Wenn sogar der Apostel die gegenwärtige Kirche bezeichnet als „reine Jungfrau, verlobt mit einem einzigen Mann" (2 Kor 11, 2), und „einen heiligen Tempel Gottes, das seid ihr" (1 Kor 3, 17) und ebenso „wir sind viele in Christus ein Brot, ein Leib, einer des

alterius membra", ubi licet „exterior homo noster corrum-
patur, interior tamen renovatur de die in diem", dum „corpus, quod corrumpitur, aggravat animam et deprimit ter-
rena inhabitatio sensum multa cogitantem", quanto magis
illa gloriosissima civitas, mater nostra, Ierusalem nihil ha- 5
bebit corruptionis, mutabilitatis et inconstantiae in commanentia iuvenum suorum ac virginum, ubi splendor utriusque semper unus erit in utroque, ubi flos floret in flore,
munda conscientia omnium in uno incorruptionis et aeternitatis decore, ubi, cum „mortale nostrum induerit immor- 10
talitatem et corruptibile nostrum incorruptionem", imple-
bitur, quod scriptum est: „Absorpta est mors in victoria.
Ubi est, mors, victoria tua? Ubi est, mors, stimulus tuus?"
Ubi igitur mortis aculeus in hac iuvenum virginumque
commanentia cessat, aeterna securitas et secura aeternitas 15
in omnibus feliciter regnat. Iuventus igitur una omnium,
aequa beatitudo singulorum, spiritus unius voluntatis in
omnibus, differentia tamen gloriae de meritorum gradibus.

T.: Pulchre conclusisti. Si enim caelestis illa civitas in
filiis suis quippiam haberet offensionis, non posset esse 20
plenaria gratia redemptionis; sed quod ait apostolus ab-
sorptam mortem in victoria, paucis absolve, quaenam sit
ista victoria.

P.: Videris apertis oculis nihil videre. Capram te velim
aliquando esse, non talpam. Alterum animal natura visus 25
acuit, alterum caecitas naturalis terrae confodit.

anderen Glieder" (1 Kor 10, 17; Röm 12, 5), „wo zwar unser
äußerer Mensch verfällt, der innere aber erneuert wird von
Tag zu Tag" (2 Kor 4, 16), wobei „der Körper, der verdirbt,
die Seele beschwert und die irdische Wohnung den Geist
belastet, der vieles bedenkt" (Weish 9, 15), um wieviel mehr
wird dann jene glorreiche Stadt, unsere Mutter, Jerusalem
nichts an sich haben von Verderbnis, von Wankelmut und
Unbeständigkeit bei dem Zusammenleben ihrer Jünglinge
und Jungfrauen, wo der Glanz von jedem von beiden immer ein einziger sein wird in jedem von ihnen, wo die
Blume blüht in der Blume, nämlich das reine Gewissen aller
in dem einzigen Schmuck von Unvergänglichkeit und
Ewigkeit, wo, wenn „unsere Sterblichkeit die Unsterblichkeit anzieht und unser verwesliches Wesen die Unverweslichkeit" (vgl. 1 Kor 15, 53 f), erfüllt wird, was geschrieben
steht: „Der Tod ist verschlungen im Sieg. Tod, wo ist dein
Sieg? Tod, wo ist dein Stachel?" (1 Kor 15, 54 f). Wo aber bei
diesem Zusammenleben von Jungfrauen und Jünglingen der
Stachel des Todes weicht, da herrscht bei allen glücklich
ewige Sicherheit und sichere Ewigkeit. So wird es eine
einzige jugendliche Gemeinschaft aller geben, eine gleich-
mäßige Glückseligkeit der einzelnen, der Geist eines einzigen einheitlichen Willens bei allen und einen Unterschied
nur in der Herrlichkeit nach dem Grad der Verdienste.

T.: Das hast du wunderbar zusammengefaßt! Wenn nämlich jene himmlische Stadt auch nur irgendwie Anstoß an
ihren eigenen Söhnen nähme, dann könnte sie nicht voll
sein von der Gnade der Erlösung. Aber was der Apostel
sagt, „daß der Tod im Sieg verschlungen sei" (1 Kor 15, 54),
da erkläre mit wenigen Worten, wie beschaffen denn dieser
Sieg ist.

P.: Du scheinst mit offenen Augen nichts zu sehen.
Manchmal wollte ich, du wärst ein Zicklein und nicht ein
Maulwurf. Des einen Tieres Aufmerksamkeit spornt sein
angeborenes Sehvermögen an, das andere Tier stößt seine
angeborene Blindheit in die Erde hinab.

T.: Quicquid iniuriae irrogaveris, recompensabit enodatio inquisitionis.

P.: Quae sit ista victoria, facile poteris advertere, si, quod 33
praemisit apostolus, te constiterit advertisse. Praemisit
enim: „Cum mortale hoc induerit immortalitatem et cor- 5
ruptibile hoc induerit incorruptionem", tunc fiet sermo,
qui scriptus est: „Absorpta est mors in victoria", quasi
diceret ‚Cum venerit vita, mors cessabit'. Haec enim omnia
sunt in nobis morti quodammodo compendentia, dolor et
gemitus et si qua sunt his similia, quibus homo mortalis 10
exagitatus „nunquam in eodem statu permanet" et urgente
stimulo peccati et mortis cogitur semper ad deteriora,
etiamsi quaerit spiritu adiuvante, quae sunt utiliora. Quibus malis omnibus immortalitate, incorruptione et vita
viva, quasi tenebris a luce consumptis, victoria restat amo- 15
do in bonis aeternaliter inventis, confusio, immo defectus
malis praeteritis gaudiis mundo mutato deletis.

T.: „Infelix ego homo, quis me liberabit de corpore mortis huius?"

P.: „Gratia dei per Iesum Christum, dominum nostrum." 20
Sed visne altiore vel sacratiore sensu iuvenis huius et virginis deliciosissimam commanentiam florentissimamque cohabitationem audire?

T.: Nihil expecto iocundius.

P.: Postquam propheticus sermo multis aeternae gratiae 25
donis complexis ait: „Habitabit iuvenis cum virgine et ha-

T.: Wenn du den Knoten der Untersuchung entwirrst, wirst du wieder gutmachen, was du mir zu Unrecht vorgeworfen hast.

P.: Was dieser Sieg ist, könntest du leicht erkennen, wenn du dich auf das Verständnis dessen konzentriert hättest, was der Apostel vorausgeschickt hat. Zuvor sagt er nämlich: „Wenn das Sterbliche die Unsterblichkeit angezogen hat und das Verwesliche die Unverweslichkeit", dann wird sich das Wort erfüllen, das geschrieben ist: „Der Tod ist aufgehoben im Sieg" (1 Kor 15,54), wie wenn er sagen würde ‚wenn das Leben kommt, wird der Tod weichen'. Denn alle diese Dinge hängen bei uns auf irgendeine Weise mit dem Tod zusammen, Schmerz und Seufzen und was sonst dem ähnlich ist, durch die der sterbliche Mensch umgetrieben wird, der „niemals im gleichen Zustand verharrt" (Ijob 14,2), weil er, bedrängt durch den Stachel von Sünde und Tod, immer zu den niederen Dingen hin gezwungen wird, auch wenn er mit Hilfe des Geistes nach den Dingen strebt, die nützlicher sind. Wenn alle diese Übel durch die Unsterblichkeit, die Unverweslichkeit und das lebendige Leben aufgehoben sind, gleichsam wie die Finsternis vom Licht, dann bleibt von da an der Sieg übrig für die, die sich in alle Ewigkeit unter den Guten finden, dagegen steht Verwirrung, ja Ohnmacht bereit für die Schlechten, die vernichtet werden, sobald die Freuden der launischen Welt vergangen sind.

T.: „Ich unseliger Mensch, wer wird mich erlösen vom Leibe dieses Todes?" (Röm 7,24).

P.: „Die Gnade Gottes durch Jesus Christus, unseren Herrn" (Röm 7,25). Aber willst du nicht in einem übergeordneten und geheiligten Sinn von dem außerordentlich freudvollen Beisammensein von Jüngling und Jungfrau hören und ihrem blühenden Zusammenwohnen?

T.: Nichts Angenehmeres könnte ich erwarten.

P.: Nachdem der Prophet viele Geschenke der ewigen Gnade in seiner Rede erörtert und gesagt hat: „Es wird der Jüngling mit der Jungfrau wohnen, und deine Söhne

bitabunt in te filii tui", adiecit: „Et gaudebit sponsus super
sponsam, gaudebit super te dominus, deus tuus." Ergone
non advertis in iuvene vel virgine regios amplexus sponsi et
sponsae, Christi et ecclesiae, cum nihil amodo fuerit cunctis
in deliciis aeternitatis statu florentibus, quod offendat ocu- 5
los sponsi adducta ad visionem suam virgine ista, sacramentis ornata dotalibus? Vis melius nosse virginem istam ac
iuvenem? „Despondi vos", ait apostolus, „uni viro virginem castam exhibere Christo." Itaque iuvenilis et virginalis
commanentia magna | bonorum aeternorum erit materia, 10 | 3
ubi sponsum vidisse sponsae semper vixisse est. Nonne
habes vocem iuvenis huius: „Iunior fui, etenim senui"?

T.: De flore vocas ad florem, de spiritalibus ad spiritalia,
ut haerere nos quodammodo contingat in mediis, antequam
prima concludantur in ultimis. Quia ergo de se ipso spon- 15
sum haec dixisse manifestum est, quaero, quomodo a iuniore consenuerit immutabilis, et quia unus semper et idem
est, quomodo gradus non evaserit humanae aetatis. Ubi
enim iuventuti senectus succedit, a flore suo iuventus ipsa
decedit, quia, „quod antiquatur et senescit, prope interitum 20
est", impossibile, immo incredibile est per has temporum
vicissitudines deitatem moveri, quam constat numquam
posse mutari.

P.: Sicut habes sponsum ecclesiae consenuisse de iuniore,
sic pro nobis parvulum legimus „antiquum dierum", et 25

---

30 Zur Hohelied-Frömmigkeit im Mittelalter vgl. RIEDLINGER, *Makello-
sigkeit der Kirche;* HERDE, *Das Hohe Lied.*

werden in dir wohnen", fügt er hinzu: „und der Bräutigam
wird sich freuen über die Braut, es wird sich der Herr, dein
Gott, über dich freuen" (Jes 62,5 Vg.). Erkennst du etwa
nicht in dem Jüngling und der Jungfrau die königlichen
Umarmungen von Bräutigam und Braut, von Christus und
der Kirche[30], wo alle blühten im Zustand ewiger Freude
und wo es von nun an nichts gab, was die Augen des
Bräutigams beleidigt hätte, als diese Jungfrau vor sein Angesicht geführt wurde, geschmückt mit den geheimnisvollen Hochzeitsgaben? Willst du mehr wissen von dieser
Jungfrau und dem Jüngling? „Ich habe euch verlobt", sagt
der Apostel, „einem einzigen Mann, damit ich Christus
eine reine Jungfrau übergebe" (2 Kor 11,2). Deshalb wird
in dem Zusammenleben von Jüngling und Jungfrau die
Möglichkeit für den Erwerb der ewigen Güter groß sein;
denn den Bräutigam gesehen zu haben bedeutet für die
Braut, schon immer gelebt zu haben. Kennst du nicht den
Ausspruch dieses Jünglings: „Jung bin ich gewesen, jetzt
aber bin ich alt geworden" (Ps 37,25: Vg. Ps 36,25)?
    T.: Du rufst von Blume zu Blume, von einer geistlichen
Frage zur anderen, so daß wir schließlich irgendwie in der
Mitte hängenbleiben, bevor der Anfang im Ende seinen
Abschluß gefunden hätte. Weil aber klar ist, daß der Bräutigam dies von sich selbst gesagt hat, frage ich, wie er, der
unveränderlich ist, vom Jüngling zum Greis werden kann,
und warum er, der immer ein und derselbe ist, dem Fort-
schreiten menschlichen Alterns nicht entgeht? Wo nämlich
auf die Jugend das Alter folgt, da nimmt die Jugend selbst
Abschied von ihrer Blüte, weil, „was alt und überlebt ist,
seinem Ende nahe ist" (Hebr 8,13); dennoch ist es unmöglich, ja vollkommen unglaublich, daß im Wechsel der Zeiten die Gottheit in Bewegung gerate, von der feststeht, daß
sie sich niemals verändern kann.
    P.: So wie du hörst, daß der Bräutigam der Kirche von
einem Jüngling zum Greis wurde, so lesen wir auch, daß
„der Alte der Tage" (Dan 7,13 Vg.) für uns zum Kind gewor-

tamen licet haec verba deum clament variari per tempora,
mutabilitates istas non incurrit, qui condidit tempora.

T.: Ne tardes igitur resolvere, quod statum immutabilem
quantum ad litteram de tempore videtur ad tempus inclina-
re.   5

P.: Absit hoc a nobis vel cogitare quidem. Sed dic mihi:
Credis Christum caput corporis ecclesiae?

T.: Hoc dubitare dementis est, cum in Canticis canticorum satis hoc apparuerit, etiamsi pagina divina de his
alias tacuerit.   10

P.: Quid hoc, quod ecclesia ante primum adventum domini ab Abel in sanctis eius fuerit, quae non dissimili fide
crediderit futurum, quod nos credimus praeteritum?

T.: Nec de hoc quidem fide exciderim.

P.: Accipe igitur dominum nostrum in corpore suo anti- 15
quorum, videlicet patrum, in Abel, Noe et aliorum, qui
praecesserunt adventum eius, secundum carnem iuniorem,
seniorem vero nostris tem|poribus et in nobis, de quibus | 35
Paulus: „Haec", inquit, „omnia in figura contingebant illis,
scripta sunt autem ad correptionem nostram, in quos fines 20
saeculorum devenerunt." Vel certe iuventutem istam assigna
primitivae ecclesiae, quando florebant tempora Christianae
disciplinae, quando corpus Christi „habens primitias spiritus in apostolis" vernabat statu quodam iuvenilis vitae, fide
videlicet et devotione, senectam vero eius terminum mundi, 25
quando instabunt tempora periculosa, quando erunt homi-
nes se ipsos amantes, elati, superbi et cetera, quando faciem

---

[31] Zur Präexistenz der Kirche vor dem Erscheinen Christi CONGAR,
Ecclesia ab Abel.
[32] Christus ist in den Alten präfiguriert, aber im Vergleich zu diesen im
Hinblick auf sein Erscheinen jünger. Andererseits ist er wiederum im
Hinblick auf unsere Gegenwart alt, weil sein Erscheinen schon lange
zurückliegt.

den ist, und auch wenn diese Aussagen die Veränderlichkeit
Gottes im Lauf der Zeiten zu verkünden scheinen, ist
dennoch er, der der Schöpfer der Zeiten ist, diesem Wechsel
nicht unterworfen.

T.: Zögere bitte nicht mit der Erklärung, was diesen
unwandelbaren Zustand, soweit er sich auf die Schrift bezieht, offenbar von Zeit zu Zeit ins Wanken bringt.

P.: Wir müssen weit von uns weisen, so etwas überhaupt
nur zu denken. Aber sag mir: Glaubst du, daß Christus das
Haupt seines Leibes, der Kirche, ist?

T.: Es wäre Wahnsinn, daran zu zweifeln, da dies doch
im Hohenlied deutlich genug in die Augen springt, auch
wenn die heilige Schrift sonst darüber schweigt.

P.: Was bedeutet das, daß die Kirche schon vor der ersten
Ankunft des Herrn von Abel an in ihren Heiligen existier-
te[31] und mit durchaus vergleichbarem Zutrauen an die Zukunft geglaubt hat, wie wir der Vergangenheit trauen?

T.: Von diesem Glauben möchte ich allerdings auch nicht
abweichen.

P.: Verstehe also unseren Herrn in seinem Leib zwar
einerseits als im Leib der Alten (sc. präfiguriert), nämlich
der Väter, (sc. im Leib) von Abel, Noach und den anderen,
die seiner Ankunft vorausgingen, dem Fleisch nach allerdings als jüngeren, andererseits aber als Greis in unserer
Zeit und in uns[32], über die Paulus sagt: „Das ist alles für
jene zum Vorbild geschehen, es ist aber aufgeschrieben zu
unserer Warnung, auf die das Ende der Zeiten herabge-
kommen ist" (1 Kor 10, 11). Oder schreibe wenigstens der
frühen Kirche eine solche Jugend zu, als noch die Zeiten
in christlicher Zucht blühten, als noch der Leib Christi im
Zustand der Jugend grünte, „da er in den Aposteln die
Erstlinge des Geistes besaß" (Röm 8, 23), natürlich in
Glaube und Frömmigkeit; aber als das Greisenalter der
Kirche betrachte das Ende dieser Welt, wenn Zeiten voller
Gefahr drohen, wenn die Menschen nur sich selbst lieben,
übermütig, stolz und so weiter, wenn der Erscheinung des

antichristi praecedet egestas, quando „abundat iniquitas et
refrigescit caritas multorum", sicut refrigescere solet in
annoso corpore sanguis, calore fugato iuventutis. Quid
inter mundi suspirans pressuras optat ecclesia, nisi tempus
florentis ecclesiae primitivae, sicut habes in verbis beati 5
Iob: „Quis", inquiens, „mihi tribuat, ut sim iuxta menses
pristinos, quando splendebat lucerna dei super caput
meum, sicut fui in diebus adolescentiae meae", et cetera?
Ecce habes adolescentem et senescentem, cuius iuventutem
„adolescentulae nimis diligunt", sicut etiam seniori „viginti 10
quattuor seniores" non desunt.

T.: Verum quod in eadem littera sequitur: „Et non vidi
iustum derelictum nec semen eius quaerens panem", non
video, cum multos sanctorum audierim fame non solum
laborantes, sed et deficientes.   15

P.: Accipe perpaucis. Panis verbum dei est. „Nec enim in
solo pane vivit homo, sed in omni verbo, quod procedit de
ore dei." Ubi igitur vidisti iustum aliquem verbo dei defi-
cere? Si enim iustus, „in lege dei meditatio eius die ac
nocte", ac per hoc, ut pane deficiat, impossibile est. Sed quia 20
in capite et corpore, quod est Christus et ecclesia, collatio
nostra aliquantulum versata est, profundius aliquid ad-
iciendum est, cuius respectu plana tibi videantur, quae de
iuventute vel senectute praetaxata fortassis abstrusiora vi-
debantur.   25

T.: Sicut in docentis officio geminum opus est, ut doc- 36
trinam exhortatio subsequatur, sic discentis est, ut alterum

---

[33] Vgl. hierzu RAUH, *Bild des Antichrist.*

Antichrist[33] Not vorangeht, wenn „die Ungerechtigkeit
überhandnimmt und die Liebe in vielen erkaltet" (Mt
24, 12), so wie in einem bejahrten Körper das Blut gewöhn-
lich erkaltet, wenn das Feuer der Jugend verschwunden ist.
Was wünscht sich die Kirche, die unter den Drangsalen der
Welt seufzt, wenn nicht die Zeiten der jungen Kirche, die
noch in Blüte stand, so wie du es in den Worten des seligen
Ijob hörst, der sagt: „Wer gibt mir, daß ich wieder wäre wie
in längst vergangenen Monden, als das Licht Gottes über
meinem Haupt leuchtete, so wie ich gewesen bin in den
Tagen meiner Jugend", und so weiter (Ijob 29, 2–4)? Siehst
du, da hast du nun die Erklärung für den Jüngling und den
Alten, dessen Jugend „junge Mädchen außerordentlich lieben" (Hld 1, 2 Vg.), so wie aber auch zu dem Alten „die
vierundzwanzig Ältesten" (vgl. Offb 4, 4) gehören.

T.: Allerdings verstehe ich nicht, was nun in demselben
Text folgt: „Und ich habe noch keinen Gerechten verlassen
gesehen und seine Kinder um Brot betteln" (Ps 37, 25: Vg.
Ps 36, 25), wo ich doch gehört habe, daß viele Heilige nicht
nur an Hunger litten, sondern sogar daran zugrunde gingen.

P.: Vernimm die Antwort in wenigen Worten. Das Brot
ist das Wort Gottes. „Denn der Mensch lebt nicht vom Brot
allein, sondern von jedem Wort, das aus Gottes Mund
hervorgeht" (Mt 4, 4). Wo hast du also gesehen, daß irgendein Gerechter am Wort Gottes Mangel hätte? Wenn nämlich einer gerecht ist, „dann ist sein Denken Tag und Nacht
auf das Gesetz Gottes gerichtet" (Ps 1, 2), und deswegen
ist es unmöglich, daß er am Brot Mangel leidet. Aber weil
unsere Betrachtung sich ein wenig bei Haupt und Leib, das
heißt bei Christus und der Kirche, aufgehalten hat, muß
noch etwas hinzugefügt werden, was Fragen von ziem-
licher Tiefe berührt; unter Berücksichtigung dessen mag
dir klar werden, was dir vielleicht vorhin bei der Betrachtung von Jugend und Alter ziemlich abwegig erschienen ist.

T.: So wie der Lehrende eine doppelte Pflicht hat, nämlich der Lehre die Ermahnung folgen zu lassen, so muß der

pro altero suscipiat iuxta eius velle, qui docet et exhortatur.
Dic ergo.

P.: Cum ageret dominus de pane vivo, id est de corpore
suo comedendo, illisque mirantibus et obstupescentibus de
verbo hoc subintulit: „Si ergo videritis filium hominis 5
ascendentem, ubi erat prius?" Si dixisset: „Si videritis filium
dei ascendentem, ubi erat prius", facilis esset intellectus;
nunc vero quomodo filius hominis in caelo prius erat,
postquam matre virgine natus cum hominibus homo novus
conversari coeperat? Et alio loco: „Nemo", ait, „ascendit in 10
caelum, nisi qui descendit de caelo filius hominis", qui est
in caelo, quod totum ad hoc pertinet, ut intelligas unam
personam esse Christum, deum et hominem. Christus nam-
que unus est, verbum, anima, caro, et secundum unitatem
personae sic erat filius hominis in caelo, quando in terra 15
loquebatur, quomodo filius dei erat in terra. Filius ergo dei
in terra in suscepta carne, filius hominis in caelo in unitate
personae.

T.: Divinae clementiae respectus in hominem humani
intellectus excedit capacitatem, ac per hoc sive sint aperta 20
vel obscura, quae capimus in divinis eloquiis, cuncta versare
videntur in cardine nostrae libertatis, immo liberationis.

P.: Caput et corpus capitis gratia univit aeterni amoris,
quo mediante, „quod deus coniunxit, vita nec mors nec
homo nec angelus separabit".   25

[T.:] Annecte, quaeso, quod huic sensui compendet.

---

[34] Der Begriff „neuer Mensch" ist hier in christlichem Sinne gebraucht im
Gegensatz zum „alten Adam", der der Sünde verfallen war. Das gleiche
Gegensatzpaar erscheint auch in den Bildern vom Tugend- und Laster-
baum (Bilder 3 und 4, unten nach 160), wo jeweils an der Spitze des Baumes
der *vetus* und *novus Adam* erscheint.

[35] Die Hss bezeugen an dieser Stelle Unklarheit in bezug auf den Dia-
logwechsel. Der Satz scheint nur sinnvoll, wenn er Theodora zugeordnet
wird, was dann eine Änderung der Initialen vor und nach diesem Satz
bedingt; vgl. dazu SEYFARTH, *Speculum virginum* 36, wo die Initiale P zu
Zeile 913 fehlt bzw. über der Zeile nachgetragen ist.

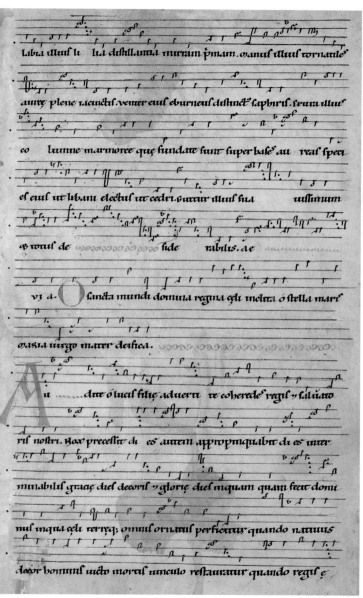

Bild A: Gesänge in deutschen Neumen auf Linien

Bild 1: Wurzel Jesse

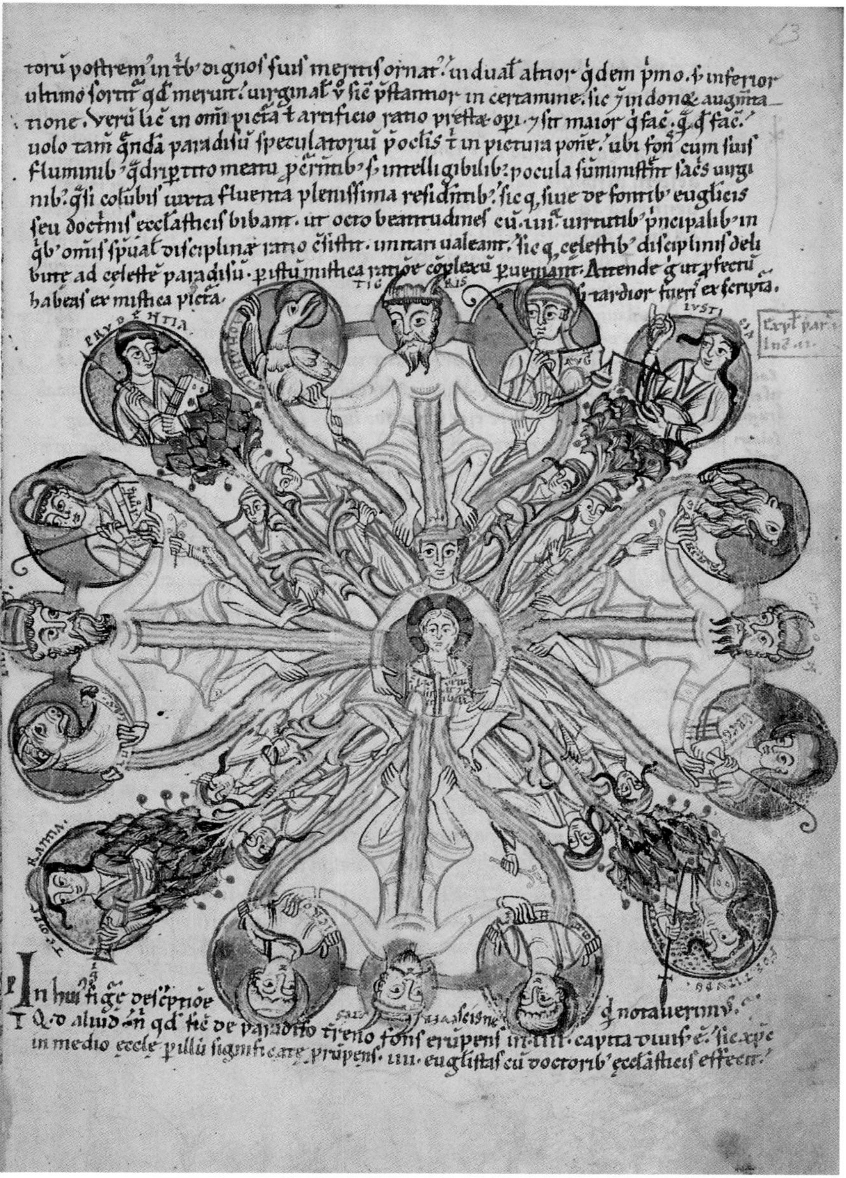

Bild 2: Mystisches Paradies

Bild 3: Lasterbaum

Bild 4: Tugendbaum

Lernende das eine wie das andere annehmen nach dem Willen dessen, der lehrt und ermahnt. Darum sprich!

P.: Als der Herr über das Brot des Lebens sprach, das heißt über seinen Leib, der gegessen werden sollte, da hat er für die, die über dieses Wort erstaunt und verblüfft waren, hinzugefügt: „Was aber, wenn ihr seht, daß des Menschen Sohn dorthin hinaufsteigt, wo er früher war?" (Joh 6,62). Wenn er gesagt hätte: „Was aber, wenn ihr seht, daß Gottes Sohn dorthin hinaufsteigt, wo er früher war", so wäre das leicht einzusehen gewesen. Aber jetzt, wie soll man das verstehen, daß der Menschensohn früher im Himmel war, nachdem er doch als Sohn einer jungfräulichen Mutter begonnen hatte, sich als neuer Mensch[34] unter den Menschen zu bewegen? Und an anderer Stelle sagt er: „Niemand steigt zum Himmel auf, außer der vom Himmel herabgestiegen ist, der Menschensohn" (Joh 3,13), der im Himmel ist, was sich alles darauf bezieht, daß du einsiehst, daß Christus in einer einzigen Person Gott und Mensch ist. Denn Christus ist der eine einzige, Wort, Seele und Fleisch, und entsprechend der Einheit seiner Person war er, als er auf der Erde predigte, ebenso Sohn des Menschen im Himmel, wie er Sohn Gottes auf der Erde war. Er war also Sohn Gottes auf der Erde in seinem angenommenen Fleisch, und er war Sohn des Menschen im Himmel in der Einheit seiner Person.

T.: Der Blick auf die göttliche Barmherzigkeit dem Menschen gegenüber übersteigt das Fassungsvermögen menschlicher Einsicht; denn es beziehen sich offenbar alle Dinge, seien sie nun offen oder verborgen, die wir in Gottes Wort ergreifen, auf den einen Angelpunkt unserer Freiheit, ja unserer Befreiung.

P.: Durch seine Vermittlung hat die Gnade ewiger Liebe Haupt und Leib des Hauptes vereinigt, und „was Gott vereinigt hat, das wird weder Leben noch Tod, weder Mensch noch Engel trennen" (Röm 8,38f; vgl. Mt 19,6).

T.: Aber füge hinzu, ich bitte dich, was mit diesem Sinn zusammenhängt.[35]

P.: Quid nam?

T.: „Et erunt", inquit, „duo in carne una. Sacramentum",
inquit, „hoc magnum est, ego autem dico in Christo et in
ecclesia."

P.: Non inmerito „flos campi liliumque convallium" alios 5   37
sibi ex uno ecclesiae horto flores coacervat, „ut sint unum
in uno", pulchri de pulchro, aeterni de aeterno. Redeamus
igitur ad litteram nostram, immo ad civitatem nostram,
matrem nostram, virtutum omnium beatitudine, gratiarum
plenitudine gloriosissimam, omni genere pacis affluentissi- 10
mam, ubi amodo habitabit iuvenis cum virgine, vir et femina
innovati, regenerati regeneratione secunda, Christus et ecclesia, sponsus cum sponsa, flos in flore, sol in sole, decus
in decore, unus in uno, Christus numquam mutabilis in toto
corpore suo, ubi optines amodo in patria, quod sperasti in 15
via taediosa, ubi certa securitas, secura tranquillitas, tran-
quilla iocunditas, felix aeternitas, aeterna felicitas, iuventus
florida, stabilis gratia, quies una, mansio serena, amor per-
fectus, timor nullus, alacer motus et unus omnium spiritus,
de contemplatione domini sui ac de sua immortalitate secu- 20
rus, ubi angeli et hominis concors commanentia sabbatum
sabbatorum celebrat caritate semper indivisa, ubi deliciis
affluentissimis aeterna salus exuberat, veritas regnat, quo
nullus nisi beatus admittitur, unde nullus semel admissus
proicitur. Ibi bonum naturaliter homini inditum, sed teme- 25
ritatis vitio corruptum in melius reparabitur, intellectus
scilicet sine errore, memoria sine oblivione, amor sine mu-
tabilitate, cogitatio stabilis et munda, caritas insimulata,

P.: Was denn?

T.: „Und die zwei werden ein Fleisch sein", sagt er, „und dieses Geheimnis ist groß, ich rede aber von Christus und der Kirche" (Eph 5, 31 f).

P.: Mit Recht hat „die Blume des Feldes und die Lilie in den Tälern" (Hld 2, 1) andere Blumen aus dem Garten der Kirche für sich aufgehäuft, „damit sie eins sind in dem Einen" (Joh 17, 11), schön von dem Schönen, ewig aus dem Ewigen. Laß uns aber zurückkehren zu unserem Text, oder besser gesagt zu unserer Stadt, zu unserer Mutter, herrlich in der Seligkeit aller Tugenden, in der Fülle der Gnade, überfließend von jeder Art Frieden, wo von jetzt an der Jüngling mit der Jungfrau wohnen wird, Mann und Frau, erneuert und wiedergeboren in der zweiten Schöpfung, Christus und die Kirche, der Bräutigam mit seiner Braut, Blume in der Blume, Sonne in der Sonne, Zierde in der Zierde, einer in einem, Christus, niemals veränderlich an seinem ganzen Leib; wo du von nun an heimgekehrt festhältst, was du auf dem beschwerlichen Weg erhofft hast, wo verläßliche Sicherheit herrscht, sichere Ruhe, ruhige Freude, glückliche Ewigkeit, ewiges Glück, blühende Jugend, dauerhafte Gnade, einmalige Ruhe, liebliche Wohnung, vollkommene Liebe, keine Furcht, lebhafte Tätigkeit und ein einziger Geist in allen, sicher in der Betrachtung des eigenen Herrn und der eigenen Unsterblichkeit; wo die harmonische Gemeinschaft von Engel und Mensch in immer ungeteilter Liebe den Sabbat der Sabbate feiert, wo das ewige Heil sich in überschäumender Freude verströmt, wo die Wahrheit herrscht und keiner zugelassen wird, der nicht selig ist, und von wo keiner vertrieben wird, der einmal zugelassen wurde. Dort wird das Gute, das im Menschen von Natur aus angelegt war, durch das unbesonnene Vergehen aber zerstört wurde, wieder zum Besseren zurückverwandelt, dort herrscht Einsicht ohne Irrtum, Erinnerung ohne Vergessen, Liebe ohne Wankelmut, zuverlässige und klare Gedanken, ungeheuchelte Liebe, Zu-

sensus sine offensione, requies sine labore, salus sine dolore, lux sine nube, dies sine nocte, vita sine morte, saturitas
sine fastidio, voluntatis libertas absque scandalo, status
aeternitatis sine defectu mutabilitatis. Scisne, quid haec
omnia sint et multa pauculis verbis exarata?   5

T.: Audio quidem, sed mirando deficio.

P.: Haec sunt „unius virginis uni viro desponsatae" sacra 38
sponsalia, numquam mutanda, numquam terminanda. Ibi
purgatae mentis intelligentiae „flos campi" patebit et „lilium convallium" illic quidem immarcescibile, quod hic co-   10
gitur in corpore Christi secundum aetates et tempora iuxta
profectus et defectus variari, quia „omnis caro faenum et
omnis gloria eius ut flos faeni".

T.: O flos, o species admiranda floris et lilii, cuius decori
flores arrident virginei, signaculo castitatis insigniti, quibus 15
non immerito tantus amor inest agnum sequendi, ut malint
amittere vitam quam pudicitiam.

P.: Ecce dum per prata scripturarum gressum mittimus,
mitram virginali capiti collectis interim floribus texuimus,
donec cetera membra misticis indumentis contegamus, ut   20
sponso suo pulchre variata proclamet: „Quia induit me
vestimento salutis et indumento iustitiae circumdedit me."
Est enim florens mistice quidam paradisus eloquiorum divinorum intuitus, in quibus diversarum sententiarum
flosculi praedulcem legentibus spirant odorem et ad opera 25

neigung ohne Anstoß, Ruhe ohne Mühsal, Gesundheit ohne Schmerz, Sonnenlicht ohne Wolken, Tag ohne Nacht, Leben ohne Tod, Sättigung ohne Überdruß, Willensfreiheit ohne Ärgernis, der Zustand der Ewigkeit ohne den Fehler der Veränderlichkeit. Weißt du, was dies alles ist und wie große Dinge mit ganz wenigen Worten erklärt sind?

T.: Ich höre zwar, aber ich vergehe vor Staunen.

P.: Dies sind die heiligen Hochzeitsgaben „der einzigen Jungfrau, die einem einzigen Mann verlobt ist" (2 Kor 11, 2), die niemals ausgetauscht, niemals begrenzt werden dürfen. Dort wird sich der Einsicht eines reinen Herzens „die Blume des Feldes" öffnen und „die Lilie im Tal" (Hld 2, 1), dort wird in der Tat unverwelklich sein, was sich hier am Leib Christi notwendigerweise im Lauf von Weltaltern und Zeiten in Fortschritt und Rückschritt ändern muß, da ja „alles Fleisch wie das Gras ist und alle seine Herrlichkeit wie die Blume im Gras" (1 Petr 1, 24).

T.: Du Blume, du bewunderungswürdige Art von Blume und Lilie! Deiner Herrlichkeit lächeln die jungfräulichen Blumen zu, ausgezeichnet mit dem Siegel der Keuschheit, denen aus gutem Grund ein solcher Eifer zur Nachfolge des Lammes innewohnt, daß sie lieber ihr Leben verlieren wollen als ihre Keuschheit.

P.: Schau her, während wir unseren Schritt durch die Gefilde der heiligen Schrift lenkten, haben wir aus den Blumen, die wir dabei gepflückt haben, ein Tuch für dein jungfräuliches Haupt gewebt, bis wir dann schließlich auch die übrigen Glieder mit Gewändern, die mystisch zu verstehen sind, bekleiden, so daß die schön Geschmückte ihrem Bräutigam zuruft: „Denn er hat mir das Kleid des Heils angezogen, und er hat mich umgeben mit dem Gewand der Gerechtigkeit" (Jes 61, 10). Denn die Beschäftigung mit dem Wort Gottes ist auf geheimnisvolle Weise eine Art blühendes Paradies; wo die kleinen Blumen der verschiedenen Aussagen für die Leser einen außerordentlich süßen Duft verströmen und zu Werken verlocken, die

deo digna delectationem. Sicut igitur in exordio creaturarum in medio paradisi fons dicitur prorupisse et quatuor flumina abundanti eruptione fecisse, sic Christus, fons
totius sapientiae in fundamento positus scripturarum abysso quodam evangelici dogmatis quatuor evangelistas quasi 5
quatuor orbis flumina ex se derivari fecit, quorum circum-
fluentiis exuberantissimis caelestium disciplinarum flores,
post flores fructus quasi ligni voluptatis poma in cordibus
credentium multiplicari constituit. Nonne de his fluminibus habes propheticum sermonem, ubi ait dominus: „Ape- 10
riam in supinis | collibus flumina et in medio camporum | 39
fontes disrumpam, ponam desertum in stagna aquarum et
terram inviam in rivos aquarum", et: „Haurietis aquas in
gaudio de fontibus salvatoris", et multa in hunc modum?
Inveniuntur tamen in hoc ecclesiae paradiso adhuc divini 15
mandati transgressores, sicut in illo Adam et Eva, quamvis
in libertatem filiorum dei iam venerint per gratiam media-
toris vetustae servitutis cautione deleta. Porro trifaria significatione notari cognosce paradisum; primum quidem ter-
renum, in quo protoplasti conditi et positi sunt, omnium 20
generum deliciis florum, odorum, fructuum affluentissi-
mum; secundum praesentem ecclesiam scimus paradisum,
per primum significatum certisque suis ordinibus, id est
coniugatorum, doctorum, continentium splendore variatum, fructibus virtutum diversarum in gradibus istis exor- 25
natum; tertium caelestem paradisum, ad vitam praedestina-

---

[36] Die Vorstellung vom Paradies der Voreltern als realem Teil der irdischen
Welt zeigt zum Beispiel eindrucksvoll die Ebstorfer Weltkarte (ca. 1200),
die das Paradies östlich von Indien am Rand der bewohnten Welt, aber
innerhalb des Okeanos, lokalisiert; ebenso die Londoner Psalterkarte; vgl.
dazu VON DEN BRINCKEN, *Fines Terrae*, und REUDENBACH, *Die Londoner
Psalterkarte*, besonders 165–167.

Gottes würdig sind. So wie nämlich berichtet wird, daß zu
Beginn der Schöpfung mitten im Paradies eine Quelle entsprang und vier Ströme von unermeßlicher Gewalt entstehen ließ (vgl. Gen 2,10), so hat Christus, der Quell aller
Weisheit, der in das Fundament der heiligen Schrift wie in
den Urgrund der evangelischen Lehre gestellt ist, die vier
Evangelisten, den vier Weltströmen vergleichbar, aus sich
entspringen lassen; er läßt durch ihre unermeßlich reich
fließenden Wassermassen die Blumen himmlischer Lehre,
und nach den Blumen die Früchte in den Herzen der Gläubigen vielfältig wachsen wie die Äpfel am Baum der Versuchung. Kennst du nicht das Wort des Propheten über diese
Flüsse, wo der Herr sagt: „Ich will die Wasserbäche auf den
Höhen öffnen und Quellen mitten auf den Feldern hervorbrechen lassen, und ich will die Wüste zu Wasserstellen
machen und das unwegsame Land zu Bächen mit Wasser"
(Jes 41,18), und „Ihr werdet in Freude Wasser schöpfen aus
den Quellen des Retters" (Jes 12,3) und vieles mehr in
dieser Art? Aber dennoch findet man noch bis heute in
diesem Paradies der Kirche Menschen, die das Gebot Gottes übertreten, so wie es in jenem Adam und Eva getan
haben, obwohl sie doch durch die Gnade des Mittlers, der
die Fessel der alten Knechtschaft sprengte, schon zur Freiheit der Söhne Gottes gelangt sind. Aber jetzt nimm zur
Kenntnis, daß sich das Paradies in dreifachem Sinn auslegen läßt. Zum ersten ist es das irdische Paradies[36], in dem
die Voreltern (sc. Adam und Eva) geschaffen und eingesetzt
wurden und das überfloß in seiner Wonne von Blumen aller
Art, von Düften und Früchten. Zum zweiten verstehen wir
unter dem Paradies die gegenwärtige Kirche, auf die durch
das erste Paradies verwiesen wird und die durch ihre bestimmten Stände geschmückt ist, nämlich durch das Ansehen der Eheleute, der Kirchenlehrer und der Enthaltsamen,
und das ausgezeichnet ist durch die Früchte verschiedener
Tugenden bei diesen Ständen. Zum dritten ist es das himmlische Paradies, die sichere Belohnung für die, die dem

tis aeternam certissimum praemium. Itaque tot habebit in
illo paradiso quisque numquam terminanda pacis et gloriae
ornamenta, quot prius in isto paradiso virtutum gerebat
insignia. Habebit illic ordo coniugatorum postremus in
tribus dignos suis meritis ornatus, vidualis altior quidem 5
primo, sed inferior ultimo sortitur, quod meruit, virginalis
vero sicut praestantior in certamine, sic etiam in donorum
augmentatione. Verum licet in omni pictura vel artificio
ratio praestet operi et sit maior, qui fecit quam quod fecit,
volo tamen quendam paradisum speculatorium prae oculis 10
tibi in pictura ponere, ubi fons cum suis fluminibus quadri-
pertito meatu procurrentibus, sed intelligibilibus pocula
sumministrent sacris virginibus quasi „columbis iuxta flu-
enta plenissima residentibus", sicque sive de fontibus evan-
gelicis seu doctrinis ecclesiasticis bibant, ut octo beatitu- 15
di|nes cum quatuor virtutibus principalibus, in quibus | 40
omnis spiritualis disciplinae ratio consistit, imitari valeant,
sicque caelestibus disciplinis delibutae ad caelestem paradisum per istum mistica ratione complexum perveniant. Attende igitur, ut profectum habeas ex mistica pictura, si 20
tardior ex scriptura.

Explicit pars prima.

---

[37] Der Plural *sumministrent* rechtfertigt sich nur als sinngemäßer Bezug
auf die *flumina,* grammatikalisch muß man *sumministret* verbessern, was
auch inhaltlich die Aussage unterstreicht, da Christus die Quelle ist.
[38] Das System der vier Kardinaltugenden als Angelpunkte guten Verhal-
tens (Gerechtigkeit, Tapferkeit, Klugheit, Mäßigung) wurde schon in der

ewigen Leben vorbestimmt sind. Deshalb wird in jenem
Paradies jeder so viel Schätze an Frieden und Herrlichkeit
ohne Ende zu aller Zeit besitzen, wie er vorher in diesem
Paradies Zeichen der Tugend zeigte. An jenem Ort wird der
Stand der Verheirateten als letzter unter den dreien den
Schmuck besitzen, der seinem Verdienst entspricht; der
Witwenstand, zwar höher als der erste, aber geringer als der
letzte, erhält, was er verdient; schließlich wird der Jungfrauenstand entsprechend seiner hervorragenden Stellung
im Kampf auch vermehrt bedacht bei der Zuteilung der
Gaben. Auch wenn bei jedem Bild oder Kunstwerk die Idee
Vorrang hat vor dem Werk, und der größer ist, der es
gemacht hat, als das, was er gemacht hat, so will ich dir
dennoch das Paradies gewissermaßen zum Anschauen im
Bild vor Augen führen, wo die Quelle mit ihren Flüssen,
die in vierfachem Lauf hervorbrechen, aber doch einsehbar
sind, die Becher den heiligen Jungfrauen reichen[37] soll, die
sich wie „Tauben an den reichen Flußläufen niedergelassen
haben" (Hld 5, 12); so mögen sie entweder aus den Quellen
des Evangeliums oder aus den Lehren der Kirche trinken,
damit sie in der Lage sind, den acht Seligkeiten zusammen
mit den vier Kardinaltugenden[38] nachzueifern, in denen das
Prinzip geistlicher Ordnung besteht, und damit sie schließlich, benetzt von den himmlischen Lehren durch diese
Umarmung auf geheimnisvolle Art und Weise in das himmlische Paradies gelangen. Sei also aufmerksam, damit du mit
Hilfe des mystisch zu deutenden Bildes[39] Fortschritte
machst, wenn du zu schwerfällig sein solltest, es aufgrund
des geschriebenen Textes zu tun.

Es endet der erste Teil.

Antike aufgestellt und im Mittelalter vielfach in Beziehung zu anderen
Vierergruppierungen gesetzt.
[39] Das mystische Paradies ist abgebildet auf Bild 2, oben nach 160.

Incipit pars secunda. 41

P.: In huius igitur figurae descriptione scisne quid notave-
rimus?

T.: Quid aliud nisi quod sicut de paradiso terreno fons
erumpens in quatuor capita divisus est, sic Christus in 5
medio ecclesiae per illum significatae prorumpens quatuor
evangelistas cum doctoribus ecclesiasticis effecit, Christianae disciplinae profectum exponendo rationem beatitu-
dinum designavit, mensuram dilectionis credentium in custodia praeceptorum constituit sicque de paradiso in 10
paradisum, de gratia in gratiam sacri fontis unda semper
mediante vocavit?

P.: Vigilantissime notasti proposita. „Quia igitur apud
eum est fons vitae, in cuius lumine videbimus lumen", qui
„posuit desertum in stagna aquarum et terram sine aqua in 15
exitus aquarum", ait enim: „Omnes sitientes venite ad
aquas", item: „Qui sitit, veniat ad me et bibat et de ventre
eius fluent aquae vivae"; quem primum de his aquis calicem
velis tibi propinari, edicito, ut bibas et recte vivas.

T.: Quamvis in his aquarum decursibus generalis sit 20
omnium profectus, id est ad divinam scripturam sit omni
proficienti prospectus, pauca tamen de fonte vivo pocula
ministrabis, in quorum gustu sicut fundamentum quoddam
structurae surgentis, ita sit virtus et vita sitientis.

P.: Sufficiant igitur pauca de multis, sine gustu quorum 25
virginitatis meritum, immo nec ullius virtutis custodiam vel

---

[40] Zum Vergleich der vier Ströme im Paradies mit den Evangelisten siehe
im Einleitungsbrief, oben 74 Anm. 7.

Es beginnt der zweite Teil.

P.: Verstehst du denn, was wir mit der Beschreibung dieses Bildes zeigen wollen?

T.: Was anderes, als daß, ebenso wie aus dem irdischen Paradies die Quelle hervorbricht und sich in vier Ströme teilt[40], so auch Christus inmitten der Kirche wirkt, die mit jenem Paradies gemeint ist; er ließ die vier Evangelisten mit den Kirchenvätern erscheinen, er erklärte den Fortschritt der christlichen Lehre, indem er das Wesen der Seligkeiten bestimmte, er legte das Maß der Liebe unter den Gläubigen fest unter der Obhut der Lehrer und hat so von Paradies zu Paradies, von Gnade zu Gnade gerufen, wobei die Flut der heiligen Quelle immer vermittelnd hin und her strömt.

P.: Du hast sehr aufmerksam auf das geachtet, was dir vor Augen gestellt ist. „Denn bei ihm ist die Quelle des Lebens, in dessen Licht wir das Licht sehen werden" (Ps 36, 10: Vg. Ps 35, 10), er, der „die Wüste in Wasserteiche verwandelt hat und das dürre Land in Wasserquellen" (Ps 107, 35: Vg. Ps 106, 35); denn er sagt: „Kommt alle zum Wasser, die ihr durstig seid" (Jes 55, 1), und ebenso: „Wer durstig ist, der soll zu mir kommen und trinken" (Joh 7, 37), und „von seinem Leib werden Ströme lebendigen Wassers fließen" (Joh 7, 38); aber erkläre nun, welchen Kelch aus diesen Wassern du zuerst gereicht haben willst, damit du trinkst und in Wahrheit lebst.

T.: Obwohl in allen diesen Wasserläufen grundsätzlich Gewinn liegt, das heißt, daß jedes Voranschreiten den Blick auf die heilige Schrift freigibt, so sollst du mir dennoch einige wenige Becher aus dieser lebendigen Quelle reichen; denn so wie das aufgehende Mauerwerk gewissermaßen auf einem Fundament ruht, so ruhen Tugend und Leben des Durstigen auf dem Kosten dieses Wassers.

P.: Es mag also weniges anstelle von vielem genügen: Ohne den Genuß dieses Wassers wirst du in der Tat weder den Lohn der Jungfräulichkeit noch die Bewahrung oder

effectum poteris optinere. Ait itaque tibi, qui te creavit, qui
te dote superna consignavit: „Discite a me, quia mitis sum
et humilis corde, et invenietis requiem animabus vestris. In
silentio et in spe erit fortitudo vestra", et: „Super quem
requiescit spiritus meus nisi super humilem et | quietum et   5 | 42
trementem verba mea?" Ubi igitur spiritus domini requiescit, quid ibi divinae gratiae desit? „Deus caritas est, et qui
manet in caritate, in deo manet et deus in eo." In quo deus
manet et ipse in eo, quo virtutis carebit instrumento? Quid
hoc, quod ait apostolus: „Virgo domini cogitat, quae domi-   10
ni sunt, ut sit sancta et corpore et spiritu"? Et quid deest in
homine divinae gratiae, ubi virgo Christi sancta est in spiritu et corpore? Sed hic fructus spiritalis semper provenit
ex humilitatis radice. „Omnis enim, qui se exaltat, humiliabitur, et qui se humiliat, exaltabitur." Haec interim de   15
abysso divinae paginae sufficiat praelibatio, in qua sicut
omnium virtutum est custodia, sic sanctae virginis omnia
clarescunt ornamenta. Equidem sancta humilitas testimonium spiritus sancti in virgine, coniugata et vidua est, qua
neglecta nec virtus in his ordinibus ulla manebit, ubi spiri-   20
tus sanctus custodiae suae stationem deserit. Immundus est
enim omnis, qui exaltat cor suum.

T.: Velim a te singulorum graduum, id est coniugatorum, viduarum et virginum differentias in praesenti co-
gnoscere, quia non sic de gradu vel merito virginalis vitae   25

Wirkung irgendeiner Tugend überhaupt festhalten können.
Denn er, der dich geschaffen hat, der dich ausgezeichnet hat
durch überirdische Hochzeitsgaben, sagt zu dir: „Lernt
von mir, denn ich bin sanft und demütig von Herzen, so
werdet ihr Ruhe finden für eure Seelen" (Mt 11,29). „Im
Schweigen und in der Hoffnung wird eure Stärke liegen"
(Jes 30,15), und: „Auf wem ruht mein Geist, wenn nicht
auf dem Demütigen und Stillen, der vor meinen Worten
zittert?" (vgl. Jes 11,2; 66,2). Wo aber der Geist des Herrn
ausruht, wie sollte es dort an göttlicher Gnade fehlen?
„Gott ist die Liebe, und wer in der Liebe bleibt, der bleibt
in Gott und Gott in ihm" (1 Joh 4,16b). In dem Gott bleibt,
der bleibt auch selbst in ihm, wie wird es demjenigen an
Rüstzeug für die Tugend fehlen? Was bedeutet das, daß der
Apostel sagt: „Die Jungfrau des Herrn sorgt sich um des
Herrn Sache, daß sie heilig sei am Leib und im Geist"
(1 Kor 7,34)? Und was sollte bei einem Menschen an göttlicher Gnade fehlen, wo die Jungfrau Christi heilig ist an
Geist und Körper? Aber diese geistliche Frucht erwächst
immer aus der Wurzel der Demut. „Denn jeder, der sich
selbst erhöht, wird erniedrigt werden, und wer sich erniedrigt, der wird erhöht werden" (Lk 18,14). Vorläufig möge
dieses Vorkosten aus der unermeßlichen Tiefe der heiligen
Schrift genügen, in der ebenso die Bewahrung aller Tugenden liegt, wie in ihr aller Schmuck der heiligen Jungfrau
glänzt. Denn die heilige Demut ist nun allerdings Zeugnis
für den heiligen Geist in einer Jungfrau, einer verheirateten
Frau oder einer Witwe; wenn sie vernachlässigt wird, dann
wird es auch sonst keinerlei Tugend in diesen Ständen mehr
geben, sobald der heilige Geist den Platz seiner Aufsicht
verläßt. Denn unrein ist ein jeder, der sein eigenes Herz
erhöht.

    T.: Ich würde gerne augenblicklich von dir die Unter-
schiede zwischen den einzelnen Ständen erfahren, nämlich
denen der Verheirateten, der Witwen und der Jungfrauen,
weil wir uns die Betrachtung von Grad und Verdienst jung-

174   SPECULUM VIRGINUM

conferendum suscepimus, ut de viduali vel ordine matri-
moniali silentium nobis indiceremus.

P.: De his tribus ordinibus commodius in sequentibus
conferemus, ubi singulo gradui respondebit suus fructus,
tricesimus, sexagesimus et centesimus, ubi etiam florem 5
campi, quem liminari paginae praefiximus, pro posse expo-
nemus, quomodo videlicet „spiritus sapientiae sit stabilis et
mobilis, spiritus intellectus subtilis et mundus, spiritus
consilii sit unicus et longe prospiciens, spiritus fortitudinis
sit certus et securus, spiritus scientiae multiplex et disertus, 10
spiritus pietatis benignus et suavis, spiritus timoris acutus
et | humanus". Sicut igitur de flore campi sumpsimus mutui | 43
sermonis materiam, sic in eius membris compendentibus
habebimus eiusdem operis clausulam.

T.: Consequens expostulat ratio, ut, quod de flore ince- 15
pimus, in flore vel floris fructu terminemus. Sponsor fidelis
et sponsio verax nec fallit facile nec fallitur, quia certae fidei
veritas et consona veritati fides socia suffragatur. Quicquid
igitur vel ad praesens protuleris vel in futurum distuleris,
cunctationis absolutio est.   20

P.: Restat nunc omissa repetere et aliqua de inclusionis
utilitate tecum conferre. In paradisum, id est in hortum
deliciarum Christo ducente venisti, post compita latae viae

---

[41] Hier wird auf das Gleichnis vom Sämann (Mt 13,1–9; Mk 4,1–9; Lk
8,4–8) angespielt. Die Auslegung dieses Gleichnisses orientiert sich an der
dreifachen Art der ausgesäten Frucht, die entweder als Allegorie dreier
Stände (Laie, Kleriker, Märtyrer/Asket; Verheiratete, Witwen, Jungfrauen)
oder der drei Stufen der Vollkommenheit gedeutet wird; vgl. MEYER/SUN-
TRUP, *Mittelalterliche Zahlenbedeutungen* 693.751.788; JUSSEN, *Name der
Witwe.*
[42] Mit der „Blume des Feldes" ist Christus gemeint, der in der Titelminiatur im Gipfel der Wurzel Jesse erscheint.

fräulichen Lebens nicht in der Weise vorgenommen haben,
daß wir uns Stillschweigen über den Stand der Witwen und
Verheirateten verordnen müßten.

P.: Über diese drei Stände wollen wir uns besser erst im
folgenden unterhalten, wo dem einzelnen Rang seine
Frucht entsprechen wird, die dreißigfache, die sechzigfache
und die hundertfache[41], wo wir dann auch die Blume des
Feldes[42], die wir auf der Titelseite schon im voraus aufge-
malt haben, nach unserem Vermögen erklären wollen, nämlich wie „der Geist der Weisheit zugleich fest und beweg-
lich ist, der Geist der Einsicht scharfsinnig und rein, der
Geist der Überlegung einzig und weit vorausschauend, der
Geist der Stärke fest und sicher, der Geist der Erkenntnis
vielfältig und deutlich, der Geist der Frömmigkeit milde
und süß, der Geist der Furcht scharf und menschenfreund-
lich" (Jes 11,2; Weish 7,22 f). So wie wir also den Stoff für
unser Wechselgespräch von der Blume des Feldes genommen haben, so werden wir auch den Schluß für unser Werk
bei den Teilen finden, die mit dieser Blume zusammenhängen.

T.: Eine folgerichtige Argumentation erfordert, daß wir
das, was wir, ausgehend von der Blume, begonnen haben,
auch in der Blume oder der Frucht der Blume zu Ende
führen. Ein zuverlässiger Bürge und ein ehrliches Versprechen täuschen nicht leichtfertig und werden nicht getäuscht, weil die Wahrheit und übereinstimmend mit der
Wahrheit die Treue als Bundesgenossin eine sichere Glaub-
würdigkeit garantieren. Darum gilt, was du für den Augenblick vorgetragen und auf die Zukunft verschoben hast, als
Entschuldigung für dein Zögern.

P.: Nun bleibt für den Augenblick übrig, das, was wir
verlassen haben, wieder aufzunehmen und mit dir einiges
über den Nutzen der Klausur zu besprechen. In das Paradies, nämlich in den Garten der Freuden, bist du unter der
Führung Christi gelangt, am Scheideweg, der in ein weit
ausschweifendes Leben führt, hast du den schmalen Pfad

monasticae vitae septa elegisti, sacramentis initiata dotalibus „in interiora cubiculi, ubi clauso ostio licet patrem
orare caelestem", iam intrasti et spiritalibus amplexibus
divini verbi cognitionem praelibasti. Quid ergo? Cave, ne
ultra egrediaris et de sponsa in alienam, de domina in 5
ancillam, de filia in hostem muteris. Ipsa enim corporalis
inclusio tua mutuae dilectionis sponsi et sponsae quoddam
praetendit insigne, ut quinis sensibus tuis a curis sopitis
mundialibus, quasi clausis domus tuae fenestris <acces-
sus>[43] incursibus hostis non pateat et purgatae mentis in- 10
telligentia virgo Christi, quod futura est, praecurrat. Vere
filia, quod virgines Christi voluntaria serantur inclusione,
primum spiritus sancti dictatum est institutione, ut promp-
tior intuendae veritati materia Christo vacantibus pateat et
pia Christi virginum intentio sine mundi possit impedi- 15
mento, quod recte vult in sancto proposito.

T.: Quid si inclusa vectem claustri detestatur immobilem
et mallet omnem remotius abisse custodem?

P.: Si servitus coactitia sanctam libertatem excludit ab [44]
inclusa, id est si mallet propriae voluntati dimitti quam 20
teneri, melius est, ut quod male vult, serata non possit, et
conceptum vanae mentis etiam vinculo corporali, ne pro-
deat, coerceri. Melius est enim, ut homo salvetur invitus

---

[43] Die notwendige Einfügung von *accessus* rechtfertigt sich durch den
Hinweis auf die parallele Stelle im Einleitungsbrief, oben 74,23.
[44] Vgl. zur Klausur in Frauenklöstern FRANK, *Der verschlossene Garten*;
KÜSTERS, *Der verschlossene Garten*.

monastischer Lebensführung gewählt, eingeführt durch
die geheimnisvollen Hochzeitsgaben, bist du schon eingetreten „in das Innere des Schlafgemachs, wo du bei ge-
schlossener Tür den himmlischen Vater anbeten darfst"
(Mt 6, 6), und in geistlichen Umarmungen hast du schon im
voraus die Erkenntnis des göttlichen Wortes gekostet. Was
also? Paß auf, daß du nicht wieder heraustrittst, daß du
nicht verwandelt wirst von der Braut in eine Unbekannte,
von der Herrin in eine Magd, von der Tochter in eine
Fremde. Denn es ist deine leibliche Klausur selbst, die
gewissermaßen im voraus Zeugnis gibt für die gegenseitige
Liebe von Bräutigam und Braut, so daß, wenn deine fünf
Sinne von weltlichen Sorgen eingeschläfert sind, so als
wären die Fenster deines Hauses geschlossen, die Jungfrau
Christi dem Ansturm des Feindes keine offene Seite bietet,
und aufgrund der Einsicht eines reinen Herzens schon dem
vorauseilt, was sie in Zukunft sein wird. Wirklich Tochter,
daß die Jungfrauen Christi in freiwilliger Klausur[44] eingeschlossen werden, das ist zuerst durch eine Anordnung des
heiligen Geistes festgesetzt worden, damit für die, die frei
sind für Christus, sich eine bessere Möglichkeit zur Betrachtung der Wahrheit biete und damit die fromme Absicht der Jungfrauen Christi ohne Behinderung durch die
Welt das vermöchte, was sie sich in heiligem Vorsatz zu
Recht vorgenommen hat.

T.: Was aber, wenn die Eingeschlossene den unbeweglichen Türriegel des Klosters verwünscht und sich lieber
möglichst weit von jedem Wächter entfernen möchte?

P.: Wenn erzwungener Dienst die Eingeschlossene von
der heiligen Freiheit ausschließt, das heißt, wenn sie nach
ihrem eigenen Willen lieber entlassen als festgehalten werden möchte, so ist es dennoch besser, wenn sie eingeschlossen das nicht vermag, was sie in schlechter Absicht will,
und daß das Vorhaben eines eitlen Herzens sogar durch
körperliche Fessel eingeschränkt wird, damit sie nicht Ver-
rat übt. Denn besser ist es, daß der Mensch auch gegen

quam sponte pereat. Mille milia hominum gladio periere in
bello, qui mortem evadere possent, si se ab hoste domi
inclusissent. Quantae animae egrediendo egressuque noxio
naturae suae statum excedendo perierunt. Protoplasti virgines in paradiso corruptionem meruerunt egrediendo. 5
Cain hortatur fratrem, ut egrediatur in agrum, egressus
incurrit homicidium. Profugus idem in incerto vagatur,
quia voluntati propriae dimissus et ab interiori statu effusus
damnabili cursu ferebatur. Quos arca Noe incluserat, sal-
vati sunt, extra inventi fluctibus praefocantur. Conclusit 10
enim eum desuper, quia frustra sanctus iste cum suis in-
trasset, si non eum dominus inclusisset. Sic et „suos nunc
temporis abscondit in abscondito faciei suae a conturbatio-
ne hominum". Vagabundus Esau perdit primogenita, Iacob
secreto contentus paterna benedictione stabilitur. Si Dinam 15
curiositas noxia non emisisset, gemino malo fratres non
turbasset.

T.: Quo gemino malo?

P.: Iactura floridae pudicitiae, pressura hostilis ruinae. Si
Dina quieta, si tabernaculo suo inclusa mansisset, virgini- 20
tatis damna non incurrisset nec paternum gladium super
hostem, carnis amatorem evaginasset. Quid „satan egressus

---

[45] Vgl. zur Arche HOHL, *Arche Noe;* PÖSCHL, *Antike Bildersprache* 451;
RAHNER, *Symbole der Kirche* 504–547.

seinen Willen gerettet wird, als daß er nach eigenem Willen
zugrunde geht. Tausende und Abertausende von Menschen
sind im Krieg durch das Schwert umgekommen, die dem
Tod hätten entgehen können, wenn sie sich vor dem Feind
zu Hause eingeschlossen hätten. Wie viele Seelen sind im
Hinaustreten untergegangen und dadurch, daß sie sich in
schuldhaftem Übertreten über ihren eigenen natürlichen
Zustand erhoben! Die Voreltern, noch keusch im Paradies,
haben durch Hinaustreten ihren Untergang verdient. Kain
forderte den Bruder auf, auf das Feld hinauszugehen, und
als er hinausging, rannte er in seinen Tod. Dieser aber irrte
als Flüchtling unstet umher, weil er dem eigenen Willen nach-
gab und sich, ausgestoßen von seiner inneren Anlage, in
verderblichem Lauf fortreißen ließ (vgl. Gen 4). Diejenigen,
die Noachs Arche[45] eingeschlossen hatte, wurden gerettet, die
sich draußen befanden, ertranken in den Fluten. Gott aber
schirmte Noach von oben ab, weil der Heilige mit den Seinen
umsonst die Arche betreten hätte, wenn der Herr ihn nicht
eingeschlossen hätte (vgl. Gen 7,22 f). Denn so „birgt der
Herr auch jetzt die Seinen im Schutze seines Angesichts vor
der Rotte der Menschen" (Ps 31,21: Vg.G Ps 30,21). Esau,
der draußen umherschweifte, verlor sein Erstgeburtsrecht
(vgl. Gen 25,27–34), Jakob, der zufrieden war im Verborgenen, festigte seine Stellung durch den väterlichen Segen.
Wenn schuldhafte Neugierde Dina nicht nach draußen getrieben hätte, hätte sie ihre Brüder nicht mit doppeltem
Unheil in Schwierigkeiten gebracht (vgl. Gen 34).

T.: Mit welchem doppelten Unheil?

P.: Mit dem Verlust ihrer lieblichen Keuschheit und mit
der Notwendigkeit zum Verderben des Feindes. Wenn
Dina ruhig, wenn sie eingeschlossen im eigenen Zelt geblieben wäre, dann wäre sie nicht in das Verderben, in den
Verlust ihrer Keuschheit gerannt und sie hätte nicht das
väterliche Schwert aus der Scheide schnellen und über den
Feind kommen lassen, den Buhlen des Fleisches. Was aber
bedeutet, daß „der Satan hinausging vom Angesicht des

a facie domini, nisi circuiens terram perambulat", ut tectam
malitiam ad effectum circumeundo perducat? „In circuitu
enim impii ambulant." Sic et Samson ad molam deputatus
est, postquam viribus amissis caecatus est.

T.: Videtur mihi in hoc circuitu nonnulla in paribus 5   45
verbis repugnantia. Idem enim, qui impios circuire asseruit,
se ipsum circuire non negavit: „Circuibo", inquiens, „et
immolabo in tabernaculo eius hostiam iubilationis."

P.: Sicut impius distat a iusto, bonus a malo, sic circuitus
iste sensu constat diverso. Circuit impius a statu motus 10
interiore, circuit iustus laudans deum ex consideratione
creaturae vel mirabilium eius contemplatione. Scriptum est
et de quodam male de castris egresso et ligna sabbato colli-
gente saxis obruto et exspirante. Quod nihil aliud est, ut
inquisitionem tuam praeveniam, nisi quod homo spiritali- 15
bus sociatus mente ad exteriora effunditur, dum malignis
motus concupiscentiis ligna, fenum, stipulam, id est peccata
diversa colligit, unde puniatur. Quid habes in Machabae-
orum libro, quod egressi filii impii de loco suo dicuntur
foedus cum impiis statuentes et socios divinae culturae 20
apud tyrannos accusantes?

T.: Non videtur mihi hoc excessu quicquam exsecrabilius
violenti protervia iugum legis excutere et securitate damna-
biliter licentiosa cum infidelibus iugum ducere.

Herrn" (Ijob 1,12), wenn nicht das, daß „er die Erde hin und her durchstreift hat" (Ijob 1,7), um seine verdeckte Bosheit im Umherstreifen zur Wirkung zu bringen? „Denn die Gottlosen gehen überall umher" (Ps 12,9: Vg. Ps 11,9). So wurde auch Simson zur Mühle abgeordnet, nachdem ihn seine Kräfte verlassen hatten und er geblendet war (vgl. Ri 16,21).

T.: Mir scheint, daß bei diesem Umherschweifen einiges bei gleicher Wortwahl einander widerspricht. Denn derselbe, der es den Gottlosen anlastet, daß sie umhergehen, lehnt für sich selbst das Umhergehen nicht ab, indem er sagt: „Ich werde umhergehen und in seinem Zelt ein Opfer des Jubels darbringen" (Ps 27,6: Vg.G Ps 26,6).

P.: So wie der Gottlose sich unterscheidet vom Gerechten, der Gute vom Bösen, so beruht dieses Umhergehen auf unterschiedlichem Sinn. Es geht der Gottlose umher, getrieben von seinem inneren Zustand, es geht der Gerechte umher, indem er Gott lobt, weil er die Schöpfung bedenkt und ihre Wunder betrachtet. Es steht geschrieben von einem Menschen, der zu seinem Verderben aus dem Lager herausging, am Sabbat Holz sammelte und darauf gesteinigt sein Leben aushauchte (vgl. Num 15,32–36). Dieses meint, um deiner Frage zuvorzukommen, nichts anderes, als daß ein Mensch, der eigentlich im Herzen geistlichen Dingen verbunden ist, sich an Äußerlichkeiten verschwendet, wenn er, getrieben von böser Begierde, Holz, Gras und Stroh sammelt, das heißt Sünden, wofür er bestraft wird. Was liest du denn im Buch der Makkabäer, wo berichtet wird, daß die gottlosen Söhne sich von ihrem angestammten Platz entfernten und ein Bündnis mit den Heiden schlossen (vgl. 1 Makk 6,21), wobei sie die, die mit ihnen gemeinsam Gott dienten, bei den Tyrannen anklagten?

T.: Nichts scheint mir bei diesem Auszug fluchwürdiger zu sein, als mit frecher Gewalt das Joch des Gesetzes abzuschütteln und in mutwilliger Sicherheit zusammen mit den Heiden zum Verderben im Joch zu gehen.

P.: Putasne nostris hoc posse fieri temporibus, ut sicut
olim a Iudaeis fide excidentibus „nomen dei blasphemabatur
in gentibus", sic ab his, qui „exierunt a nobis, sed non erant
ex nobis", monastico cultui detrahatur coram saecularibus?

T.: Quid ni, cum hoc primum suae defensionis argumen-   5
tum prava mens praeparet, ut, si qua sunt disciplinam
claustralem in monastica vita excedentia et magis tegenda,
denudet et aperiat saecularibus, non considerans se ipsam
propriis pingi coloribus?

P.: Verissime. Qui enim eis, a quorum societate divulsus   10
est, detrahit, maculatam intra se conscientiam ostendit et
quot bonis | iniurias irrogat, tot solus sua perversitate in se | 46
conglutinat. Quotiens egressum istum hominis miserabi-
lem prophetae defleverunt, sicut Ieremias: „Et egressus
est", inquit, „a filia Syon decor eius", et multa alia, quae   15
longum est persequi, in quibus omnibus inconstabilitae
mentis egressus poterit denotari. Attende nunc, quomodo
Christus traditus est et non egrediebatur, „Iudas autem
statim accepta buccella panis exiit" et malo malum adiecit,
quia eum, a quo vocatus est, prodidit. Quid in his noxiis   20
egressionibus perfidorum, o Christi ancilla, admonemus,
nisi ut inclusionem tuam, qua te ab aestu carnalium voluptatum, a commanentia vitae saecularis in amore sponsi
tui abscondisti, commendemus? Sed ubi, rogo, Mariam
angelus invenit? Nonne solam in cubiculo? Quae ne vide-   25

P.: Glaubst du, daß dieses auch zu unserer Zeit geschehen könnte, so wie einst von den Juden, die vom Glauben abgefallen waren, „der Name Gottes bei den Heiden gelästert wurde" (Röm 2,24), so auch von denen, „die weg gingen von uns, aber nicht von uns waren" (1 Joh 2,19), die klösterliche Frömmigkeit vor der Welt in den Schmutz gezogen werden könnte?

T.: Wie nicht, wenn ein falsches Herz dies als erstes Argument zur eigenen Verteidigung vorbringt, daß es Dinge entblößt und vor der Welt offenlegt, die in irgendeiner Weise im monastischen Leben von der klösterlichen Disziplin abweichen und besser verborgen würden; dabei bedenkt ein solches Herz nicht, daß es ein Bild von sich selbst mit eigenen Farben malt.

P.: Das ist wirklich wahr. Wer nämlich die runterreißt, von deren Gemeinschaft er sich getrennt hat, der zeigt, daß sein Gewissen innerlich befleckt ist, und er kittet in sich allein so viel an eigener Verderbtheit zusammen, wie er die Guten mit unrechten Beschuldigungen belegt. Wie oft haben die Propheten solch elenden Auszug eines Menschen beweint, so wie Jeremia sagt: „Und gewichen ist von der Tochter Zion ihr Schmuck" (Klgl 1,6), und vieles andere, was zu langwierig wäre, um es zu verfolgen, bei denen allen aber der Auszug auf mangelnde Festigkeit im Geist zurückgeführt werden könnte. Richte nun deine Aufmerksamkeit darauf, wie Christus verraten wurde und doch nicht wegging; „Judas aber ging sofort hinaus, nachdem er den Bissen Brot empfangen hatte" (vgl. Joh 13,30), und fügte so Böses zu Bösem, weil er den verraten hat, von dem er berufen worden war. Aber woran wollen wir, du Magd Christi, bei diesen schuldhaften Auszügen der Treulosen erinnern, wenn nicht daran, daß wir deine Klausur empfehlen, mit der du dich vor der Glut fleischlicher Lust, vor der Gemeinschaft weltlicher Lebensführung in der Liebe zu deinem Bräutigam verborgen hast? Denn wo, frage ich, fand der Engel Maria? Etwa nicht allein in ihrer Schlafkammer?

retur in publico, „cum festinatione cognatam adiit", clauso
divino conceptus misterio. Christus in deserto quadraginta
diebus et totidem noctibus solus et incibatus invenitur, pu-
ellam in domo suscitat, sicut pueros clauso ostio Heliseus et
Helias, in monte solus orat, surdum a turba sanandum 5
sequestrat et, ut multa praeteream, „salutationes in foro
captantes" condemnat. Res artificiosissimae magis interius
quam exterius fiunt, et cuiuslibet rei pulchritudo quo magis
tegitur, eo magis defenditur. Quid de his secretis Esaias?

T.: Loquere.   10

P.: „Vade", inquit, „populus meus, intra in cubicula tua,
claude ostia tua super te, abscondere modicum ad momentum, donec pertranseat indignatio. Ecce enim dominus
egredietur de loco sancto suo, ut visitet iniquitatem, et
revelabit terra sanguinem suum et non operiet ultra inter- 15
fectos suos." Quid est hoc nisi cum in se reversus fuerit
homo, revelat in confessione peccata, quibus animam suam
interfe|cit, et paenitentia vivificat, quod mortificavit? Quid | 47
sequitur? „In die illo visitabit dominus in gladio suo duro
et grandi et forti super Leviathan serpentem vectem tortu- 20
osum, et occidet cetum, qui in mari est." Haec comminatio
licet ad finem mundi referri possit, ubi caput cum membris, id est diabolus cum toto corpore suo punietur, potest
tamen et ad tempora nostra figuraliter referri, ubi iubemur
a domino „in cubiculis nostris ad momentum abscondi, et 25

---

[46] Nach HIERONYMUS' Jesaja-Kommentar ist *vectis* („Riegel") hier AQUI-
LAS Übersetzung für das Hebräische „barich" („flüchtige Schlange").
SYMMACHUS übersetzte *concludens* („zusammenschließend"), THEODO-
TION *robustus* („stark"). Leviatan werde *vectis* oder *concludens* genannt,
weil er viele in seinem Kerker eingeschlossen und seiner Macht unterworfen habe; vgl. HIERONYMUS, *in Is.* 8,27 (CCL 73,65): *Iste autem Leviathan
coluber fugiens, in hebraico dicitur bari, quod Aquila interpretatus est
vectem, Symmachus concludentem, Theodotio robustum. Vectem autem
sive claudentem puto appellari, quod multos suo carcere clauserit, et propriae subiecerit potestati.* Hingegen ist für den Verfasser des *Speculum
virginum* Leviatan „der Riegel, der das Tor der Sünde gegen das göttliche
Licht verschließt", wie es weiter unten (186,4f) heißt.

Damit sie nicht in der Öffentlichkeit gesehen werde, „ging sie in Eile, ihre Verwandte zu besuchen" (Lk 1,39), und das göttliche Geheimnis der Empfängnis blieb verschlossen. Christus befand sich vierzig Tage und ebensoviel Nächte allein und ohne Speise in der Wüste (vgl. Mt 4,1f), im Haus weckte er das Mädchen auf (vgl. Mt 9,18–25), so wie auch Elischa und Elija die Knaben bei verschlossener Tür erweckten (vgl. 1 Kön 17,19; 2 Kön 4,33); allein betete er auf dem Berg, den Stummen entfernte er zur Heilung von der Menge (vgl. Mk 7,32f), und er verurteilte, um vieles andere zu übergehen, „die auf dem Markt Beifall heischen" (Mt 23,7). Die kostbarsten Dinge geschehen mehr innen als außen, und die Schönheit einer jeden Sache wird um so mehr bewahrt, je mehr sie im Verborgenen gehalten wird. Was sagt Jesaja über diese verschlossenen Dinge?

T.: Sprich.

P.: „Gehe hin, mein Volk", sagt er, „in deine Kammer, und schließe die Türe hinter dir zu. Verbirg dich für einen kleinen Augenblick, bis der Zorn vergangen ist. Denn der Herr wird seinen heiligen Ort verlassen, um die Bosheit heimzusuchen. Dann wird die Erde ihr Blut aufdecken und nicht mehr länger ihre Toten verbergen" (Jes 26,20f). Was bedeutet das, wenn nicht dies, daß der Mensch, wenn er in sich geht, im Bekenntnis seine Sünden offenbart, mit denen er seine eigene Seele tötete und durch Reue wieder lebendig macht, was er getötet hat? Was folgt? „An jenem Tag wird der Herr mit seinem harten, großen und starken Schwert den Leviatan heimsuchen, die Schlange, den Riegel[46], das gewundene Ungeheuer, und er wird den Drachen töten, der im Meer ist" (Jes 27,1). Diese Androhung könnte nun allerdings auf das Ende der Welt bezogen werden, wo das Haupt mit den Gliedern, das heißt der Teufel mit seinem ganzen Leib, bestraft werden wird; sie kann aber auch in übertragenem Sinne auf unsere Zeit bezogen werden, wo uns vom Herrn befohlen wird, „uns für einen Augenblick in unserer Schlafkammer zu verbergen und,

visitante nos domino sanguinem nostrum et interfectos nostros", id est criminum suorum mentem consciam in confessione aperiri, per quae maxime Leviathan, serpens tortuosus, astutiis varius, vectis ostium peccati contra lucem divinam obserans occiditur et spinae vepresque vitiorum nostrorum succenduntur. Dic igitur: „Secretum meum mihi, secretum meum mihi", quia perceptibilis divinorum sacramentorum anima vix alienis communicat, quod purgatiori intelligentia in donis spiritalibus sibi coacervat.

T.: Licet experientia nostra verbis propheticis fidem tribuat, quicquid tamen religionis monasticae fundandae adieceris exhortatione vel doctrina, fortius erit inclusionis amandae materia.

P.: Inclusio tua, Theodora, pro vitando strepitu vel tumultu suscepta multiformis disciplinae materia est, quinque sensuum exteriorum custodia, interiorum cautela, conservandi pudoris occasio, intuendae veritatis introitus. In qua veritate iam osculum beati amoris accepisti a sponso. „Introduxit enim te in cellaria sua", ex quorum copia magis illecta proclames: „Trahe me post te, curremus in odore unguentorum tuorum." Crede filia, quod in his cellariis, in his secretis cubiculis ubera Christi suguntur, quae „super vinum et mel dulciora" noscuntur. In Christi enim pectore plenitudo totius scientiae sicut inexhausta manat effluentia, sic sugentem perfecta | sine fastidio nutrit intelligentia. Quia vero sancti amoris conscientia proprio non est contenta

wenn der Herr uns besucht, unser Blut und unsere Toten"
(Jes 26,20f) offenzulegen; das heißt, wir sollen unser Herz,
das sich der eigenen Vergehen bewußt ist, im Bekenntnis
öffnen; dadurch wird der Leviatan, die gewundene Schlange, erfindungsreich in ihren Listen, der wie ein Riegel das
Tor der Sünde gegen das göttliche Licht verschließt, am
meisten vernichtet, und die Dornen und Vipern unserer
Laster werden verbrannt. Sprich also: „Wie bin ich allein,
wie allein bin ich" (vgl. Jes 24,16), weil eine Seele, die
aufnahmebereit ist für die göttlichen Geheimnisse, kaum
mit Fremden teilt, was sie an geistlichen Gaben in gereinig-
ter Einsicht für sich zusammenträgt.

T.: Auch wenn unsere Erfahrung es uns erlaubt, den
Worten des Propheten Glauben zu schenken, wird dennoch das, was du an Ermahnung und Lehre zur Begrün-
dung der klösterlichen Bindung hinzufügen magst, für uns
Grundlage sein, die Klausur stärker zu bejahen.

P.: Deine Klausur, Theodora, ist die Grundlage für Ordnung in vielerlei Gestalt, die aufgenommen wurde, um
Lärm und Unruhe zu vermeiden; sie ist Wächterin über die
fünf Sinne nach außen, Schutz für sie nach innen, sie gibt
die Möglichkeit, die Keuschheit zu bewahren und den
Zugang zum Anblick der Wahrheit. In dieser Wahrheit hast
du schon den Kuß seliger Liebe von deinem Bräutigam
empfangen. „Denn er hat dich eingeführt in seine Gewöl-
be" (Hld 1,4), so daß du angelockt von ihrer Fülle um so
lauter ausrufst: „Ziehe mich dir nach, laß uns laufen im
Duft deiner Salben" (Hld 1,3f). Glaube mir, Tochter, daß
in diesen Gewölben, in diesen abgeschlossenen Schlafkam-
mern von den Brüsten Christi etwas gesaugt wird, was sich
„süßer als Wein und Honig" (vgl. Ps 19,11: Vg. Ps 18,11)
erweist. Denn so wie die Fülle aller Erkenntnis sich in
Christi Brust wie ein unerschöpflicher Strom überall hin
verströmt, so nährt die vollkommene Einsicht den Trin-
kenden ohne Überdruß. Weil nun aber das Bewußtsein der
heiligen Liebe mit dem eigenen Zeugnis nicht zufrieden ist,

testimonio, vim inclusi amoris requirit a dilecto. „Indica",
inquit, „mihi, ubi pascas, ubi cubes in meridie, ne vagari
incipiam per greges sodalium tuorum." Inclusam profecto
se gaudebat, quae ne vagaretur, reclamabat. Nonne, ut interim solam respiciamus litteram, et hanc sponsus ipse 5
notat inclusionem, ubi ait: „Si ignoras te, o pulchra inter
mulieres, egredere", et cetera? Nonne et ipsa sponsa „columba in foraminibus petrae, in caverna maceriae"? Nonne
et ipsa „hortus conclusus, fons signatus" sponsum hortatur,
ut „veniat in hortum suum et comedat fructum pomorum 10
suorum"? Dum igitur ipsa sponsa nunc in cellariis, nunc in
cubiculis, interdum quiescit in vineis aut in hortis, signaculum ostendit voluntariae inclusionis. Quotiens sibi lectulos
in his mansiunculis praeparat, ut corde vigilante corpore
quiescat, <t>otiens sponsus filias, ne dilectam dulci somno 15
recubantem in lectulo suo suscitent, adiurat. Nec enim pedes suos semel lotos pulvere mundanae actionis dignatur
sordidare et vel tunicam abiectam recipere; et quamvis haec
omnia similitudine quadam sint collecta et pulchriora sint
in spiritali intelligentia, iocundissimum tamen mihi videtur 20
in cellariis, hortis amoenis et vineis inter rosas et lilia requie-
scere, „fulciri floribus, malis stipari, in amore sponsi langue-
scere" et nulla re deliciarum in hac amoenitate defraudari.
Sed longe praestantius est, quod in his deliciis significatur,

erkundigt sie sich bei ihrem Geliebten nach der Kraft der eingeschlossenen Liebe. „Sage mir", spricht sie, „wo du weidest, wo du ruhst am Mittag, damit ich nicht anfange herumzulaufen bei den Herden deiner Gefährten" (Hld 1,7). In der Tat freute er sich über die Eingeschlossene, die zurückrief, damit sie nicht umherirrte. Hat nicht der Bräutigam selbst, um noch eine einzelne Textstelle zu betrachten, auf diese Klausur hingewiesen, wenn er sagt: „Wenn du das nicht weißt, du schönste unter den Frauen, dann geh hinaus" (Hld 1,8) und so weiter? Und ist nicht auch die Braut selbst „eine Taube in den Felsklüften, im Versteck der Steilwand" (Hld 2,14)? Und fordert sie nicht auch als „verschlossener Garten, als versiegelter Quell" (Hld 4,12) ihren Bräutigam auf, daß „er in seinen Garten komme und von der Frucht seiner Obstbäume koste" (Hld 5,1 Vg.)? Indem also die Braut selbst bald in den Gewölben, bald im Schlafgemach, zuweilen auch in den Weinbergen oder in den Gärten ausruht, setzt sie ein Zeichen ihrer freiwilligen Klausur. Denn wie oft sie sich in diesen Gemächern eine Lagerstatt bereitet, um mit wachem Herzen im Körper auszuruhen, so oft beschwört der Bräutigam die jungen Mädchen, daß sie nicht die Geliebte aufwecken, die sich in süßem Schlaf in ihrem Bett zurücklehnt. Ebenfalls kommt es ihr zu, ihre Füße, von denen einmal der Schmutz weltlicher Geschäftigkeit abgewaschen wurde, nicht wieder zu beschmutzen und die einmal abgelegte Tunika nicht wieder aufzunehmen. Und obwohl alle diese Dinge gewissermaßen zum Vergleich zusammengetragen wurden und im geistlichen Verständnis noch schöner sind, scheint mir dennoch am verlockendsten, in den Gewölben, den lieblichen Gärten und Weinbergen unter Rosen und Lilien auszuruhen, „sich zu stützen auf Blumen, sich zu sättigen an den Früchten, vor Liebe zum Bräutigam dahinzuschmelzen" (Hld 2,5 Vg.) und in keiner Weise bei der Lieblichkeit dieser Wonnen betrogen zu werden. Aber noch weit hervorragender ist, was mit diesen Wonnen gemeint ist, daß

ubi felix anima Christi amori conexa ferculis caelestibus in
sancta professione saginatur.

T.: Satis igitur de inclusionis utilitate stilus tuus pro-
gressus videtur, sed cum egressus et introitus in scripturis
divinis diverso modo ponantur, utpote egressus in bono, 5
introitus in malo, miror, | cur egressum adeo damnaveris, | 49
introitum vero et inclusionem approbaveris, ut nihil in
horum significatione discrevisse videaris. Scriptum est:
„Egressus Iesus secessit in partes Tyri et Sydonis", et:
„Egressus trans torrentem Cedron", et illud: „Exite, popu- 10
lus meus, de medio eorum", itemque: „Egredimini, filiae
Ierusalem, et videte regem Salomonem", et: „Egressus Iesus
in virtute spiritus in Galilaeam", et de inclusione in Iob: „Si
incluseris, non est, qui aperiat, aperit enim et nemo claudit,
claudit et nemo aperit", et multa in divinis scripturis in 15
hunc modum.

P.: Numquid excidit memoriae tuae, quotiens prophetarum oracula duas portas aquilonis et austri commemo-
rant, per quas iusti malique indifferenter intrant et exeunt?
Est igitur egressus interdum bonus bonorum et malus ma- 20
lorum, est et ingressus bonus malorum, malus bonorum.

T.: Distingue, quaeso, proposita, quae sit porta vel aquilonis vel austri, exitus et introitus boni vel mali.

P.: Cum multa de his tecum superius egerim, quid est,
unde moveris? Facile discerni potest, quod in humana con- 25

nämlich die glückliche Seele, die in Liebe Christus verbunden ist, an der himmlischen Tafel in heiligem Gelübde gesättigt wird.

T.: Mir scheint, daß deine Erörterung sich nun lange genug über den Nutzen der Klausur verbreitet hat; aber da der Auszug und der Eintritt in der heiligen Schrift auf verschiedene Weise ausgelegt werden, nämlich der Auszug zum Guten, der Eintritt zum Schlechten, wundere ich mich, warum du den Auszug so sehr verdammst, den Eintritt aber und die Klausur gepriesen hast, so daß du offenbar keinerlei Unterscheidung vorgenommen hast in dem, worauf sie verweisen. Es steht geschrieben: „Jesus ging fort und begab sich in die Gegend von Tyrus und Sidon" (Mt 15, 21), und: „Er ging hinaus über den Bach Kidron" (Joh 18, 1); und jenes Wort: „Gehet aus, mein Volk, weg aus ihrer Mitte" (Jer 51, 45), und ebenso: „Geht hinaus, ihr Töchter Jerusalems, und seht König Salomo" (Hld 3, 11); und: „Jesus ging hinaus in der Kraft des Geistes nach Galiläa" (Lk 4, 14); und über die Klausur findet sich bei Ijob: „Wenn du aber eingeschlossen bist, gibt es niemand, der öffnet; denn er öffnet und niemand verschließt, er verschließt und niemand öffnet" (Ijob 12, 14; Jes 22, 22), und noch vieles mehr dieser Art in der heiligen Schrift.

P.: Ist etwa deinem Gedächtnis entfallen, wie oft die Verheißungen der Propheten die beiden Tore nach Norden und Süden erwähnen (vgl. Ez 46, 9), durch welche Gerechte und Ungerechte unterschiedslos eintreten und hinausgehen? Und darum ist ein Auszug bisweilen gut für die Guten und schlecht für die Schlechten, es ist aber auch ein Eintritt gut für die Schlechten und schlecht für die Guten.

T.: Erkläre bitte diese Vorstellung, was das Nord- und Südtor sei, Auszug und Eintritt für den Guten oder den Schlechten.

P.: Was geht in dir vor, nachdem ich doch oben viel mit dir über diese Dinge gesprochen habe? Leicht läßt sich unterscheiden, was im menschlichen Leben ganz bekannt

versatione notissimum est. Breviter accipe. Per portam
aquilonarem intrat et exit, qui malum, quod intendit, pravis
effectibus ostendit, sed per portam australem exit et ingre-
ditur, qui quod recte vult, melius operatur. Nonne et per
has portas duae naturae in homine possunt intelligi, ratio-   5
nalitas et sensualitas, quarum altera sensibus corporis subiacet, altera quaeque per sensus corporis ostensa discernit,
licet ipsa ratio, quae discernit inter bonum et malum, non
numquam subiaceat malo consensu viliori, si non est recte
subiecta conditori? | Effectus sensualitatis sunt videre, gu- 10 |
stare, audire, tangere, olfacere, effectus rationis sunt hos
sensus corporis discernere et iudicare. Per rationem, quae
superior est et dignior, ad aeterna et invisibilia animae
appetitus est, per sensualitatem, quae inferior est, ista infi-
ma et visibilia administrantur et disponuntur. In eminentia   15
contemplationis non eget ratio sensualitate, ad inferiora
administranda semper indiget sensualitas ratione.

T.: Videtur in hoc ordine duarum naturarum portam
australem saepius ratione, portam aquilonarem volvi sen-
sualitatis cardine.   20

P.: Bene consideras. Paulus intravit per australem, Iudas
exiit per portam aquilonarem, et sic adverte de ceteris.
Verum quia de inclusione tua vel de portis geminis nonnulla
perstrinximus, visne de introitu vel exitu cuiusdam a parte
aquilonari quaedam inserere, ut in aspectu vel colloquio   25
virilis sexus verecundiae tuae noveris parcere?

ist. Höre kurz! Durch das Nordtor tritt ein und geht auch
wieder heraus, wer das Böse mit schlimmer Wirkung ausführt, das er plant; durch das Südtor hingegen tritt der
heraus und geht hinein, der noch besser ausführt, was er
richtig will. Können aber unter diesen Toren nicht auch die
beiden Naturen des Menschen verstanden werden, nämlich
Vernunft und sinnliches Empfinden? Von denen unterliegt
die eine den Sinnen des Körpers, die andere vermag alles,
was ihr durch die körperlichen Sinne gezeigt wird, zu
unterscheiden, vorausgesetzt natürlich, daß die Vernunft
selbst, die zwischen gut und böse unterscheidet, sich nicht
irgendwann in niederer Übereinkunft dem Bösen unterwirft, wenn sie sich nämlich nicht richtig ihrem Schöpfer
unterordnet. Die Wirkungskräfte des sinnlichen Empfin-
dens sind Sehen, Schmecken, Hören, Fühlen, Riechen, die
Wirkungskräfte der Vernunft sind es, diese Sinne des Körpers zu unterscheiden und zu beurteilen. Mit Hilfe der
Vernunft, die überlegen und würdiger ist, erfolgt die Hinwendung der Seele zu den ewigen und unsichtbaren Dingen, mit Hilfe der Sinne, die niedriger sind, werden diese
niederen und sichtbaren Dinge verwaltet und geordnet. In
ihrer herausragenden Stellung bei der Betrachtung bedarf
die Vernunft nicht der Sinne, die Sinne aber bedürfen zur
Verwaltung der niederen Dinge immer der Vernunft.

T.: Bei dieser Ordnung der beiden Naturen dreht sich
offenbar das Südtor mehr nach der Vernunft, das Nordtor
dagegen im Angelpunkt der Sinne.

P.: Das siehst du richtig. Paulus trat ein durch das Südtor,
Judas ging hinaus durch das Nordtor, und so wende es auch
auf die übrigen an. Weil wir nun aber in bezug auf deine
Klausur und die doppelten Tore einiges bei unserer Unterredung gestreift haben, willst du da nicht etwas über den
Ein- und Austritt einer gewissen Person auf der Nordseite
einschalten, damit du in Anschauung und Unterredung
lernst, dir deine Hochachtung vor dem männlichen Geschlecht zu sparen?

T.: Ubi ratio vivatur exemplis, nihil deesse videtur ad discendum disciplinae studiosis. Dic modo.

P.: Dicitur fuisse in quodam monasterio congregatio sanctimonialium, deum quidem timentium et regularibus disciplinis votum suum iuste exequentium. Aderant ex la- 5 tere et clerici praebendarii ministerio divino maximeque sancti altaris officio sanctimonialibus obsequentes, et vices officii sui alterna caritate exequentes. Verum „cum venissent ante deum filii dei, affuit et Satan inter eos", et novus Iudas et antichristi ramusculus apparuit inter Christi disci- 10 pulos. Unus enim clericorum aetate iuvenis mentis caecitate confusus, verecundiae vel honestatis maximeque sui ordinis oblitus visum profanum iniecit in suffraganeam matris eiusdem monasterii, cuius disciplina claustrum secundo loco regebatur, modis omnibus aditum explorans 15 explendae concupiscentiae, remoto penitus divino timore. Explorat callidus simulator tempus et locum, ad extremum | quamcunque occasionem virginem sacram vel viden- | 51 di vel colloquium cum ea conserendi aut certe, si daretur locus, conceptum mentis aperiendi, illa nihil minus suspi- 20 cante, quippe cuius spiritus unus erat in Christo et mallet periclitari vita quam pudicitia. Quid multa? Tandem proterva dementis insania infra laudes matutinales, nescio qua parte vel arte, pausatorium Christi virginum gressu furibundo perrupit, lectulum praedictae et male dilectae vir- 25 ginis nullo teste conscendit seque in eo conceptae pestis, si fieri posset, effectum praesto laturus collocavit. Sed ausum

T.: Wo die Einsicht durch Beispiele belebt wird, scheint nichts zum Lernen überflüssig zu sein für die, die sich um Bildung bemühen. Sprich nur!

P.: Es wird berichtet, daß es in irgendeinem Kloster eine Schar von geweihten Jungfrauen gab, die in der Tat Gott fürchteten und nach den Vorschriften der Regel ihr Gelübde ordnungsgemäß erfüllten. Für den Gottesdienst standen ihnen auch männliche Geistliche mit einer Pfründe zur Seite, die vor allem den heiligen Altardienst für die Klosterfrauen wahrnahmen und die Vertretung ihres Amtes in gegenseitiger Liebe erfüllten. Aber „als die Gottessöhne vor den Herrn traten, war unter ihnen auch der Satan" (Ijob 1, 6), und ein neuer Judas und Abkömmling des Antichrist erschien unter den Jüngern Christi. Einer von den Klerikern nämlich, ein Jüngling seinem Alter nach, verwirrt in der Blindheit seines Herzens, vergaß Ehrfurcht und Würde und vor allem seinen Stand und warf ein weltliches Auge auf die Vertreterin der Mutter eben dieses Klosters, die an zweiter Stelle für die Ordnung im Kloster verantwortlich war; auf jede Weise forschte er eine Möglichkeit aus, seine Begierde zu befriedigen, wobei er die Scheu vor Gott völlig in sich zurückdrängte. Schlau erkundete der Heuchler Zeit und Ort, um jede äußerste Gelegenheit wahrzunehmen, um die heilige Jungfrau zu sehen oder mit ihr ein Gespräch zu führen oder ihr doch wenigstens, wenn sich die Gelegenheit böte, die Absicht seines Herzens zu offenbaren; dabei argwöhnte jene überhaupt nichts, da ihr Geist ja mit Christus eins war und sie lieber an ihrem Leben hätte Gefahr leiden wollen als an ihrer Keuschheit. Was weiter? Schließlich brach der Wahnsinnige während der morgendlichen Matutin in dreister Kühnheit mit rasendem Schritt in den Schlafraum der Jungfrauen Christi ein — ich weiß nicht an welcher Stelle und mit welcher List —, bestieg ohne Zeugen das Bett besagter Jungfrau, die er auf so schlimme Weise liebte, und richtete sich in diesem ein, um hier, wenn möglich, die beabsichtigte Untat zur Ausführung zu bringen. Aber die

temerarium mox ultio divina repressit. Nam „traditus Sa-
tanae in interitum carnis", ab ipso angelo foedi amoris
persuasore praefocatus exspiravit. Finitis igitur matutinali-
bus sollemniis virgines Christi dormitorium ascendunt,
lassa corpora somno reficiunt. Remansit virgo praedicta, 5
utpote matri secunda et disciplinae studiis circumspecta,
quae perlustratis angulis omnibus solito more cum lucerna
redit ad lectum suum cum ceteris consororibus suis modicum pausatura. Videns autem et agnoscens clericum intre-
muit, videns mortuum ingemuit, morticinum eius inhorruit 10
et, ne strepitu gravi conceptam parvo intervallo virginum
quietem turbaret, scelus insolitum, quod viderat, loco ce-
dens interim dissimulavit. Mane facto sanctimonialium turba ipsa vocante concurrit, mirantur in clerico temeritatis
audaciam, laudant summi iudicis zelantem vindictam, de- 15
fensatam gratanter virginis pudicitiam. Hinc sine mora a
sancto contubernio cadaver ignobile proicit et de cetero
omnem masculini sexus in suum secretarium aditum prae-
struxit. Traditur inde sepulturae hostis pudicitiae, sed iuxta
meritum errantis, non secundum officium gradus sacerdo- 20
talis. Factus igitur exemplum artioris custodiae virginibus
sacris, immo cunctis ecclesiasticis ordinibus, omni gratia,
et humana privatur indignus. Miser et miserabilis, quem
terrere non potuit vel propriae mensurae consideratio vel
metuendi iudicis circumspectio. 25

göttliche Strafe hat schnell über die unerhörte Kühnheit
gerichtet. Denn er wurde „dem Satan überantwortet zum
Verderben des Fleischs" (1 Kor 5, 5) und hauchte sein Leben
aus, erwürgt von eben dem Geistwesen, das ihn zu der
schändlichen Liebe überredet hatte. Nachdem nun die fei-
erlichen Gesänge der Matutin beendet waren, stiegen die
Jungfrauen Christi wieder zum Schlafraum hinauf und er-
quickten die müden Glieder im Schlaf. Besagte Jungfrau
blieb zurück, da sie ja die zweite nach der Mutter war und
umsichtig im eifrigen Bemühen um die Einhaltung der Ordnung. Erst nachdem sie in gewohnter Weise alle Ecken mit
einer Laterne ausgeleuchtet hatte, kehrte sie zu ihrem Bett
zurück, um gemeinsam mit den anderen Mitschwestern
noch ein wenig zu ruhen. Als sie aber den Kleriker sah und
erkannte, fing sie an zu zittern; als sie sah, daß er tot war,
stöhnte sie und entsetzte sich über seinen Leichnam, verbarg aber das unerhörte Verbrechen, das sie gesehen hatte,
um nicht die eben wieder aufgenommene Ruhe der Jungfrauen zu stören, und ging inzwischen von dem Ort weg.
Als es Morgen geworden war, lief die Schar der geweihten
Jungfrauen, von ihr selbst gerufen, zusammen, staunte über
die kühne Dreistigkeit des Klerikers und pries die eifernde
Rache des höchsten Richters und die Keuschheit der Jungfrau, die so gnadenvoll bewahrt worden war. Darauf warfen
sie ohne Zögern den schändlichen Kadaver aus dem heiligen
Gemeinschaftsraum hinaus und ließen überdies jeden Zugang zu ihrem abgeschlossenen Bereich für das männliche
Geschlecht vermauern. Danach wurde der Feind der Keuschheit der Bestattung übergeben, aber nicht entsprechend der
Würde seines priesterlichen Standes, sondern nach dem
Lohn eines Verirrten. So ist der Unwürdige, der aller Gnade,
auch der menschlichen, beraubt war, zum Exempel für eine
strengere Bewachung der heiligen Jungfrauen, ja aller kirchlichen Stände geworden. Elend und bemeitleidenswert ist
der, den weder das Gefühl für das eigene Maß noch der
Gedanke an den furchtbaren Richter zu schrecken vermag.

T.: Frequens virorum accessus ad feminas, etiam prae- 52
mortuas, ad flammam commovet favillas.

P.: De his aperta patrum sententia est, feminas habitantes
iuxta viros germinare spinas et archana mentium acuto
mucrone percutere. Sed mirum est, quod monachos vel 5
clericos virginale delectat alloquium vel alicuius secreti
negotium intemperans. Christum amare quid tutius, timere
quid sapientius, quid suavius in ipso delectari, eius recordari, colere et venerari? Hic miscere colloquia non est suspi-
cionis vel offensionis, sed gratiae et sanitatis.   10

T.: Nosse velim, si spes ulla salutis miserum relevare
valuerit, qui conceptum malae voluntatis ad effectum operis non perduxit.

P.: Quis inscrutabilem penetrare sufficiat divinorum iudiciorum abyssum? Quis scit, cum deus non iudicet bis in 15
id ipsum, si mortis sententia repentina purgatio esset concepti peccati ex culpa, hoc est ut mors sordentis animi
morte corporis solveretur, ne mortis exitio perpetuo mor-
tuus puniretur? Indubitanter accipe, quod dum adipiscitur
mens perversa, quod male concupivit, morti esse proximum 20
concepti mali effectum ac per hoc, ubi poena praesens
culpae perpetrandae scelus praecurrit, testimonium esse
divinae misericordiae, non initium damnationis aeternae.
Nec de omnibus hoc, puto, credendum, sed tantum de vasis
misericordiae, quorum vita temporalis sic disponitur, ut 25

T.: Häufiger Besuch von Männern bei Frauen, auch bei frühzeitig Gestorbenen, facht die Glut zu lodernder Flamme an.

P.: Über diese Angelegenheit ist die Meinung der Väter offenkundig, daß nämlich Frauen, die neben Männern wohnen, Dornen pflanzen und die geheimen Winkel der Herzen mit scharfem Dolch durchbohren. Aber es ist erstaunlich, daß die Unterhaltung mit einer Jungfrau oder eine ungebührliche Verhandlung über eine geheime Angelegenheit Mönche wie Kleriker erfreut. Was ist sicherer, als Christus zu lieben, was weiser, als ihn zu fürchten, was süßer, als sich an ihm zu ergötzen, sich seiner zu erinnern, ihm zu dienen, ihn zu verehren? Hier Gespräche zu führen unterliegt keinem Verdacht oder Anstoß, sondern birgt Gnade und Heil.

T.: Ich hätte gerne gewußt, ob irgendeine Hoffnung auf Rettung besteht, den Elenden wieder aufzurichten, der ja die Absicht seines bösen Willens nicht bis zur Vollendung der Tat durchgeführt hat.

P.: Wer wäre in der Lage, den unerforschlichen Abgrund der göttlichen Urteile zu durchdringen? Wer weiß, da Gott nicht zweimal über ein und dieselbe Sache urteilt, ob nicht der Richtspruch des plötzlichen Todes die Reinigung von der Schuld der geplanten Sünde bedeutete, das heißt, daß durch den Tod des Körpers der Tod der schmutzigen Seele gesühnt wurde, damit der Gestorbene nicht mit dem Ausgang ewigen Todes bestraft wurde? Aber dies nimm ohne Zweifel als gesichert an: Wenn ein böser Geist erreicht, was er an Schlechtem beabsichtigt, daß dann auch die Ausführung des bösen Plans dem Tod ganz nahe ist; darum stellt es einen Beweis für göttliches Erbarmen, nicht Anfang ewiger Verdammnis dar, wenn sofortige Strafe dem schuldhaften Wollen bei der Ausführung des Verbrechens zuvorkommt. Aber ich bin der Ansicht, daß man nicht bei allen darauf vertrauen darf, sondern nur bei denen, die Werkzeuge göttlichen Erbarmens sind, deren zeitliches Leben so eingerich-

non in contumeliam aeterni interitus, sed in honorem con-
serventur aeternum. Quod animadvertere in promptu est.
Praedicta enim sanctimonialis miserata hominem pro sui
forma perisse, non culpa, mira compassione defunctum
prosequitur, pro absolutione eius cum ceteris virginibus in 5
paenitentia torquetur adeo, ut per anni circulum flexis ge-
nibus et his nudis deo sacrificium dominicae orationis singulis diebus offerret, ut quoquomodo frameam divinae
ultionis in clericum strictam mitigaret. Nec | id frustra. | 53
Nam completo cursu annuali defunctus cuidam non parvi 10
meriti feminae per visum apparuit et se communionem
recepisse gaudens intimavit. Dicebat enim singulis diebus,
sed certis horis quandam per se transisse personam et pro
sui remedio deo auream obtulisse elemosinam, unde de die
in diem tormentum eius decresceret, donec „mutatio dex- 15
terae excelsi" plenarie iniectum cruciatibus penitus absol-
veret.

T.: O miranda divini consilii super filios Adam providentia, quae sic iudiciorum suorum in hac vita moderatur
archanum et temperat, ut ecclesia semper surgens et corru- 20
ens in filiis suis cum iudice patrem agnoscat, ut homini
semper assit misericordia cum poena, quia vix nullatenus
transit haec homo temporalia sine culpa.

P.: Tollenda est, filia, omnis ruinae occasio ab infirma
conscientia. Nulla iniquo detur occasio blasphemandi, 25

tet ist, daß es nicht zur Schande ewigen Untergangs, sondern zu ewiger Ehre bewahrt wird. Das kann man auch in diesem Fall sehen. Denn besagte Nonne machte sich Vorwürfe, daß dieser Mensch um ihrer Schönheit willen, nicht aus Schuld ins Verderben geraten sei, und sie nahm mit bewundernswertem Mitleid an dem Abgeschiedenen Anteil; zusammen mit den anderen Jungfrauen bemühte sie sich voller Reue so sehr um seine Freisprechung, daß sie während eines ganzen Jahres an jedem einzelnen Tag mit gebeugten und sogar bloßen Knien Gott das Opfer des Herrengebets darbrachte, damit sie auf irgendeine Weise die Geißel göttlicher Vergeltung, die gegen den Kleriker erhoben war, abmildere. Und dies nicht umsonst! Denn nach Ablauf eines Jahres zeigte sich der Abgeschiedene in einer Vision einer sehr verdienten Frau und vertraute ihr voller Freude an, er habe die Kommunion empfangen. Er berichtete nämlich, daß jeweils an den einzelnen Tagen, aber zu bestimmten Stunden eine Person an ihm vorbeigegangen sei und Gott für seine Errettung ein goldenes Almosen dargebracht habe; darauf nahmen seine Qualen von Tag zu Tag ab, bis schließlich „der Wechsel in der Hand des Höchsten" (Ps 77,11: Vg. Ps 76,11) ihn, der innerlich von Martern heimgesucht war, vollständig freigesprochen habe.

T.: O wunderbare Vorsehung des göttlichen Ratschlusses über die Söhne Adams! Sie mäßigt so das Geheimnis seiner Urteile in diesem Leben und mildert es ab, damit die Kirche, die sich immer in ihren Söhnen erhebt und niederstürzt, in dem Richter zugleich den Vater erkennt, so daß dem Menschen immer zusammen mit der Strafe das Erbarmen zur Seite steht, weil der Mensch ja kaum oder überhaupt nicht diese Zeitlichkeit ohne Schuld durchlaufen kann!

P.: Es muß aber, Tochter, jede Gelegenheit zum Sturz von einem schwachen Gemüt ferngehalten werden. Dem Böswilligen soll keine Möglichkeit zu übler Nachrede gegeben

nulli detur locus de te malum suspicandi. Nihil, quod oculos offendat, aegra conscientia fratris in te inveniat. Attende
Susannam. Si femina sancta in domo sua obsequente familia
lavisset, calumniandi locum adversariis non dedisset nec
tantis terroribus exagitata vitae discrimen sub accusantium 5
gladiis incurrisset. Sed salva sanctae feminae pura conscientia liceat haec adicere. Nunquid decuit inclitam filiam Israel
fomenta balnearum locis deliciosis quaerere, pomeria enim
deliciarum sunt loca, nudam sub aere nudo videri, puellas
emittere, solam inveniri, unguenta sub iugo captivitatis 10
quaerere? Quanti viri religiosi haec abhorrerent, nedum
matrona nobilis et pudica. Quamvis enim apostolus dicat
de virgine, quomodo quaerat Christo placere, de nupta
vero quomodo marito, non tamen ita placendum maritis
est, ut de hoc infirmiori scandalum oriatur et occasio de- 15
viandi tribuatur. Quid ergo? Arguimus sanctam feminam
alicuius lasciviae vel excessus? Absit. Hoc nobis in quae-
stione versatur, quod apostolus | ait: „Providentes bona non | 54
solum coram deo, sed etiam coram omnibus hominibus."

T.: Indubitanter affirmo, quod si sancta femina in pome- 20
rio non apparuisset, in profanis presbiteris concupiscentia
non explenda nec quidem ostendenda latuisset.

P.: Ut igitur manifesta fierent, quae erant in corde seni-
orum, iusta dei permissione ipsa, quam male concupierant,

werden, keinem sei Gelegenheit geboten, von dir Schlechtes zu vermuten. Nichts, was das Auge beleidigen könnte, soll das kranke Gemüt eines Bruders an dir finden. Denke an Susanna (vgl. Dan 13, 1–64)! Wenn die heilige Frau in ihrem Haus unter der Obhut ihrer Familie gebadet hätte, dann hätte sie ihren Feinden keine Gelegenheit zur Verleumdung gegeben; dann wäre sie nicht, von so großen Schrecken umgetrieben, unter dem Schwert ihrer Ankläger in Lebensgefahr geraten. Darum sei es erlaubt, der heiligen Frau, auch unbeschadet ihres reinen Gewissens, folgendes anzulasten: Ziemte es sich etwa für die berühmte Tochter Israels, warme Bäder an lieblichen Orten aufzusuchen — denn Obstgärten sind Orte der Lieblichkeit —, nackt unter freiem Himmel sich sehen zu lassen, die Mägde wegzuschicken, sich allein zu finden, und — sogar unter dem Joch der Gefangenschaft — nach Salben zu fragen? Wie viele fromme Männer würden davor zurückschrecken, geschweige denn eine vornehme und züchtige Frau! Denn wenn auch der Apostel von der Jungfrau sagt, sie soll suchen, wie sie Christus gefalle, von der verheirateten Frau aber, wie sie ihrem Mann gefalle (vgl. 1 Kor 7, 34), muß man dennoch den Männern nicht so gefallen, daß dadurch ein Ärgernis für den Schwachen entsteht und Gelegenheit geboten wird, vom Wege abzuweichen. Was also? Sollen wir die heilige Frau irgendeines Übermuts oder einer Ausschweifung anklagen? Das sei fern von uns! Für uns ist dies als Thema zu erörtern, was der Apostel sagt: „Bemüht euch um Gutes, nicht nur vor Gott, sondern auch vor allen Menschen" (Röm 12, 17).

T.: Ohne Zögern stimme ich dem zu: Wenn sich die heilige Frau nicht im Obstgarten gezeigt hätte, dann wäre die Begierde der weltlichen Alten verborgen geblieben, da sie sich weder erfüllen, ja nicht einmal hätte zeigen lassen.

P.: Damit also offenbar würde, was im Herzen der Alten vorging, wurde mit Gottes Erlaubnis sogar eine Gerechte, die sie in böser Absicht begehrt hatten, für sie zum

ad eorum praeparatur aspectum, ut iniquitas latens detege-
retur, innocentia feminae probaretur et deinceps cautior ex
correptione redderetur, fideles exinde susciperent in secre-
tariis suis disciplinam et in omnibus iudiciis suis deo darent
semper laudem et gloriam.   5

T.: Patet omnino, quia circumspectam oportet esse vir-
ginitatem, ut totum bonum eius sit amor dei et cautela
eiusdem boni in aspectu proximi.

P.: De virginitatis gloria vel eius praemio loqui coepi-
mus, qua quia virtus praestantior non est in certantium 10
pugna nec praemium maius est in remunerationis victoria;
nec tamen unquam poterit virgo adipisci tantam gloriam
post victoriam quantam ignominiam, si ceciderit, post rui-
nam. Denique virginitatis gratia, immo omnium virginum
gloria processit tempore gratiae primo de matre virgine 15
Maria, — nam et Heliam et Heliseum pluresque filios
prophetarum legimus fuisse virgines —, quae mundans se
„ab omni inquinamento carnis et spiritus et proficiens sanctificationem" genuit ex se sanctum sanctorum, immo ipsam
sanctitatem, ipsam veritatem, quia „veritas de terra orta 20
est", filiis et filiabus suis inviolabilem relinquens castitatis
hereditatem. Mater enim universalis ecclesiae Maria spiritualiter, sic mater Christi corporaliter. Eo enim spiritu,
quo Christi mater impraegnata verbum dei concepit et
peperit, eodem spiritu mater ecclesia praeventa Christum 25
semper concipit et parturit. „Filioli mei", Paulus ait, „quos
iterum parturio, donec Christus | formetur in vobis." Si | 55

Anblick bereitgestellt, damit das verborgene Unrecht auf-
gedeckt werde, die Unschuld der Frau sich bewähre und
sodann gefestigter aus dem Vorwurf hervorgehe, und damit
schließlich die Gläubigen auch an einsamen Orten Zucht
und Ordnung wieder aufnähmen und bei allen ihren Ur-
teilssprüchen immer Gott Lob und Ehre gäben.

T.: Es ist vollkommen klar, daß die Keuschheit von allen
Seiten beschützt werden muß, damit ihr ganzes Gut die
Liebe zu Gott sei und die Bewahrung eben dieses Gutes im
Anblick des Nächsten.

P.: Wir haben begonnen, über die Herrlichkeit der
Keuschheit und ihren Lohn zu sprechen, weil im Kampf
der Wetteifernden keine Tugend hervorragender ist als diese und keine Belohnung größer in Vergeltung für den Sieg;
aber andererseits wird eine Jungfrau niemals so große Herrlichkeit nach dem Sieg erlangen können, wie sie Schande
nach dem Sturz empfängt, wenn sie gefallen ist. Schließlich
geht das Gnadengeschenk der Keuschheit, ja überhaupt die
Herrlichkeit aller Jungfrauen zur Zeit der Gnade zuerst
von Maria, der jungfräulichen Mutter aus; denn auch wenn
wir lesen, daß Elija und Elischa und viele Söhne der Propheten keusch gewesen sind, so war sie es, die den Heiligen
der Heiligen aus sich gebar, indem sie sich reinigte „von
aller Unreinheit des Leibes und des Geistes und nach vollkommener Heiligung strebte" (2 Kor 7, 1), ja sie gebar die
Heiligkeit selbst, die Wahrheit selbst, weil „Wahrheit aus
der Erde wächst" (Ps 85, 12: Vg. Ps 84, 12), und hinterließ
so ihren Söhnen und Töchtern das Erbe unverletzlicher
Keuschheit. Denn Maria ist, geistlich verstanden, die Mutter der gesamten Kirche, so wie sie leiblich die Mutter
Christi ist. Denn aus demselben Geist, aus dem sie als
Mutter Christi gesegneten Leibes das Wort Gottes empfing
und gebar, aus demselben Geist empfängt und gebiert sie
im Vorbild als Mutter Kirche immer Christus. „Meine
lieben Kinder", sagt Paulus, „die ich wieder und wieder
gebäre, bis Christus in euch Gestalt annimmt" (Gal 4, 19).

igitur per doctorum instituta Christus in ecclesia formatur,
Christus igitur cottidie in ecclesia nascitur. Mirum commercium. Maria sponsa, mater et filia Christi, eadem mater
et filia ecclesiae Christi.

T.: Et hoc apertius insinua.   5

P.: Mater quidem ecclesiae Maria, quia fratrem genuit
ecclesiae, qui dixit: „Ite, nuntiate fratribus meis“, et David:
„Frater non redimet, redimet homo“, ipsa et ecclesiae filia,
quia per matrem ecclesiam est regenerata. Quamvis enim
Maria mater Christi, indiguit tamen gratia Christi, „omnes 10
enim peccaverunt et egent gloria dei“, ac per hoc cum matre
ecclesia indiguit regeneratione communi ex filii regeneran-
tis gratia, quia magis profuit ei Christo et ecclesiae incor-
porari in spiritu sancto per fidem quam Christum habere
filium per carnis propinquitatem. „Beatior Maria“, ait Au- 15
gustinus, „percipiendo fidem Christi quam concipiendo
carnem Christi.“ Proinde gentiles, qui in Christum credi-
derunt, Christo propinquiores erant quam cognati, qui
Christum deum esse scire noluerunt. In his fides cognationi
praevaluit, in illis coniunctio sanguinis nec amoris quidem 20
iura cognovit. Itaque virgo est in omnibus membris suis
mater catholica, sed corporali integritate non tota, parturit
tamen virgines sicut fidei perfectione laudandas, sic etiam
virginitatis gloria gratiosas.

---

[47] AUGUSTINUS, *virg.* 3 (CSEL 41,237).

Wenn darum durch die Lehren der Kirchenväter Christus in der Kirche Gestalt annimmt, so wird Christus täglich in der Kirche geboren. Eine wunderbare Übereinkunft! Maria ist Braut, Mutter und Tochter Christi, und dieselbe ist auch Mutter und Tochter der Kirche Christi.

T.: Dieses erkläre noch deutlicher.

P.: Maria ist darum Mutter der Kirche, weil sie den Bruder der Kirche geboren hat, der sprach: „Geht, verkündet meinen Brüdern" (Mt 28,10), und David: „Der Bruder kauft nicht los, der Mensch kauft los" (Vg.G Ps 48,8), sie ist aber auch selbst Tochter der Kirche, weil sie durch die Kirche als Mutter wiedergeboren wird. Denn obwohl Maria die Mutter Christi ist, bedarf sie dennoch der Gnade Christi, „denn sie haben alle gesündigt und bedürfen der Herrlichkeit Gottes" (Röm 3,23); aus diesem Grund bedarf auch sie zusammen mit der Mutter Kirche der allgemeinen Wiedergeburt aus der Gnade des wiedergebärenden Sohnes, weil es für sie von größerem Nutzen ist, Christus und der Kirche im heiligen Geist durch den Glauben einverleibt zu sein, als Christus zum Sohn zu haben aufgrund der Verwandtschaft des Fleisches. „Seliger ist Maria", sagt Augustinus, „weil sie den Glauben Christi aufnahm, als weil sie das Fleisch Christi empfing."[47] Darum waren die Heiden, die an Christus geglaubt haben, Christus näher als seine Verwandten, die nicht wissen wollten, daß Christus Gott sei. Bei diesen hatte der Glaube Vorrang vor der verwandtschaftlichen Bindung, bei jenen erkannte die Blutsverwandtschaft nicht einmal die Rechte der Liebe an. Deshalb ist die katholische Mutter[48] in allen ihren Gliedern keusch, und auch wenn sie nicht in ihrer Gesamtheit von körperlicher Unversehrtheit ist, gebiert sie dennoch Jungfrauen, die wegen der Vollkommenheit ihres Glaubens ebenso gepriesen werden müssen, wie sie begünstigt sind in der Herrlichkeit ihrer Keuschheit.

---

[48] Gemeint ist die Kirche in ihrer Gesamtheit.

T.: Merito virginum matrona cunctis praefertur vel exemplo vel praemii corona, quia nulla sic agnum sequi valebit quomodo illa, quae agnum genuit et virgo permansit.

P.: Sed numquid de fonte illo superius praemisso putas eam bibisse: „Discite a me, quia mitis sum et humilis cor- 5
de", quam constat filio dei, ut ex ea nasceretur, sic placuisse?

T.: Quomodo biberat, quae nondum, quem ventre gestabat, viderat nec audierat?

P.: Cur igitur se placuisse de humilitate dixerat, si nihil 10
de virtute humilitatis audierat?

T.: Ridiculosum ex me Getam repraesentas, qui spiritus sancti potentiam me penitus ignorare quasi ludens existimas. Quasi vero de fonte prophetico hausisse non posset —
„super quem requiescit spiritus meus nisi super humilem et 15
quietum et trementem verba mea?" — aut spiritus sanctus invisibilis doctor non posset esse virginis, qui eius ex utero matris custos erat virginitatis? Nonne te docente cognovi geminam sacramentorum rationem, visibilem et invisibilem, alteram quae solo spiritu sancto ministrante perficitur, 20
alteram quae humanis officiis, sed non sine spiritu sancto peragitur? Ieremias et Iohannes baptista, Moyses quoque, patriarchae multique sanctorum „in utero matris consecrati sunt" et sine ministerio benedictionis sacramentorum effectum meruerunt, quanto magis unctionem spiritus sancti 25
specialiter meruit, quae omnium auctorem sacramentorum ex se genuit?

---

[49] *Geta* ist eine Spottfigur aus der elegischen Komödie *Ridiculosus Geta*
des VITALIS VON BLOIS, die ihr Vorbild schon in der Antike hat; vgl. dazu
Einleitung, oben 14f mit Anm. 24–27.

T.: Mit Recht wird die Mutter der Jungfrauen allen anderen vorgezogen, sowohl was das Beispiel anbelangt als auch in der Krone des Verdienstes, weil keine fähig sein wird, so dem Lamm zu folgen wie jene, die das Lamm geboren hat und Jungfrau geblieben ist.

P.: Aber glaubst du wirklich, daß diese von jener Quelle getrunken hat, die weiter oben vorgestellt wurde, die sagt: „Lernt von mir, denn ich bin freundlich und von Herzen demütig" (Mt 11, 29), sie, von der feststeht, daß sie dem Gottessohn so gefallen hat, daß er aus ihr geboren wurde?

T.: Wie sollte sie getrunken haben, die den noch nicht gesehen oder gehört hatte, den sie in ihrem Leib trug?

P.: Warum hatte er gesagt, daß er an ihrer Demut Gefallen gefunden habe, wenn sie noch nichts von der Tugend der Demut gehört hatte?

T.: Du machst aus mir den lächerlichen Geta[49], wenn du gleichsam im Spott meinst, ich würde die Macht des heiligen Geistes überhaupt nicht kennen. Als ob sie nicht aus der Quelle hätte schöpfen können, die verheißt: „Auf wem ruht denn mein Geist, wenn nicht auf dem Demütigen und dem Stillen und dem, der vor meinen Worten zittert" (vgl. Jes 11, 2; 66, 2), oder als könnte der heilige Geist nicht der unsichtbare Lehrer der Jungfrau sein, der vom Mutterleib an der Hüter ihrer Keuschheit war. Habe ich nicht von dir gelernt, daß der Sinn der Sakramente ein doppelter ist, ein sichtbarer und ein unsichtbarer, der eine, der sich nur mit Hilfe des heiligen Geistes vollendet, der andere, der sich im menschlichen Dienst vollzieht, allerdings auch nicht ohne den heiligen Geist? Jeremia und Johannes der Täufer, auch Mose, die Patriarchen und viele Heilige „wurden schon im Mutterleib geweiht" (vgl. Sir 49, 7; Jer 1, 5; Lk 1, 42) und haben sich ohne Hilfe der Segnung um die Wirkung der Sakramente verdient gemacht; um wieviel mehr war dann sie ganz besonders würdig für die Salbung durch den heiligen Geist, die aus sich den Schöpfer aller Sakramente geboren hat!

P.: Non sine ratione Theodoram te dixerim, quae verbi
dei tam studiosa videris, ut, quod futura es, mente praecur-
ras et totum visum in eum convertas. Nihil igitur prudentia
virginum in hac vita felicius, quarum puritas dum verbo dei
iuvatur; sicut cristallus solis radio, sic mens divinitus illu- 5
stratur. Sola humilitas in virgine totum conservat, quod
desuper datur in munere. Ne igitur glorieris, filia, quia
nomen habes virginis, sed in hoc valde gaude, quod te illi
obtulisti, qui virgo praemium est virginitatis. Non enim te
virginem esse laudabile est, sed quia votum vovisti puritatis 10
et carnis et spiritus illi, qui et virginis est filius et virginum
sponsus est. Alioquin infinito virginum numero vix tempus
expectanti | nuptiale quiddam sanctitatis insigne posset | 57
asscribi, si solo nomine virginis ad praemium deberet a
nuptis distingui. Quantae virgines laudabilis apud suos 15
continentiae vixerunt, quae ante nuptias morte praeventae
parum praemii consecutae sunt, quia maritis futuris iam
mente nupserunt.

T.: Ut video sola virginitas illa laudanda, sola remune-
randa, quam sponso caelesti commendat in voto stabili sine 20
fictione vita pudica.

P.: Hoc vere dixisti ‚sine fictione‘. Fictus enim amor
verum excludit amorem. Deo subtrahis, quod in amore
alieno fundaveris.

P.: Ich möchte dich nicht ohne Grund Theodora nennen, die du dich anscheinend so eifrig um das Wort Gottes bemühst, daß du im Geist schon dem vorauseilst, was du in Zukunft sein wirst, und deinen Blick ganz auf ihn richtest. Nichts ist in diesem Leben seliger als die Klugheit der Jungfrauen, solange deren Reinheit vom Wort Gottes unterstützt wird; so wie Kristall vom Strahl der Sonne erleuchtet wird, so der Geist von Gott. Aber es ist die Demut allein, die all das bei der Jungfrau bewahrt, was ihr von oben zum Geschenk gegeben wird. Darum rühme dich nicht, Tochter, weil du den Namen einer Jungfrau trägst, sondern freue dich darüber, daß du dich jenem geweiht hast, der als Keuscher die Belohnung der Keuschheit ist. Es ist nämlich nicht das lobenswert, daß du Jungfrau bist, sondern daß du das Gelübde der Reinheit in Fleisch und Geist jenem versprochen hast, der sowohl der Sohn einer Jungfrau ist wie Bräutigam der Jungfrauen. Denn sonst könnte man einer unbegrenzten Zahl von Jungfrauen, die kaum den Zeitpunkt der Hochzeit erwarten kann, gewissermaßen das Abzeichen der Heiligkeit zuerkennen, wenn sie für eine solche Belohnung allein dem Namen nach als Jungfrau von den Verheirateten unterschieden werden sollte. Wie viele Jungfrauen haben in lobenswerter Enthaltsamkeit bei den Ihrigen gelebt, die vor ihrer Heirat, die durch den Tod verhindert wurde, zu wenig Belohnung erlangt haben, weil sie sich im Geist schon mit ihren zukünftigen Männern vermählt hatten.

T.: Wie ich sehe, ist allein jene Jungfräulichkeit zu loben, jene allein der Belohnung wert, die ein keusches Leben dem himmlischen Bräutigam in festem Versprechen ohne Heuchelei anvertraut.

P.: Da hast du die Wahrheit gesprochen, ,ohne Heuchelei'! Denn geheuchelte Liebe schließt die wahre Liebe aus. Du nimmst Gott weg, was du in fremder Liebe angelegt hast.

T.: Quis dubitaverit, quod in utroque sexu in multis
nostro tempore professio Christiana vacillat, dum homo
non attendit, quod est, ad quod factus est, et dum indifferenter personae nondum in dei timore satis exercitatae
colloquiis, munusculis, aspectibus sociantur, malum cordis, 5
quod latebat, aperitur?

P.: Stipulae flammam si adhibueris, quid restat, nisi ut
aridae materiae praevaleat ignis? Tui proinde sit cautela,
quod displicet in vita aliena. Devita crebra colloquia cum
omni tuo proposito dissimili persona, immo a notis etiam 10
tempera, quia persaepe usurpatus amor familiaritatis locum
licentiosae securitatis conducit rebus illicitis. Porro peccati
desiderium morti proximum est. Nonne legisti: „Lapides
excavant aquae et terra paulatim alluvione consumitur"?
Sic dum miscentur inaequalium personarum crebra collo- 15
quia, necesse est periclitari interdum colloquentium corda.
Verum quia virginem unam ex utroque sexu collectam „uni
viro desponsatam" Paulus profitetur, totam virginem istam
generaliter et specialiter spiritus sanctus alloquitur: „Audi
filia et vide." Sed in hac allocutione <tertio> libro demus 20
initium resumptis viribus per intervallum.

Explicit pars secunda.

---

[50] Alle Hss schreiben hier *secundo,* was trotz der einheitlichen Überlieferung so keinen Sinn ergibt. Das ist nicht nur aus der Zählung und den
folgenden *explicit-* und *incipit-*Vermerken zu folgern, sondern auch aus
den konkordanten Angaben im Einleitungsbrief. Andererseits möchte
man das *secundo libro* nicht einfach als Kopistenfehler werten, man muß
ihm eigenen Zeugniswert für den Entstehungsprozeß des Werkes zuerkennen. Dennoch bleibt die Feststellung, daß *secundo libro* keinen Sinn ergibt,
auch wenn man eine verringerte Buchzahl für das *Spec. virg.* diskutiert
und einen ursprünglichen Anfang bei *Audi filia* (Buch 3, unten 214,2)
vorschlägt. Vgl. die Diskussion des Problems in der Einleitung, oben 56 f.

T.: Wer könnte daran zweifeln, daß in unserer Zeit bei vielen Menschen beiderlei Geschlechts der christliche Glaube ins Wanken geraten ist, wenn der Mensch nicht darauf achtet, was er ist und wozu er geschaffen wurde, und das verborgene Übel des Herzens sich offenbart, wenn Leute, die in der Gottesfurcht noch nicht genügend gefestigt sind, sich unterschiedslos in Gesprächen, kleinen Geschenken und Wiedersehen miteinander treffen.

P.: Wenn du den Strohhalm an die Flamme hältst, dann bleibt doch nichts anderes übrig, als daß das Feuer über die trockene Materie die Oberhand gewinnt. Darum soll zu deiner Sicherheit dienen, was dir an fremder Lebensführung mißfällt. Vermeide häufige Gespräche mit jeder Person, die sich von deinem Vorsatz unterscheidet, ja schränke sogar den Umgang mit Bekannten ein, weil sehr häufig Liebe, die aus familiärer Vertrautheit beansprucht wird, in freizügiger Sicherheit den Platz für Versuchungen bereitstellt. Außerdem ist das Verlangen nach Sünde dem Tod sehr nahe. Hast du nicht gelesen: „Wasser höhlt Steine aus, und die Erde wird allmählich durch die Flut weggeschwemmt" (Ijob 14, 19)? So müssen notwendigerweise die Herzen von Gesprächspartnern zuweilen in Gefahr geraten, wenn sich Personen verschiedenen Geschlechts in häufigen Gesprächen miteinander abgeben. Weil nun aber in der Tat Paulus bekennt, daß diese einzige Keusche, die aus beiderlei Geschlecht berufen ist, „einem einzigen Mann verlobt ist" (2 Kor 11, 2), redet der heilige Geist diese Keusche in ihrer Gesamtheit allgemein und im besonderen an: „Höre, Tochter, und sieh" (Ps 45, 11: Vg. Ps 44, 11). Mit dieser Anrede wollen wir nun den Anfang für das dritte Buch[50] machen, wenn wir nach einer Pause unsere Kräfte wiedererlangt haben.

Es endet der zweite Teil.

Incipit tertia de allocutione spiritus sancti ad filiam.   58

„Audi filia et vide et inclina aurem tuam et obliviscere
populum tuum et domum patris tui. Et concupiscet rex
decorem tuum.“ Audi sanctae ecclesiae filia, „uni viro
Christo Iesu virgo casta desponsata“ et consignata, audi 5
sponsum tuum ad aeterna dona te vocantem, vide praemia
praemonstrantem, sequere praecedentem. Audi, inquam,
legibus divinis intendendo, vide legibus ipsis non vi vel
necessitate, sed ratione, voluntate et amore ferventer ob-
temperando, audi quid sponsus praecipiat, vide quid pro- 10
mittat, ut sic dirigaris ad praecepta, quo pervenias ad pro-
missa. Quaerit enim Christus „aures audiendi“, quaerit
oculos videndi, id est ut resideat interius, quod sonus in-
nuit exterius, et fructificet ad mentis intuitum, quod tra-
hitur per oculorum aspectum. Audi filia, vide unica, atten- 15
de sponsa, columba et soror et amica. Audi filia. Cuius
filia? Vis nosse? Filia „regis regum“, filia rectoris creaturarum, immortalis sponsi per fidem sponsa, singularitate
dilectionis unica, gratia simplicitatis columba, castitatis
dono formosa, soror Christi tam gratia quam natura, con- 20
foederatione spiritualis gratiae semper amica. Audi filia
apostolorum, audi proles et pignus omnium doctorum ca-
tholicorum, qui te genuere per fidem, instituerunt per ope-
rationem, ornaverunt per virtutum amorem, qui thalamum

Es beginnt der dritte Teil, in dem der heilige Geist seine Tochter ermahnt.

„Höre, Tochter, und sieh und neige dein Ohr und vergiß dein Volk und das Haus deines Vaters. Der König verlangt nach deiner Schönheit" (Ps 45,11f: Vg. Ps 44,11f). Höre, Tochter der heiligen Kirche, „einem einzigen Mann, Jesus Christus, als reine Jungfrau verlobt" (2 Kor 11,2) und bestimmt; höre auf deinen Bräutigam, der dich zu ewigen Gaben ruft, sieh auf ihn, der die Belohnungen schon vorher in Aussicht stellt, folge ihm, der dir vorangeht. Höre, sage ich, indem du auf die göttlichen Gesetze achtest, sieh, indem du eben diesen Gesetzen nicht unter Gewalt und Zwang, sondern nach Überlegung, freiem Willen und glühend in der Liebe gehorchst; höre, was der Bräutigam vorschreibt, sieh, was er verspricht, damit du so zu den Vorschriften hingelenkt wirst, wodurch du dann zu den Verheißungen gelangst. Denn Christus sucht „Ohren zum Hören" (Mt 13,9), er sucht Augen zum Sehen, das heißt, daß sich innerlich das niederschlägt, was seine Stimme äußerlich gebietet, und daß für die innere Anschauung des Geistes das Frucht trägt, was äußerlich in der Anschauung durch die Augen vermittelt wird. Höre, Tochter, sieh, du Einzige, sei aufmerksam, du Braut, du Taube, Schwester und Freundin! Höre, Tochter! Wessen Tochter? Willst du es wissen? Die Tochter „des Königs der Könige" (Offb 19,16), Tochter des Lenkers der Schöpfung, Braut des unsterblichen Bräutigams im Glauben, Einzige aufgrund der Einzigartigkeit der Liebe, Taube dank ihrer Einfalt, schön durch die Gabe der Keuschheit, Schwester Christi ebenso durch Gnade wie von Natur aus und immer Freundin im Bündnis der geistlichen Gnade. Höre, du Tochter der Apostel, höre, du Sproß und Unterpfand aller rechtgläubigen Kirchenlehrer, die dich im Glauben gezeugt haben, erzogen in der Ausübung tätiger Liebe, geschmückt mit dem Streben nach Tugend, die dir in der Lehre ein Brautgemach von

deliciosae dulcedinis in aeterno decore tibi futurum doctrina demonstrant, ut repetas principium tuum per virtutum custodiam, quae in patribus primis in mundanam venisti miseriam per amissam iustitiam. Quid ergo vel audire
vel videre virginem suam Christus adhortatur? „Oblivi- 5
scere", inquit, „populum tuum et domum patris tui." Digna
prorsus consequentia, sine mora patris et patriae oblivisci,
si sponsam contigerit dilectum audisse loquentem vel vidis-
se praecedentem. Proclamat enim: „Anima | mea liquefacta | 59
est, ut dilectus locutus est: trahe me post te." Itaque Iesum 10
interius audisse de domo propriae cognationis exisse est,
vidisse quaesisse est. Mens igitur divinitus inspirata nescit
domum paternam in terris, attendens domum „non manu-
factam" in caelis, et oblita terreni patris fit nova de veteri,
pulchra de vili, fortis de fragili, adiciens decori decorem, id 15
est nativae rationi per contemptas mundi illecebras aeter-
norum amorem. Cum ergo virgo Christi coeperit arrogan-
tiam saeculi superbi declinare, ex ipso caelestis disciplinae
introitu summo regi iam incipit placere, hoc in virgine sua
consideranti vel quod creavit vel creato quod adiecit. Quis 20
est decor iste talis ac tantus virginis huius, regiis aspectibus sic appreciatus? „Quem rex iste decorem concupiscit"
in virgine, qui „creator est caeli et terrae"? Quis est decor
iste, quem deus quaerit in te? Vis nosse? „Pulchritudo

---

[51] Hier ist der Anfang des Glaubensbekenntnisses in der Fassung des
Symbolum Apostolicum zitiert, vgl. DH 30.

süßem Zauber zeigen, das für dich in ewiger Zierde bereitet sein wird, damit du in Bewahrung der Tugend zu deinem Ursprung zurückkehrst, die du durch die Voreltern (sc. Adam und Eva) nach Verlust der Gerechtigkeit in das Elend dieser Welt gelangt bist. Zu welchem Hören oder Sehen ermahnt also Christus seine Jungfrau? „Vergiß", sagt er, „dein Volk und das Haus deines Vaters" (Ps 45, 11: Vg. Ps 44, 11)! Als einzig angemessene Folgerung ergibt sich, um es geradeheraus zu sagen, ohne Zögern Vater und Vaterland zu vergessen, wenn sie etwa den Geliebten sprechen hört oder ihn vorangehen sieht. Denn sie ruft aus: „Meine Seele schmilzt dahin, sobald der Geliebte sagt: Ziehe mich dir nach" (Hld 5, 6 Vg.; 1, 3 Vg.). Deshalb bedeutet, auf Jesus innerlich zu hören, das Haus der eigenen Verwandtschaft zu verlassen, ihn zu sehen bedeutet, ihn zu suchen. Darum kennt der Geist, der von Gott beflügelt ist, kein Vaterhaus auf Erden, weil er auf das Haus im Himmel achtet, das „nicht von Menschenhand gemacht ist" (Hebr 9, 11); er wird, wenn er den irdischen Vater vergißt, neu geschaffen werden, das heißt von einem alten Geist zu einem neuen, von einem geringen zum schönen, vom gebrechlichen zum starken, und er wird dabei Zierde der Zierde hinzufügen, das heißt der angeborenen Einsicht das Verlangen nach den ewigen Dingen durch Verachtung der Verlockungen dieser Welt. Sobald darum die Jungfrau Christi begonnen hat, den Hochmut der stolzen Welt zu meiden, fängt sie schon an, allein durch ihren Eintritt in die himmlische Zucht ihrem höchsten König zu gefallen, der dabei bei seiner Jungfrau auf das achtet, was er geschaffen hat oder was er dem Geschaffenen hinzugefügt hat. Welches ist nun eben der Schmuck dieser Jungfrau, so beschaffen, so groß und so kostbar, daß ein König ihn ansieht? „Welchen Schmuck begehrt dieser König" (Ps 45, 12: Vg. Ps 44, 12) an der Jungfrau, der „der Schöpfer von Himmel und Erde ist"[51]? Welches ist dieser Schmuck, den Gott an dir sucht? Willst du es wissen? Es ist „die Schönheit der

iustitiae", forma laudabilis vitae, lumen intelligentiae, gratia caelestis disciplinae, amor dei, odium mundi, vel si quid huiusmodi rationali accidit animae vel appetitu virtutum vel odio vitiorum.

T.: Videtur mihi, pater venerande, in hac divina vocatio- 5
ne virgini sanctae non parum emolumenti constare, si audiat quod praecipitur et videat quod promittitur, si auditis obaudierit et sequatur, quod viderit. Sed miror, cur amor regis huius per hoc magis excitetur, si filia ista generis vel patriae obliviscatur, cum et ibi decor iste et servari vel 10
servatus amari potuerit.

P.: Non est locus de his nunc agendi, sed suo loco paucis oportet ostendi, quod vita communis vix ducitur sine communibus vitiis, et qui versatur in pulvere, saepe maculetur pulveris squalore. Quia ergo nos divinitatis gratia creati, 15
redempti, amati et vocati sumus, dignum est, filia, ut quod vivimus, quod sapimus, quod possumus, in gratiarum actione sursum expendamus, ut ex sancta per|severantia com- | 60
mendetur, quod bono principio in nobis eluxisse videtur. Equidem fructum boni principii sancti operis consumma- 20
tio commendat et summam mercedis aeterna salute concludit, sicut ait ipse dominus: „Qui perseveraverit usque in finem, hic salvus erit." Videris enim mundi illecebris habitu et animo feliciter renuntiasse, florem virginitatis cum Maria deo obtulisse, agnum, quocumque diverterit, atten- 25

---

[52] In Buch 8, unten 660,20–22, werden diese Dinge dann erörtert.

Gerechtigkeit" (Jer 31,23 Vg.), die Schönheit einer lobens-
werten Lebensführung, das Licht der Einsicht, die Gnade
der himmlischen Ordnung, die Liebe zu Gott, die Verachtung der Welt oder was von dieser Art sonst noch der
vernünftigen Seele einfällt, sei es im Streben nach Tugend,
sei es im Haß auf die Laster.

T.: Mir scheint, verehrter Vater, daß in dieser göttlichen
Anrufung bereits ein beachtlicher Nutzen für die heilige
Jungfrau liegt, wenn sie auf das hört, was ihr vorgeschrieben ist, und auf das sieht, was ihr verheißen ist, wenn sie
dem gehorchen wird, was sie gehört hat, und dem folgt, was
sie gesehen hat. Aber ich wundere mich, warum die Liebe
dieses Königs dadurch mehr geweckt werden sollte, daß
diese Tochter ihre Herkunft und ihr Vaterland vergißt, da
doch auch dort dieser Schmuck bewahrt und der bewahrte
geliebt werden kann.

P.: Es ist jetzt nicht der Ort, diese Dinge zu behandeln,
aber am geeigneten Platz[52] muß mit wenigen Worten gezeigt werden, daß ein gemeinsames Leben kaum ohne gemeinsame Fehler geführt werden kann und daß, wer sich
im Staub bewegt, häufig vom Schmutz des Staubes besudelt
wird. Weil wir also durch die Gnade der Gottheit geschaffen, erlöst, geliebt und berufen sind, so ist es angemessen,
Tochter, daß wir im Gebet zum Himmel unseren Dank
abstatten, daß wir leben, daß wir verständig sind, daß wir
fähig sind, damit in heiliger Stetigkeit das gepriesen wird,
was anscheinend aus der guten Anlage in uns sichtbar
aufgeleuchtet hat. Denn die Vollendung im heiligen Werk
zeichnet nun in der Tat die Frucht eines guten Anfangs aus
und schließt die Summe des Lohns in ewigem Heil ein, so
wie der Herr selbst sagt: „Wer aber bis ans Ende durchhält,
der wird gerettet" (Mt 10,22). Du hast offenbar den
Verlockungen der Welt in deinem Erscheinungsbild und in
deinem Herzen glücklich eine Absage erteilt, du hast Gott
zusammen mit Maria die Blüte deiner Jungfräulichkeit dargebracht, auf das Lamm, wohin immer es sich wandte, dein

disse et respectu aeternitatis temporalia saltu fidei transcen-
disse. Quid ergo? Sta, obsecro, gradu contenta beato, sta in
ordine tuo virginei floris praerogativa decentissimo, ne
vento mota seductoriae vanitatis vel levitatis eo ruas profundius, quo stare videris altius. Quanto enim altior gradus, 5
tanto inferior casus. Cum sint enim tres ordines coniugatorum, continentium et virginum quasi bonum, melius,
optimum, de quibus in sequentibus dicenda sunt aliqua,
tuus ordo supereminet omnibus, quia solum hunc sibi di-
cavit virgo virginis filius. Verum fides coniugalis, continen- 10
tia vidualis suae professionis lege procurrunt, integritas
vero virginalis eo semper artiori custodia disciplinis spiritalibus intendit, quo ad praemia praemiis praeferenda con-
tendit. Inferioris enim ordinis sanctitas communi omnium
sanctorum beatitudine donabitur, virginalis ordo adiecta 15
gloriae gloria coronabitur. Dignum est enim, ut quod tem-
poraliter eminebat in disciplina et labore, praecellat aeternaliter mercedis honore.

T.: Nobilem quidem virginitatis lineam in Christi amore
colendam, frater venerande, persuades, sed paucorum est 20
florem istum apprehendere, de quo fructus tantae gloriae
probatur provenire. Videtur enim in isto flore decus honoris, honor decoris, in terris angelica conversatio et, ut mihi
videtur, ultra naturam progressio.

Augenmerk gerichtet und hast schließlich die zeitlichen Dinge im Hinblick auf die Ewigkeit in einem großen Sprung zum Glauben hin überwunden. Was also? Steh, ich beschwöre dich, zufrieden mit deinem seligen Stand, steh in deinem Rang, der so außerordentlich lieblich ist, ausgezeichnet durch deine jungfräuliche Blüte, damit du nicht vom Wind verführerischer Eitelkeit und vom Leichtsinn bewegt wirst und um so tiefer stürzst, je höher du zu stehen scheinst. Je höher nämlich der Rang, desto tiefer der Fall! Denn auch wenn es drei Stände gibt, den der Verheirateten, der Enthaltsamen und der Jungfrauen, sozusagen den guten, den besseren und den besten, über die im folgenden noch einiges zu sagen sein wird, überragt doch dein Stand alle, weil der keusche Sohn einer keuschen Jungfrau diesen allein für sich bestimmt hat. Es eilen nämlich die eheliche Treue und die Enthaltsamkeit der Witwen nach dem Gesetz ihres eigenen Gelübdes voran, die Unversehrtheit der Jungfrau dagegen widmet sich immer mit um so strengerer Wachsamkeit der geistlichen Zucht, je mehr sie zu Belohnungen eilt, die anderen Belohnungen vorzuziehen sind. Denn die Heiligkeit eines Standes, der niederer angesiedelt ist, wird mit der allgemeinen Seligkeit aller Heiligen beschenkt werden, der Jungfrauenstand aber wird durch eine Herrlichkeit gekrönt werden, die dieser Herrlichkeit noch hinzugefügt wird. Darum ist es angemessen, daß das, was in der Zeitlichkeit in Zucht und Anstrengung hervorragte, sich auch in der Ewigkeit in ehrenvollem Lohn heraushebt.

T.: Du überzeugst uns allerdings, verehrter Bruder, daß die vornehme Herkunft der Jungfräulichkeit in der Liebe zu Christus gepflegt werden muß, aber es ist doch Sache einiger weniger, diese Blume zu ergreifen, aus der offensichtlich eine Frucht von so großer Herrlichkeit hervorgeht. Denn in dieser Blüte zeigt sich als Herrlichkeit ehrenvoller Auszeichnung, als ehrenvolle Auszeichnung der Herrlichkeit der Wandel der Engel auf Erden und, wie mir scheint, ein Fortschritt, der über die Natur hinausgeht.

P.: Nonne audisti dominum de hoc fructu dicentem: 61
„Non omnes capiunt verbum istud, sed quibus datum est"?
Vere enim speciale donum est, non generale, paucis quidem
datum, non paucis donis remunerandum. Quia enim pauci
sunt, qui possint „agnum, quocumque ierit, sequi", respon- 5
det vis mercedis paucitati et, quod minus est in numero,
recompensat praemii magnitudo. Dignitatem igitur singu-
laris ordinis supplet copia et gratia benedictionis, et multi-
plicatos reddit ex praemio Christus, qui paucos in arta via
fecit ex numero. 10

T.: Quia igitur flos iste cum magna diligentia debet custodiri, qui cum tanta difficultate potest inveniri, rogo te
per florem aeternum, qui dixit: „Ego flos campi et lilium
convallium", de quo superius nonnulla contulimus, ut in
hac mutua confabulatione nostra coneris ostendere, quo- 15
modo gratia ista floribundae integritatis quaeri, inveniri,
custodiri debeat, postremo serie rationum vel exemplis
coacervatis quasi speculum quoddam Christi propone virginibus, quo inspecto vel quae, quid vel quales futurae sint,
possint considerare et inter noctem et diem, inter umbram 20
praesentis vitae et lucem subsecuturae possint de hac ad
illam proficiendo iudicare.

P.: Vere, filia, hoc recte intulisti, quae regulam vel speculum te agnoscendi quaesisti. Agnitio enim propriae fra-
gilitatis magnus et primus virtutum gradus est, et conside- 25

---

[53] Vgl. die ausführliche Blumenmetaphorik in Buch 2.

P.: Hast du nicht gehört, daß der Herr über diese Frucht
sagt: „Nicht alle erfassen dieses Wort, sondern die, denen
es gegeben ist" (Mt 19,11)? Denn dies ist in der Tat ein
besonderes Geschenk, nicht ein allgemeines, das wenigen
gegeben ist und darum auch mit Geschenken vergolten
wird, die nicht gering sind. Denn weil es wenige sind, die
„dem Lamm folgen können, wohin immer es geht" (Offb
14,4), entspricht dieser Wenigkeit die Größe der Belohnung, und das, was geringer ist an Zahl, macht die Größe
der Belohnung wieder wett. Also erfüllt Christus mit der
Fülle und Gnade seines Segens die Würde dieses einzigar-
tigen Standes, und er vergrößert aufgrund der Belohnung
diejenigen, die er auf dem schmalen Pfad in ihrer Zahl
verringert hat.

T.: Weil also diese Blume, die nur unter erheblichen
Schwierigkeiten gefunden werden kann, mit großer Sorgfalt behütet werden muß, bitte ich dich bei dieser unver-
gänglichen Blume, die gesagt hat: „Ich bin die Blume des
Feldes und die Lilie im Tal" (Hld 2,1 Vg.) — wir haben
darüber weiter oben einiges besprochen[53] —, daß du ver-
suchst, in diesem unserem gemeinsamen Zwiegespräch zu
zeigen, wie dieses Gnadengeschenk blühender Unversehrtheit gesucht, gefunden und bewahrt werden muß; schließlich stelle nach der Aufzählung der Gründe und dem Zu-
sammentragen von Beispielen den Jungfrauen Christi
gewissermaßen einen Spiegel vor Augen, damit sie im Hin-
einsehen erkennen können, wer, was und wie beschaffen sie
in Zukunft sein werden, und damit sie den Unterschied
zwischen Tag und Nacht erwägen und sich im Voranschreiten von diesem zu jenem zwischen dem Schatten des gegen-
wärtigen Lebens und dem Licht des kommenden entschei-
den können.

P.: Diesen Einwurf, Tochter, hast du in der Tat zu Recht
vorgebracht, wenn du Richtschnur und Spiegel verlangst,
um dich selbst zu erkennen. Denn Einsicht in die eigene
Schwäche ist der erste und entscheidende Schritt auf dem

ratio mundanae vanitatis lux quaedam est intuendae futurae
veritatis. Christo igitur opitulante faciam, quod hortaris,
conferendo tecum de castitatis gloria et pro posse nostro de
eiusdem castitatis custodia et singulari corona, et hoc „non
in doctis humanae sapientiae verbis, sed spiritalia spiritali-   5
bus comparantes", maturioribus solidum cibum, parvulis
lac praebemus parvuli, ut pro captu intelligentiae cuiusque
stilus modum formet disciplinae. „Si quis videtur inter vos
esse sapiens", ait apostolus, „stultus | fiat, ut sit sapiens, | 62
quia sapientia huius mundi stultitia est apud deum."   10

   T.: Gratissimum duco, quod promittis, assit ipse virginum ductor, agnus, colloquiis nostris. Dic ergo.

   P.: Cum sint multa tam virtutum quam vitiorum genera,
quibus anima aut ad summa levatur aut ad ima deicitur,
nulla virtus sic commendat aequalitatem vitae angelicae   15
quomodo pulchritudo pudicitiae, nullum vitium ita ad-
versatur nativae rationi in homine quomodo carnis cor-
ruptio, volans effreni libertate. In altera noxia premuntur
desideria carnis et fit homo, licet in hac carne positus,
spiritalis, in altera, praevalente carnis concupiscentia spi-   20
ritui, succumbit vigor rationalis et totus fit homo carnalis. De illa dominus ait: „Qui digni habentur regno
caelorum, neque nubent neque nubentur", sed sunt sicut

Weg zu den Tugenden, und die Betrachtung weltlicher
Eitelkeit ist sozusagen das Licht, um die zukünftige Wahrheit zu erblicken. Wenn also Christus hilft, so will ich tun,
wozu du mich aufforderst, indem ich mit dir über die
Herrlichkeit der Keuschheit spreche und, entsprechend
unserem Vermögen, über die Bewahrung und die einzigartige Krone für eben diese Keuschheit, und ich will dies
„nicht in den gelehrten Worten menschlicher Weisheit tun,
sondern indem wir Geistliches mit Geistlichem vergleichen" (1 Kor 2, 13); den Älteren bieten wir feste Speise, den
Kindern die Milch des Kindes (vgl. Hebr 5, 12), damit
unsere Darstellungsweise entsprechend dem geistigen Fassungsvermögen eines jeden die Art der Lehre gestaltet.
„Wenn einer unter euch meint, er sei weise", sagt der Apostel, „der soll ein Narr werden, damit er weise ist, weil die
Weisheit dieser Welt bei Gott Torheit ist" (1 Kor 3, 18 f).

T.: Ich halte das für außerordentlich willkommen, was
du versprichst, und er selbst, das Lamm, möge als Führer
der Jungfrauen unseren Gesprächen hilfreichen Beistand
leisten. Sag also!

P.: Obwohl es viele Arten von Tugenden wie von Lastern
gibt, durch die die Seele entweder zur Höhe emporgehoben
oder in die Tiefe hinabgestürzt wird, zeigt dennoch keine
Tugend solche Ähnlichkeit mit der Lebensweise der Engel
wie die Herrlichkeit der Keuschheit, und kein Laster steht
so im Widerspruch mit der angeborenen Bestimmung des
Menschen wie die Verderbtheit des Fleisches, die in entfes-
selter Freizügigkeit umherschweift. Im einen Fall werden
die schuldhaften Begierden des Fleisches unterdrückt, und
der Mensch wird, obwohl in das Fleisch gestellt, geistlich,
im anderen Fall, wenn die Begierde des Fleisches die Oberhand über den Geist gewinnt, unterliegt die vernünftige
Kraft, und der ganze Mensch wird fleischlich. Über diese
Tugend sagt der Herr: „Diejenigen, die des himmlischen
Königreichs gewürdigt werden, heiraten nicht und lassen
sich nicht heiraten" (vgl. Lk 20, 35 f), sondern sie sind wie

angeli dei. De ista vero alia sententia est: „Qui seminat in
corruptione, de corruptionibus et metet, qui autem in spiritu, metet vitam aeternam." Item Paulus: „Spiritu ambula-
te et desideria carnis non perficietis. Si enim secundum
carnem vixeritis, moriemini, si autem spiritu facta carnis 5
mortificaveritis, vivetis", et: „Omne peccatum extra corpus est", et cetera. Attende nunc, quanta virtus sit ista, quo
studio quaerenda sit, quam ipse princeps castimoniae Christus adeo commendavit, ut conferret angelis aemulos castitatis, quibus angelis ipsa natura contulit, quod animabus in 10
hac carne locatis victoriosissimae gratiae dulcedo disper-
tit. Quia igitur regis tui esse sponsa cepisti, sponsi tui
semper oportet te reminisci, praesentiam eius attendere,
qui tibi numquam deest vel loco vel tempore; ubi non dico,
quod deus, qui cuncta complectitur et ambit, loco vel 15
tempore possit concludi, sed quia omnis locus adest eius
maiestati. Nullum igitur hominem umquam attendas duplici corde vel oculo, quia necesse est amorem sponsi tui
in te | minui, si constiterit aliquo modo cor tuum in alie- | 63
num inflecti. Omnes in Christo dilige, Christum praecipue. 20
Cuius amore si perfecto desiderio incalueris, florem mundi
fallentis, quod est, aestimabis. Non enim poteris umbra
seduci falsitatis, quae fundari probaris in radice veritatis.
Quid, quaeso, divitiarum, quid altitudinis Christi virgo
peteret in hoc saeculo, quae ditior mundo, altior est caelo? 25

die Engel Gottes. Es gibt aber über diese Tugend noch
einen anderen Ausspruch: „Wer im Verderben sät, der wird
vom Verderben ernten; wer aber im Geist sät, der wird das
ewige Leben ernten" (Gal 6, 8). Ebenso sagt Paulus: „Macht
euren Weg im Geist, und ihr werdet das Verlangen des
Fleisches nicht erfüllen (Gal 5, 16). Denn wenn ihr nach
dem Fleisch lebt, so werdet ihr sterben, wenn ihr aber
durch den Geist die Taten des Fleisches tötet, werdet ihr
leben" (Röm 8, 13), und „alle Sünde geschieht außerhalb
des Leibes", und so weiter (1 Kor 6, 18). Achte nun darauf,
wie groß diese Tugend ist, mit welchem Eifer sie gesucht
werden muß, die Christus, der Fürst der Keuschheit selbst,
so sehr empfiehlt, daß er diejenigen, die der Keuschheit
nacheifern, den Engeln vergleicht, den Engeln, denen die
Natur selbst das verliehen hat, was den Wesen, die in dieses
Fleisch gestellt sind, allein die Süße siegreicher Gnade zu-
teilt. Weil du dich nun entschlossen hast, die Braut deines
Königs zu sein, ist es nötig, daß du dich immer deines
Bräutigams erinnerst und auf seine Gegenwart achtest, der
dich niemals an keinem Ort und zu keiner Zeit verläßt;
wobei ich nicht sage, daß Gott, der alles umfaßt und alles
umgibt, durch Ort und Zeit definiert werden könnte, sondern weil ein jeder Ort an seiner Hoheit teilhat. Darum
achte niemals auf irgendeinen Menschen mit zweideutigem
Herzen oder Auge, weil notwendigerweise die Liebe zu
deinem Bräutigam in dir gemindert wird, wenn es sich
ergibt, daß dein Herz sich in irgendeiner Weise einem
Fremden zuneigt. Liebe alle in Christus, Christus aber
besonders! Wenn du aus Liebe zu ihm in vollkommener
Sehnsucht erglühst, dann wirst du die Blume der trügeri-
schen Welt als das einschätzen, was sie ist. Du wirst nämlich
nicht durch den Schatten einer Fälschung verführt werden
können, wenn du wirklich auf die Wurzel der Wahrheit als
Grund baust. Was an Reichtümern, frage ich, was an hoher
Stellung in dieser Welt könnte die Jungfrau Christi be-
gehren, die reicher ist als die Welt, höher als der Himmel?

Quae templo dei flore castitatis assignata probatur, quid
extra deum quaerat, quae portat in se eum, qui cuncta
creaverat? „Omnis igitur gloria filiae regis ab intus", quia
illum, qui facit aeternaliter beatos et gloriosos, possidet
intus. Sicut enim Christus humana fragilitate deitatem ce- 5
lavit et vili indumento „speciosum forma prae filiis hominum" operuit, sic virgo Christi, mundo foris despecta,
mundi conditore plena est. „Nescitis", ait apostolus, „quia
templum dei estis et spiritus dei habitat in vobis? Si quis
templum dei violaverit, disperdet illum deus. Templum dei 10
sanctum est, quod estis vos." Quid igitur opus habent
virgines Christi olosericis indumentis vel aurotexta ciclade
superius amiciri, armilla, anulis, inauribus margaritarum
granis splendentibus onerari, cum sacramentis spiritalibus
fulgeant interius, quorum summa omnium est Christus? 15
Dic igitur domino tuo, dic aeterno sponso tuo: „Anima mea
exultabit in domino, delectabitur super salutari suo." Dic:
„Omnia ossa mea dicent, domine, quis similis tibi? Novit
dominus dies immaculatorum et hereditas eorum in aeternum erit." Et Paulus: „Elegit", inquit, „nos ante constitu- 20
tionem mundi, ut essemus sancti et immaculati in conspectu
eius in caritate." Ipsa enim pura ad Christum caritas mundat
etiam immundos et in carne pudicos magis efficit mundos.
Verum multae necessitate magis quam voluntate virgines ex
hoc stultae causari videntur, quod ecclesia fructu ventris sui 25

Was außer Gott soll diejenige suchen, die durch die Blume der Keuschheit dem Tempel Gottes zugesprochen ist, die den in sich trägt, der alles erschaffen hat? „Denn alle Herrlichkeit der Königstochter kommt von innen" (Ps 45,14: Vg. Ps 44,14), weil sie innerlich den besitzt, der auf ewig selig und herrlich macht. So wie nämlich Christus unter menschlicher Schwachheit seine Gottheit verborgen hat und unter geringem Gewand „seine schöne Gestalt vor den Söhnen der Menschen" (Ps 45,3: Vg. Ps 44,3) verhüllte, so ist auch die Jungfrau Christi, die erfüllt ist vom Schöpfer der Welt, draußen von der Welt verachtet. „Wißt ihr nicht", sagt der Apostel, „daß ihr Gottes Tempel seid und der Geist Gottes in euch wohnt? Wenn jemand den Tempel Gottes entehrt, dann wird Gott ihn verderben. Denn der Tempel Gottes ist heilig, das seid ihr" (1 Kor 3,16 f). Was müssen sich darum die Jungfrauen Christi in Gewänder hüllen, die ganz und gar aus Seide sind, oder mit einem goldbesetzten Staatskleid darüber, oder sich mit Armspangen, Ringen und Ohrgehängen aus glänzenden Kullern von Perlen behängen, da sie doch innerlich von geistlichen Geheimnissen strahlen, deren Inbegriff in allen Dingen Christus ist? Sprich also zu deinem Herrn, sprich zu deinem ewigen Bräutigam: „Meine Seele wird jauchzen im Herrn, sie wird sich freuen über seine Hilfe" (Ps 35,9: Vg. Ps 34,9). Sprich: „Mit ganzer Seele will ich sagen, Herr, wer ist dir ähnlich? (Ps 35,10: Vg. Ps 34,10). Der Herr kennt die Tage der Unschuldigen, und ihr Erbe wird bis in Ewigkeit bleiben" (Ps 37,18: Vg. Ps 36,18). Und Paulus sagt: „Er hat uns erwählt vor der Erschaffung der Welt, damit wir heilig und unbefleckt seien vor seinem Angesicht in der Liebe" (Eph 1,4). Denn es ist die Liebe an sich, die sich rein zu Christus hin wendet, die auch die Unreinen reinigt und diejenigen noch reiner macht, die im Fleisch keusch sind. In der Tat werden viele, die mehr aus Zwang denn aus freiem Willen Jungfrauen sind, anscheinend darum der Torheit bezichtigt, weil die Kirche keineswegs durch die Frucht ihres Leibes

minime multiplicari videatur, sed frustra, cum omnibus
modis maior sit fructus huius|modi infecunditatis quam | 64
fecunditas carnis amisso pudore integritatis. Maius est, inquam, spiritaliter Christum concipere et parere quam filios
morituros carnaliter procreare. Mater Christi totiens effi-   5
ceris quotiens voluntatem patris eius feceris. „Quicum-
que", inquit, „fecerit voluntatem patris mei, ipse meus
frater, soror et mater est." Carnalis igitur Christi virginum
sterilitas sancta et voluntaria fecunditate compensatur spiritali et aeterna, in qua quia Christum bonis operibus virgo   10
manens parturis, mater et filia sororque vocaris. Proinde
diligenter attende, quid possit saluti tuae deesse vel sancti-
tati, ubi filius matrem, pater filiam, frater sororem amplec-
titur, una persona diverso nomine.

T.: Mirum, pater, et magnum negotium, ut tot matribus   15
sit filius unus, tot sororibus frater unus, in se quidem loco
et tempore indivisibilis ac per hoc in omnibus indivisus.
Videtur mihi, quod sic Christum pariamus sicut „de plenitudine eius omnes accepimus".

P.: Recte sentis. Licet enim Christus deus et dominus   20
noster, prior tempore vel aeternitate, matrum multarum
dignetur esse filius unus, multis sororibus frater unus, nisi
tamen omnis gratia misericordiae praeveniret, nullus eum
vel conciperet vel pareret. Dat enim ordinem in verbo suo
se concipiendi, dat et fructum se per bonum opus pariendi.   25
Audi apostolum: „Filioli mei", inquit, „quos iterum partu-
rio, donec Christus formetur in vobis." Ipse igitur semper

gestärkt erscheint; aber diese Anklage besteht zu Unrecht, weil auch die Frucht einer Unfruchtbarkeit solcher Art auf jeden Fall größer ist als eine Fruchtbarkeit im Fleisch, bei der die unversehrte Keuschheit verlorengeht. Größer ist es, sage ich, Christus im Geist zu empfangen und zu gebären, als fleischlich Söhne zu gebären, die sterben werden. Du wirst so oft zur Mutter Christi, wie du den Willen seines Vaters erfüllst. „Wer immer den Willen meines Vaters erfüllt", sagt er, „der ist mein Bruder, meine Schwester und meine Mutter" (Mt 12,50). Darum wird die fleischliche Unfruchtbarkeit der Jungfrauen Christi, die heilig und freiwillig ist, durch geistliche und ewige Fruchtbarkeit ausgeglichen, in der du Mutter, Tochter und Schwester genannt wirst, weil du Christus durch gute Werke gebierst und dabei Jungfrau bleibst. Achte darum sorgfältig darauf, was an deiner Rettung oder Heiligung fehlen könnte, wenn der Sohn die Mutter, der Vater die Tochter, der Bruder die Schwester umfaßt, eine einzige Person unter verschiedenem Namen.

T.: Eine wunderbare und große Sache, Vater, daß so viele Mütter einen einzigen Sohn haben, so viele Schwestern einen einzigen Bruder, und zwar in sich unteilbar nach Ort und Zeit und darum ungeteilt bei allen. Mir scheint, daß wir Christus so gebären, wie „wir alle von seiner Fülle empfangen haben" (Joh 1,16).

P.: Das meinst du zu Recht. Denn auch wenn Christus, unser Gott und Herr, vor uns nach Zeit und Ewigkeit, es für richtig hielt, der einzige Sohn vieler Mütter, der einzige Bruder vieler Schwestern zu sein, würde dennoch keiner ihn empfangen oder gebären, wenn nicht die ganze Gnade der Barmherzigkeit vorangegangen wäre. Denn er gibt die richtige Reihenfolge vor, in seinem Wort ihn zu empfangen, und er gibt auch die Frucht, ihn zu gebären durch das gute Werk. Höre auf den Apostel: „Meine lieben Kinder", sagt er, „die ich immer und immer wieder gebäre, bis Christus in euch Gestalt gewinnt" (Gal 4,19). Denn er selbst bleibt

idem et unus per credentium corda ineffabiliter accipit
temporum incrementa et secundum hoc, quod quisque fidei congruenti cursu operatur, Christus in eo formari probatur. Si igitur omnis ordo fidelium in se Christo facit
habitaculum, quanto magis cor virginum, cor pudicum et 5
humile Christi est sacrarium? Christus semel a matre virgine natus est corporaliter, portatur, nascitur a virginibus
sacris semper spiritualiter. O decus incomparabile virginitatis! Vernantis animae flore quid iocundius? Casti corporis
decore quid venustius? Quid est pretiosissima gemma in- 10
clusa auro mundo nisi anima pudica in corpore casto? Audi
Christi virgo. Castitas sancti|tatis privilegium est, sanctae | 65
conversationis speculum, fructus ecclesiastici floris spiritalis vitae disciplina, iustitiae decus; morum ornamentum
virginalis habitus aurea torques, custodia virtutum sancti- 15
moniae sigillum, divinae gratiae testimonium, aeterni pacti
testamentum; petulantis lasciviae mors vanitatum extermi-
natio, angelicae vitae aemula vernantis vitae pulchritudo
floribunda, sanctae pietatis opus integrum et totius hone-
statis et religionis signaculum. Castitas in angelis virtus 20
naturalis est, in hominibus dos et gratia specialis, in solitu-
dine quieta, in turbis secura et invicta, in adversis immobilis, in prosperis eadem, quasi campus vernis floribus, ita
cunctis amoena virtutibus, sui cultorem templum reddit
sapientiae et totius hospitium disciplinae. Quamvis igitur 25

---

[54] Zur christlichen Edelsteinmetaphorik vgl. MEIER, *Gemma spiritalis.*

immer ein und derselbe und wächst doch nach und nach
unaussprechlich in den Herzen der Gläubigen, und entsprechend dem, was ein jeder auf seinem Weg in Übereinstimmung mit dem Glauben Gutes wirkt, gewinnt Christus
in ihm wirklich Gestalt. Wenn also ein jeder Stand der
Gläubigen in sich für Christus eine Wohnstatt bereitet, um
wieviel mehr ist dann das Herz der Jungfrauen, das keusche
und demütige Herz ein Tempel für Christus? Christus ist
einmal von einer jungfräulichen Mutter leiblich geboren
worden, geistlich aber wird er immer getragen und geboren
von den heiligen Jungfrauen. O unvergleichlicher Schmuck
der Jungfräulichkeit! Was ist erfreulicher als eine Seele, die
blüht wie eine Blume im Frühling? Was ist anmutiger als
die Schönheit eines reinen Körpers? Was ist der kostbarste
Edelstein, von reinem Gold umschlossen, wenn nicht die
keusche Seele in einem reinen Körper?[54] Höre, du Jungfrau
Christi! Keuschheit ist ein Vorrecht der Frömmigkeit, ein
Spiegel gottgefälligen Lebenswandels, die Frucht aus einer
Blüte in der Kirche aufgrund der Ordnung geistlicher Lebensführung, die Zierde der Gerechtigkeit; der Schmuck
der Sitten ist die goldene Kette für das Kleid der Jungfrau, die Bewahrung der Tugenden das Siegel ihres heiligmäßigen Lebens, der Beweis göttlicher Gnade, das Ver-
mächtnis des ewigen Bundes; die Ausgrenzung von Eitel-
keiten bedeutet Tod für die verderbliche Ausschweifung,
die Nachahmung des Lebens der Engel aber blühende
Schönheit des sprießenden Lebens, das unversehrte Werk
heiliger Güte als Zeichen für alle Ehre und Verehrung.
Keuschheit ist bei den Engeln eine angeborene Tugend, bei
den Menschen ein Geschenk und eine besondere Gnade,
ruhig in der Einsamkeit, sicher und unbesiegt in Gedrän-
ge und Trubel, unerschütterlich im Unglück, im Glück
ebenso; wie das Feld durch die blühenden Frühlingsblu-
men, so gibt sie, lieblich aufgrund ihrer Tugenden im
Tempel der Weisheit und der Wohnstatt vollständiger
Zucht, Zeugnis von dem, der sie pflegte. Auch wenn näm-

generali comprehensione virginem dicat apostolus corpus
universalis ecclesiae, „despondi", inquiens, „vos uni viro
virginem castam exhibere Christo", specialiter tamen,
quae vere virgines sunt, flores sunt ecclesiae mentis et
corporis integritate, sicut idem ait apostolus: „Virgo do- 5
mini cogitat, quae domini sunt, ut sit sancta et corpore et
spiritu." Si enim mentis pulchritudo consensu noxio vio-
latur, status virginitatis inclinatur. Corporis ergo sanctitas
virtus integritatis, sanctitas spiritus incorruptio mentis est.
Alterum sine altero gratiam virginei floris dissolvit, ser- 10
vatum utrumque vere Christi virginem facit et praemium
virginitatis apponit. Sit fortassis inter virgines Christi virgo forma, arte, ingenio subtilis et splendida, obsequio se-
dula, sed inani gloria vel morum levitate decepta, invida,
distracta variis concupiscentiis, vana mente mobilis ad 15
omnia, voluptatum amatrix palliata, numquid istam vir-
gineae dixeris integritatis et eam agni sequellam pronun-
tiabis? Numquid virginibus illis annumerabitur, quae corpore et spiritu castae ex humilitatis gratia inveniuntur?
Nonne deus intuetur magis interiora, unde vel approban- 20
tur vel reprobantur fidelium corda vel facta? Crede, virgo
domini, quia | scrutator interiorum non solum casti corpo- | 66
ris integritatem, sed cordis aspicit virtutem et intentionem.
Vere magis placet deo paenitens et humilis vidua quam

lich der Apostel in einer allgemeinen Zusammenfassung
den Leib der gesamten Kirche als Jungfrau bezeichnet,
indem er sagt: „Ich habe euch einem einzigen Mann verlobt, damit ich eine reine Jungfrau zu Christus führe"
(2 Kor 11,2), sind dennoch diese in besonderer Weise die
Blumen der Kirche, die in Wahrheit Jungfrauen sind,
durch die Unversehrtheit von Geist und Körper; so sagt
derselbe Apostel auch: „Die Jungfrau des Herrn sorgt sich
um die Dinge, die des Herrn sind, damit sie heilig sei an
Leib und Seele" (1 Kor 7,34). Wenn nämlich die Schönheit des Geistes in schuldhafter Verstrickung verletzt
wird, dann neigt der Stand der Jungfräulichkeit zum Fall.
Darum ist die Heiligkeit des Körpers die Tugend der
Keuschheit, die Heiligkeit des Geistes aber die Unbestech-
lichkeit des Herzens. Das eine ohne das andere löst die
Gnade jungfräulicher Blüte auf, wenn aber beides bewahrt
wird, dann erschafft es in der Tat eine Jungfrau Christi und
fügt die Belohnung für die Keuschheit hinzu. Es mag
vielleicht unter den Jungfrauen Christi eine Jungfrau geben, die schön und strahlend an Gestalt, Geschicklichkeit und Geistesgaben ist und eifrig im Gehorsam, aber
getäuscht von eitler Ruhmsucht und leichten Sitten, nei-
disch und zerrissen von verschiedenen Begierden, mit eit-
lem Gemüt flatterhaft in bezug auf alle Dinge, eine ver-
steckte Liebhaberin der Wollust — würdest du diese etwa
mit dem Namen jungfräulicher Unversehrtheit belegen
und sie eine Nachfolgerin des Lammes nennen? Wird sie
denn jenen Jungfrauen zugerechnet werden, die aufgrund
der Gnade der Demut keusch an Leib und Seele befunden
werden? Wird nicht Gott mehr nach innen schauen, wo
Herzen und Taten der Gläubigen entweder angenommen
oder verworfen werden? Glaube, Jungfrau des Herrn, daß
der, der die inneren Dinge erforscht, nicht nur auf die
Unversehrtheit eines reinen Körpers blickt, sondern auch
auf Tugendhaftigkeit und Absicht des Herzens. Weit mehr
gefällt Gott eine Witwe, die bereut und demütig ist, als eine

virgo insolens et superba. Haec enim experta corruptionem
humiliatur ad meriti statum, illa inflatur ad casum. Quare?
„Quia omnis, qui se exaltat, humiliabitur et, qui se humiliat, exaltabitur."

T.: Non satis elucet, quomodo possit amitti virginitas 5
carnis, si lineam sanctimoniae suae excesserit prostitutio
mentis, aut quomodo integritas exterior custodita non sufficiat, si homo interior corruptioni subiaceat.

P.: Scripturam interrogemus et facilem de his exitum
habebimus. Quid ergo ait? „Immundus est omnis, qui ex- 10
altat cor suum." Cordis igitur exaltatio totius munditiae vel
integritatis exinanitio est. Cor elatum corpus maculat im-
maculatum, decorem succidit floris virginei, ne fructus
sacrae mercedis florem possit subsequi. Nonne habes, quod
„nequitiae spiritales immundi spiritus" appellantur, non 15
quia in carne peccaverunt, quam numquam habuerunt, sed
quia elatione deum offenderunt, qua numquam caruerunt?
Sola itaque elatio facit inmundos, quos natura fecit incor-
poreos nec malum istud ullo modo remittitur, quod repro-
bo cursu semper augetur, non minuitur. Nonne legisti, 20
quod magnum illud peccatum filiarum Syon, quod „erecto
collo incedebant", adeo detestatur deus, quod bene ornatis
et inflatis nuditatem et casum minetur?

T.: Quid ergo filiae Syon peccaverunt, quod „erecto
collo incedebant", si humilitatem corde servabant?   25

übermütige und stolze Jungfrau. Denn diese, die Erfahrung hat in der Verderbnis des Fleisches, demütigt sich bis zu der Stufe, die sie verdient hat, jene dagegen bläst sich auf zum Sturz. Warum? „Weil jeder, der sich selbst erhöht, erniedrigt wird, und wer sich erniedrigt, der wird erhöht werden" (Lk 18, 14).

T.: Es wird mir nicht recht klar, wie der Stand der Jungfräulichkeit im Fleisch verlorengehen kann, wenn die Preisgabe der Unschuld im Herzen den Weg der Heiligung verläßt oder wie eine Unversehrtheit, die äußerlich bewahrt wird, nicht genügt, wenn der innere Mensch der Verderbtheit unterliegt.

P.: Laß uns die heilige Schrift befragen, und wir werden leicht dafür eine Antwort finden. Denn was sagt sie? Unrein ist jeder, „der sein Herz erhöht" (vgl. Spr 18, 12). Der Hochmut des Herzens ist nämlich die Absage an alle Reinheit und Unversehrtheit. Ein hochmütiges Herz befleckt einen reinen Körper, es reißt den Schmuck der jungfräulichen Blüte ab, damit keine Frucht heiligen Lohns auf die Blüte folgen kann. Hast du nicht im Gedächtnis, daß „die Geister der Verneinung" (vgl. Eph 6, 12) unreine Geister genannt werden, nicht weil sie im Fleisch gesündigt haben, das sie niemals hatten, sondern weil sie Gott durch Hochmut beleidigten, den sie nie gemieden haben? Deswegen macht allein der Hochmut die unrein, die die Natur körperlos erschaffen hat, und dieses Übel wird auf keine Weise abgeschwächt, weil es bei einem schlechten Lebenslauf immer vermehrt und nicht vermindert wird. Hast du nicht gelesen, daß Gott jene große Sünde der Töchter Zions, daß sie nämlich „mit erhobenem Nacken einhergingen" (vgl. Jes 3, 16), so sehr verflucht hat, daß er Nacktheit und Fall denen androhte, die schön geschmückt und dabei aufgeblasen waren?

T.: Was haben denn die Töchter Zions gesündigt, daß sie „mit erhobenem Nacken einhergingen" (vgl. Jes 3, 16), wenn sie in ihrem Herzen Demut bewahrten?

P.: Cervicis erectio cordis erat inflatio, quo de acceptis
divinitus donis intumuerunt sibique placentes non parum
offenderunt. Quae enim superbiendo libertatis suae lineam
excesserunt, iugo captivitatis addictae sunt, et factae sunt
ex superbia praeda et risus hostium, quae in humilitate 5
corona gloriae esse noluerunt. Audi igitur. Profi|ciens in | 67
monasterio inter virgines sacras Christi virgo sic est quasi
stella matutina fulgens in caelo, quasi rosa in paradiso, sicut
oliva speciosa in oliveto, quomodo botrus in vineto. Lucet
enim splendido castitatis radio, floret et redolet sanctae 10
opinionis exemplo, oleum quoddam susceptae gratiae pro-
fundit virtutum ubertate, gustum suavem exprimit de botro
concordia et humilitate. Quodsi subintrante praesumptione propriis, quod est, meritis ascripserit et gratias minus
referendo penitus intumuerit, lux eius vertitur in umbram, 15
rosa in saliuncam, oliva in spinam, uva in labruscam. Fit
ergo praeceps de quieta, fit aspera de mansueta, semper
iniurias aestimans, quicquid laudibus suis non accesserit,
vel si quid correptio motibus eius inconcinnis contra-
dixerit, totque repletur vitiis quot prius virtutum instru- 20
mentis. Sublatis enim ornamentis spiritalibus, fit stulta de
sapiente, negligens de proficiente, effusoque divinae dilectionis oleo, quo lampas ardere debuit in aperto, reputatur
inter fatuas virgines, propriis vitiis etiam extincta lucerna
pietatis. „Et erit", inquit Esaias, „pro suavi odore foetor et 25

P.: Das Erheben des Nackens war Hochmut des Herzens, mit dem sie sich der Geschenke rühmten, die sie doch von Gott empfangen hatten, und sie erregten nicht wenig Mißfallen, indem sie sich selbst gefielen. Denn sie überschritten im Übermut die Grenze des eigenen Freiraums, wurden dem Joch der Gefangenschaft überantwortet und so aufgrund ihres Hochmuts zur Beute und zum Gelächter ihrer Feinde, sie, die nicht in Demut die Krone der Herrlichkeit hatten sein wollen. Höre also! Eine Jungfrau Christi, die im Kloster unter anderen heiligen Jungfrauen Fortschritte macht, ist wie ein leuchtender Morgenstern am Himmel, wie eine Rose im Paradies, wie ein herrlicher Ölbaum im Olivenhain, wie eine Traube im Weinberg. Denn sie leuchtet im strahlenden Glanz der Keuschheit, sie blüht und duftet durch das Beispiel ihres heiligen Rufs, sie vergießt gewissermaßen das Öl empfangener Gnade durch den Überfluß an Tugenden und preßt den süßen Geschmack aus der Traube von Eintracht und Demut. Wenn sich aber Überheblichkeit breitmacht, sie eigenem Verdienst zuschreibt, was sie ist, sie ganz und gar vor Stolz anschwillt und immer weniger Dank abstattet, dann verwandelt sich ihr Licht in Schatten, die Rose in wilde Narde, der Ölbaum in einen Dornbusch, die Traube in wilden Wein. Dann wird aus der Stillen eine Tollkühne, aus der Sanftmütigen eine Trotzige, die immer das für einen unrechten Vorwurf hält, was nicht ihrem eigenen Lob dient, oder die, wenn etwa ein Tadel ihren plumpen Leidenschaften widerspricht, von so viel Lastern erfüllt wird wie früher von Werkzeugen der Tugend. Nachdem also der geistliche Schmuck von ihr genommen ist, wird aus der Verständigen eine Törichte, eine Nachlässige aus der, die Fortschritte machte, und nachdem das Öl göttlicher Liebe verschüttet ist, mit dem ihre Lampe hätte offen brennen sollen, wird sie mit den törichten Jungfrauen zurückgewiesen, nachdem durch ihre eigenen Fehler sogar das Licht der Frömmigkeit erloschen ist. „Und statt Wohlgeruch", sagt Jesaja, „wird Gestank

pro zona funiculus, pro crispanti crine calvitium et pro
fascia pectorali cilicium." Agat igitur virgo gratias virgini-
tatem danti corde humili, non arroganti, ne perdat inflata,
quod meruit humiliata. „Deus enim superbis resistit, humi-
libus autem dat gratiam. Ipse est enim, qui operatur in nobis 5
et velle et operari pro bona voluntate."

T.: Quia, pater venerande, de hac flebili admodum spiritalium ornamentorum mutatione mentionem fecisti, quaeso, ut paucis exponas, qualiter intelligendum sit, quod de
indumentorum ornatu idem propheta contexuit et hoc or- 10
natu filias Syon spoliandas praedixit, cum enim dixisset,
sicut paulo ante docebas: „Pro eo quod elevatae sunt filiae
Syon et ambulaverunt extento collo et nutibus oculorum
ibant et plaudebant et composito gradu incedebant, decal-
vabit dominus verticem filiarum Syon et dominus crinem 15
earum | nudabit." Et sequitur: „In die illa auferet dominus | 68
ornatum calciamentorum et lunulas et torques et monilia,
armillas, mitras, discriminalia, periscelides et murenulas,
olfactoriola et inaures et anulos et gemmas, in fronte pen-
dentes, et mutatoria et pallia, linteamina, acus et specula, 20
sindones et theristra." Quia igitur speculum visibus nostris proponere decrevisti, non pigeat te de hoc speculo et
ornatu isto ad litteram et figuram aliqua resolvere, ut ipsa
de his scientia sit filiabus Syon, id est Christi virginibus
cautelae providentia, ne iuxta apostolum „vestitae nudae 25

sein, und statt eines Gürtels ein Strick, statt lockigen Haars
eine Glatze, und statt des Brusttuchs ein härener Sack" (Jes
3, 24). Darum soll die Jungfrau mit demütigem, nicht mit
überheblichem Herzen dem Dank sagen, der die Jungfräulichkeit schenkt, damit sie nicht als Hochmütige verliert,
was sie als Demütige verdient hat. „Denn Gott widersteht
den Stolzen, aber den Demütigen schenkt er Gnade" (1 Petr
5, 5). „Denn er selbst ist es, der in uns das Wollen und das
Vollbringen bewirkt entsprechend seinem guten Willen"
(vgl. Phil 2, 13).

T.: Weil du, verehrter Vater, von dieser bedauernswerten
Veränderung des geistlichen Schmucks gesprochen hast,
bitte ich dich, daß du mit wenigen Worten erklärst, wie es
zu verstehen ist, daß derselbe Prophet über den Schmuck
der Gewänder berichtet und vorhersagt, daß die Töchter
Zions dieses Schmucks beraubt werden müssen, zumal er
doch gesagt hatte, so wie du es vorher mit Paulus gelehrt
hast: „Weil die Töchter Zions stolz waren und mit erhobenem Hals daherkamen und mit lüsternem Blick gingen und
klatschten und mit geziertem Schritt trippelten, darum
wird der Herr den Scheitel der Töchter Zions kahl machen,
und der Herr wird ihre Schläfe entblößen" (Jes 3, 16 f). Und
es folgt: „An diesem Tag wird der Herr den Schmuck der
Schuhe von ihnen nehmen, die kleinen Monde und Ketten
und Ohrgehänge, die Armspangen und Hauben und Kämme, die Kniespangen und Fußkettchen, die Riechfläschchen und Ohrringe und Fingerringe und Steine, die an der
Stirn hängen, die Feierkleider und Mäntel, die Tücher,
Täschchen und Spiegel, die Hemden und Schleiergewänder" (Jes 3, 18–23). Weil du aber beschlossen hast, unserem
Blick einen Spiegel vorzuhalten, soll es dich nicht verdrie
ßen, einiges über diesen Spiegel und über diesen Schmuck
nach Buchstabe und Bild zu erklären, damit allein die
Kenntnis dieser Dinge für die Töchter Zions, das heißt für
die Jungfrauen Christi, Schutz und Vorsorge ist, damit sie
nicht nach dem Wort des Apostels „als Bekleidete nackt

inveniantur", dum minus circumspectae nec de ornamentis divinitus acceptis sollicitae satis inveniuntur.

P.: Quod in scripturis sacris et maxime in his horrendis comminationibus studiosa videris, maximo gradu per hoc ad alta contendis, quia nullo umquam studio sic aboletur 5 squalor vitiorum quomodo meditatione scripturarum. Cum enim Christus verbum sit patris, totiens Christum geris in pectore quotiens delectaris verbo vitae. Ubi igitur locus erit vitiorum, quando apud te geris fontem virtutum? Quid sit ergo filias Syon extento collo ire vel nutibus 10 oculorum et in ceteris, quae secuntur, ambulare, pro quo peccato meruerunt denudari, paucis accipe, post de ornamentis conabimur pro viribus, te orante, tecum aliqua conferre. Syon speculatio dicitur, cuius filiae sunt sanctae animae, virgines praecipue ad auctorem suum ardentissimo 15 amore speculandum procreatae. Quae dum oculis suis magnae pulchraeque videntur, erroris proprii devio seducuntur. „Ubi enim fuerit superbia, ibi erit et contumelia, ubi autem humilitas, ibi et sapientia", et illud: „Antequam conteratur, exaltatur cor hominis, et antequam glorificetur, 20 humiliatur."

T.: Quomodo ergo collum extendunt?

P.: Sicut collo extento caput altius erigitur, sic virtutum 69 praesumptione vel donorum gratia mens stulta plerumque levatur, propriis ascribens meritis, quod habet ex divinis 25 beneficiis. Quaerens enim suis viribus altiora cuncta sibi

[55] Vgl. z.B. AUGUSTINUS, *in psalm.* 9,12 (CCL 38,64).

gefunden werden" (vgl. 2 Kor 5,3), wenn sie sich zu wenig umsichtig zeigen und zu wenig bemüht um den Schmuck, den sie von Gott empfangen haben.

P.: Weil du dich in der heiligen Schrift und insbesondere bei den schrecklichen Androhungen so lernbegierig zeigst, eilst du dadurch mit großen Schritten schon zu den Höhen, weil durch keinen Eifer der Schmutz der Laster jemals so abgestreift wird wie durch die Betrachtung der heiligen Schrift. Weil nämlich Christus das Wort des Vaters ist, trägst du so oft Christus in deinem Herzen, wie du dich am Wort des Lebens erfreust. Wo soll denn da noch Platz für Laster sein, wenn du den Quell der Tugenden bei dir trägst? Höre also mit wenigen Worten, was es bedeutet, daß die Töchter Zions erhobenen Hauptes daherkommen, sogar mit lüsternen Augen umherspazieren und den übrigen Dingen, die folgen; denn für diese Sünde haben sie verdient, entblößt zu werden; danach wollen wir nach unseren Kräften versuchen, einiges mit dir über den Schmuck zu besprechen, da du ja darum bittest. Zion heißt ,Ausschau'[55], und seine Töchter sind die heiligen Seelen, vor allem die Jungfrauen, die geschaffen sind, um in glühender Liebe nach ihrem Schöpfer Ausschau zu halten. Wenn sie aber vor ihren eigenen Augen sich schön und groß dünken, dann werden sie auf dem falschen Pfad eigenen Irrtums vom Weg abgelenkt. „Wo nämlich Stolz gewesen ist, da wird Schande sein, wo aber Demut war, da wird auch Weisheit sein" (Spr 11,2), und jenes Wort: „Das Herz des Menschen ist überheblich, bevor es gestürzt wird, und demütig, bevor es verherrlicht wird" (Spr 18,12).

T.: Wie reckten sie denn den Hals hoch?

P.: So wie mit ausgestrecktem Hals der Kopf höher getragen wird, so wird ein törichter Sinn meistens durch Einbildung von Tugenden oder sogar durch die Gnade von Geschenken erhoben, indem er eigenem Verdienst zuschreibt, was er aus göttlicher Wohltat hat. Denn indem er mit eigenen Kräften die höheren Dinge sucht, vertraut er

credit inferiora, quodque statum aestimat, casus est, quod
gloriam, offensio. Nihil quippe periculosius est quam gloriae cupiditas et iactantiae et animus virtutum conscientia
tumens. Achab, perfidus rex Samariae tam plenus vitiis
quam divitiis cor ad momentum humiliavit, caput inclinavit 5
et iratum iudicem sibi conciliavit; porro Nabuchodonosor
extento bracchio et collo mutatus in bestiam est. Humilitas
peccatorem deo reconciliat, superbia de homine bestiam
creat.

T.: His psalmus concinit: „Homo cum in honore esset, 10
non intellexit, comparatus est iumentis insipientibus."

P.: Denique in nutibus oculorum filiarum Syon duplex
cor et inconstans intellige, ubi quod mens malitiose vel
vane concipit, indecenti gestu corporis prodit et, quod
gerit intus, exterius ostendit. Quod vero dicit, quod plau- 15
derent manibus et de gradu composito ad eundem sensum
respicit, quia stultae virgines omne bonum, quod rationabili sensu sursum acceperant, ex cursu morum indisciplinato deorsum expendebant, ideoque denudari meruerunt,
quia disciplinam suo nomini competentem neglexerunt. 20
Crede verbis nostris, filia, sermo iste propheticus specialiter adversus eas dirigitur, quae professae castitatem divino
servitio se manciparunt et propter sanctimoniae professio-
nem sanctimonialium nomen acceperunt, quarum quaedam abiecto timore vel amore divino retro satanan conver- 25
sae sunt, infinito modo matrimonio vinctis deteriores.

sich selbst die niederen an, und was er für festen Stand hält, ist Sturz, was er für Ruhm hält, ist Beleidigung. Denn es ist ja wirklich nichts gefährlicher als die Begierde nach Ruhm und Prahlerei und ein Herz, das sich im Bewußtsein von Tugenden aufbläht. Ahas, der ungetreue König von Samaria, der ebenso viele Fehler hatte wie Reichtümer, demütigte für einen Augenblick sein Herz, neigte sein Haupt und gewann so den erzürnten Richter für sich (vgl. 2 Kön 16,7–9). Weiter wurde Nebukadnezzar mit erhobenem Arm und Hals in ein Tier verwandelt (vgl. Dan 4,30). Demut versöhnt den Sünder mit Gott, Hochmut macht aus dem Menschen ein Tier.

T.: Dazu stimmt der Psalmengesang: „Der Mensch versteht nicht, daß er dem törichten Vieh gleich ist, solange er in Ehren steht" (vgl. Ps 49,13: Vg. Ps 48,13).

P.: Schließlich mußt du unter dem Augenzwinkern der Töchter Zions ein zweideutiges und wankelmütiges Herz verstehen, wo der Geist arglistig und eitel das plant, was dann in der unschicklichen Haltung des Körpers zutage tritt, und äußerlich zeigt, was er innerlich in sich trägt. Was er aber darüber sagt, daß sie in die Hände klatschen, und vom gezierten Schritt, so zielt das auf den gleichen Sinn, weil die törichten Jungfrauen alles Gute, was sie an vernünftigem Sinn von oben empfangen hatten, in ungeordnetem Gang der Sitten nach unten wieder auszahlten und darum die Entblößung verdient haben, weil sie die Zucht vernachlässigten, die ihrem Namen angemessen ist. Glaube unseren Worten, Tochter! Diese Rede des Propheten richtet sich besonders an die, die sich dem göttlichen Dienst geweiht haben, indem sie Keuschheit gelobten, und die wegen ihres Gelübdes (sc. der Profeß), in dem sie sich zu einem heiligmäßigen Leben verpflichten, Nonnen genannt werden; von denen haben sich aber einige dann wieder zurück zum Satan gewandt, indem sie Gottesfurcht und Gottesliebe von sich stießen, und diese stehen noch tiefer als die, die nur im Ehestand ohne Ende gebunden sind.

Fides enim matrimonialis coniugatorum ordinem sanctifi-
cat, violata virginalis vitae professio omnem foedo cursu
excedit peccati squalorem. De quibus Ieremias: „Virgines",
inquit, „eius squalidae." | Sunt enim, proh dolor, quae | 70
nomen quidem sanctitatis habent, candidato immo pretio- 5
sissimo habitu fidem saeculo servant, in commune deo
serviunt, domos suas iuxta monasteria collocant, adeo placendi cupidine vel libidine exagitatae, ut quos in amorem
sui illexerint, capiant et occidant, per quas vere „nomen dei
blasphematur", quia cum ipsa professio legitimum conubi- 10
um prohibeat, furtim prostituuntur, et ab his tota ecclesia
scandalizatur. Harum nefandam a deo suo aversionem idem
propheta qui supra deplorat his verbis: „Descende, sede in
pulvere." De quibus non est dicendum per singula, sed
gemendum. Felices igitur Christi virgines, quae mutato 15
habitu et animo voluntaria se inclusione humanos aspectus
subterfugiunt sicque totius discriminis hostilis impetus oc-
casiones de medio tollunt. Sed de ornamentis, quae tibi
superius vel ad litteram vel ad misterium exponi rogasti,
restat aliqua tecum conferre.   20

T.: Et hoc omnibus modis efflagito.

P.: „In die", inquit, „illa auferet dominus ornatum calciamentorum", et cetera. Primum igitur quomodo acci-
pienda sint ad litteram, resolvam, ut rogasti, deinde quid
misterii contineant, oportet annecti. Ornamenta calcia- 25
mentorum lascivia muliebris pedibus suis applicat, ut ma-

Denn die eheliche Treue heiligt den Stand der Verheirateten, wenn aber das Gelübde jungfräulicher Lebensführung verletzt wird, so ist auf dem schändlichen Weg jedem Schmutz der Sünde Raum gegeben. Von diesen sagt Jeremia: „Ihre Jungfrauen starren vor Schmutz" (Klgl 1, 4 Vg.). Es gibt nämlich — welcher Schmerz — einige, die zwar den Namen der Heiligkeit tragen, die aber in schneeweißem und sehr kostbarem Gewand in Wirklichkeit der Welt die Treue halten, in der Gemeinschaft Gott dienen, ihre Wohnungen neben den Klöstern aufschlagen, aber so sehr von der Begierde und Lust zu gefallen umgetrieben sind, daß sie diejenigen, die sie zur Liebe zu sich verlockt haben, fangen und vernichten; durch diese wird wahrlich „der Name Gottes geschändet" (Röm 2, 24), weil sie sich, da ja ihr Gelübde eine rechtmäßige Ehe verhindert, heimlich preisgeben, und von diesen wird über die ganze Kirche Schande gebracht. Über deren verruchte Abkehr von Gott sagt derselbe Prophet, der auch schon oben klagt: „Steig herab, laß dich nieder im Staub" (Jes 47, 1). Darüber kann man im einzelnen nichts sagen, nur seufzen. Glücklich darum die Jungfrauen Christi, die Kleidung und Gesinnung tauschen und sich in freiwilliger Klausur dem Anblick der Menschen entziehen und so die Gelegenheit zur Gefahr eines feindlichen Angriffs vollkommen aus ihrer Mitte verbannen. Aber es bleibt noch einiges mit dir über den Schmuck zu besprechen, nach dem du weiter oben gefragt und gebeten hast, daß er dir sowohl nach seiner wörtlichen Bedeutung wie nach seinem mystischen Sinn erklärt werde.

T.: Darum bitte ich eindringlich auf jede Weise.

P.: „An jenem Tag", sagt er, „wird der Herr den Schmuck ihrer Schuhe wegnehmen" und so weiter (Jes 3, 18). Zuerst will ich nun, deiner Bitte entsprechend, erklären, wie diese Dinge nach dem Buchstabensinn zu verstehen sind, danach soll hinzugefügt werden, was sie an Geheimnis enthalten. Mutwille, wie er Frauen eigen ist, veranlaßt sie, daß sie ihre eigenen Füße mit dem Schmuck von Schuhen ausstatten,

gis ex hoc amatoribus suis placeat. Lunulae bullae quaedam
sunt, artificis studio lunae vel auro vel argento vel alio
quolibet metallo assimilatae. Torques aurum est circa collum quasi armilla colli, quo maxime orientales usi sunt.
Monilia sunt omnia matronarum ornamenta. Aliter. Monile 5
est quoddam collo dependens ornamentum, gemmis et au-
reis catenulis pulchre variatum. Armillae brachiorum sunt
ornamenta aurea. Mitra capitis lineum quoddam pilleum
est. Discriminalia ex eo vocata sunt, quod crines | capitis ad | 71
decorem suum conservandum discernant. Periscelides 10
sunt, quibus crura mulierum exornantur ut armillis brachia.
Murenulae gutturis ornamenta sunt et colli in similitudinem quandam murenae serpentis. Olfactoriola mulierum
sunt vasa variis odoramentis aptata. Inaures aurium ornamenta dependentia. Anulos dicit circulos aureos digitis 15
ornandis aptatos. Acus aliomodo spinter dicitur, quo cami-
sia mulierum sub gutture constringitur, ne pectus nudum
videatur. Specula dicta sunt a speculando, eo quod facies
suas et capitis ornatum in eo soleant speculari, quod ne-
queunt alio modo intueri. Sindones amictoria linea sunt, 20
vittae vero, quibus vel indumenta vel crines defluentes
vinciuntur. Theristra sunt aestiva mulierum pallia, admodum levia vel tenera, quibus aestate solent uti, ne caumate
laborent, fascia est vitta pectoralis, qua pectoris papillae

um damit um so mehr ihren Liebhabern zu gefallen. Halb-
mondketten sind gewissermaßen Amulette, die die Kunstfertigkeit des Goldschmieds dem Mond ähnlich gestaltet
hat, sei es in Gold, Silber oder irgendeinem anderen beliebigen Metall. Aus Gold besteht die Halskette, gleichsam
eine Armspange für den Hals, die vor allem bei den Orien-
talen in Gebrauch ist. Alle Gehänge sind Schmuckstücke
für verheiratete Frauen. Anders gesagt: Gewissermaßen als
Gehänge bezeichnet man das Schmuckstück, das am Hals
herabhängt und mit Edelsteinen und goldenen Kettchen
schön verziert ist. Armspangen sind der goldene Schmuck
für die Arme. Die Bedeckung für den Kopf ist gewissermaßen eine Haube aus Leinen. Haarkämme werden darum so
genannt, weil sie das Haupthaar ordentlich kämmen, um so
seine Zierde zu erhalten. Die Fußkettchen sind es, mit
denen die Knöchel der Frauen geschmückt werden so wie
die Arme mit Armspangen. Die Kehlbänder sind ebenfalls
ein Schmuck für den Hals, in gewisser Weise vergleichbar
der Muränenschlange. Die Riechfläschchen der Frauen
sind Gefäße, die für verschiedene Duftstoffe geeignet sind.
Ohrringe sind der Schmuck, der von den Ohren herabhängt. Als Fingerringe bezeichnet er die goldenen Ringe,
die zum Schmuck der Finger geeignet sind. Die Nadel, mit
der das Hemd der Frauen unter dem Halsansatz zusammengehalten wird, damit man nicht die nackte Brust sieht,
wird mit anderem Namen auch Spange genannt. Spiegel
haben ihren Namen vom Schauen, deswegen weil Frauen
ihre Gesichter und ihren Schmuck darin zu betrachten
pflegen, weil sie sich auf andere Weise nicht anschauen
können. Überwürfe nennt man die Tücher aus Leinen,
Binden aber sind solche, mit denen entweder die Kleider
oder die herabwallenden Haare zusammengebunden werden. Umhängetücher sind die sommerlichen Gewänder der
Frauen, weitgehend leicht und zart, die sie im Sommer zu
benutzen pflegen, um nicht unter der Hitze zu leiden.
Unter Brusttuch versteht man ein Band, mit dem die Brüste

comprimuntur, ut gratior intuentium oculis videatur. Ecce
quid sint haec quantum ad litteram ornamenta novisti, in
quibus plus vanitatis quam necessarii cultus est.

T.: Merito tantis ornamentis filias Syon propheticus sermo spoliandas denuntiat, ubi magis vanitatis, ut ais, quam 5
necessitatis usus et cura est. Levitas enim muliebris multa
corpori suo superflua solet apponere, non necessitati ratione consulere.

P.: Nonne habes in apostolo, quod „mulier innupta cogitat, quomodo placeat deo, quae autem nupta est, cogitat, 10
quae mundi sunt, quomodo placeat viro"? Diversus amor
utriusque discernit inter utrumque.

T.: Constat plane. Sed si qua in his ornamentis mistica
latent, adiunge praecedentibus.

P.: Iste quidem ornatus spiritaliter intellectus iuxta pro- 15
phetae comminationem synagogam specialiter respicit,
quae sub antiquis florens patribus hoc habitu ornari meru-
erat, quae fide, vita et religione gentes ydolatras praecede-
bat. Porro Christo veniente tene|bris infidelitatis confusa | 72
digno ornatu penitus denudatur, cuius turpitudo iuxta Na- 20
um prophetam gentibus demonstratur. Generaliter vero
propheticus sermo quamlibet animam sacram respicit, quae
relapsa post virtutes ad vitia et decorem amittit gratiae

---

[56] Vgl. hierzu GREISENEGGER, *Ecclesia und Synagoge.*

zusammengehalten werden, um den Augen der Betrachter um so anmutiger zu erscheinen. Siehst du, da hast du nun erfahren, was es mit diesem Schmuck, soweit es den wörtlichen Sinn betrifft, auf sich hat, wobei diese Dinge mehr der Eitelkeit als der notwendigen Pflege.

T.: Mit Recht verkündet das Wort des Propheten, daß die Töchter Zions ihres Schmucks, der so umfangreich war, beraubt werden müssen, wo der Gebrauch und die Sorgfalt, wie du sagst, mehr auf Eitelkeit gerichtet ist als auf Notwendigkeit. Denn der leichtfertige Sinn von Frauen pflegt ihrem Körper viel Überflüssiges anzuheften, nicht mit Vernunft nach dem Notwendigen zu fragen.

P.: Hast du es nicht im Wort des Apostels, daß „eine unverheiratete Frau daran denkt, wie sie Gott gefalle, die aber verheiratet ist, denkt an die Dinge der Welt und wie sie ihrem Mann gefalle" (1 Kor 7,34)? Denn die unterschiedliche Liebe einer jeden von diesen beiden zieht eine Trennungslinie zwischen beiden.

T.: Das steht eindeutig fest. Wenn aber in diesem Schmuck irgendein geheimnisvoller Sinn verborgen liegt, so füge es dem Vorangehenden hinzu.

P.: In der Tat zielt dieser Schmuck, im geistlichen Sinn verstanden, entsprechend der Drohung des Propheten ganz besonders auf die Synagoge[56], die es in ihrer Blüte unter den alten Vätern verdient hatte, mit diesem Aufzug geschmückt zu werden, da sie in Glauben, Lebensführung und göttlicher Verehrung den Völkern des Aberglaubens voranschritt. Später, als Christus kam, wurde sie durch die Finsternis des Unglaubens verwirrt, ihres entsprechenden Schmuckes vollkommen beraubt, und ihre Schändlichkeit wurde nach der Prophezeiung Nahums den Heiden vor Augen geführt. In einem allgemeinen Sinn bezieht sich nun allerdings das Wort des Propheten auf jede beliebige, heilige Seele, die, wenn sie nach den Tugenden in die Laster zurückverfallen ist, auch den Schmuck geistlicher Gnade

spiritalis, vel quem dedit ratio naturalis. Sed nunc videamus
mistica virginum ornamenta sponsalia de propheta. Quid
de calciamentis aliud intelligendum est, nisi quod habes in
Canticis canticorum: „Quam pulchri sunt gressus tui in
calciamentis tuis, filia principis“? Quae est vero filia prin- 5
cipis nisi Christi virgo corpore et mente pudica? Cuius
pulchri sunt gressus in calciamentis, id est sacrae actiones
ex patrum exemplis. Sicut enim pedes pellibus mortuorum
muniuntur animalium, sic actus nostri firmantur mortifica-
tione vitiorum per exempla praecedentium patrum. Lunu- 10
lae sunt, sicut iam dictum est, expressae quaedam imagines,
formam humanam praetendentes. Ex secretis igitur, id est
ex sigillis ista forma praefertur, unde virginale pectus orna-
tur. „Ad imaginem enim et similitudinem dei factus est
homo“, ad imaginem quidem sapientia et ratione, ad simi- 15
litudinem morum sanctitate et iustificatione. Cum igitur
virgo secundum deum vivit, hoc ornamento pectus, in quo
deus latet, recte munit. Habes hoc in Paulo, qui ait: „Reno-
vamini spiritu mentis vestrae et induite novum hominem,
qui secundum deum creatus est in iustitia et sanctitate 20
veritatis.“

T.: Cum ornamentum istud lunae constet assimilari et a
luna vocari, quid hinc datur intelligi?

P.: Nonne habes scriptum de sponsa Christi, quod sit
„pulchra ut luna, electa ut sol“? Sicut enim incrementis et 25
detrimentis luna variatur, sic anima fidelis nunc defectu,
nunc profectu vices alternare et mutari videtur. Torques,

verliert, sogar den, den die vernünftige Naturanlage ihr
gegeben hat. Aber nun wollen wir den geheimnisvollen
Hochzeitsschmuck der Jungfrauen nach der Aufzählung
des Propheten betrachten. Was ist denn unter dem Schuh-
werk anderes zu verstehen als das, was du auch im Hohenlied hast: „Wie schön sind deine Schritte in deinen Sandalen, du Tochter des Fürsten!" (Hld 7,2)? Wer aber ist nun
die Fürstentochter, wenn nicht die Jungfrau Christi, keusch
an Leib und Seele? Schön sind ihre Schritte in den Sandalen,
das heißt ihr heiliges Handeln nach dem Beispiel der Väter.
So wie nämlich die Füße durch das Fell toter Tiere ge-
schützt werden, so wird unser Handeln gefestigt durch
Abtötung der Laster nach dem Beispiel der Väter, die uns
vorangingen. Die kleinen Halbmonde sind, wie schon oben
gesagt wurde, sozusagen im Abdruck genommene Bilder,
die auf die menschliche Gestalt verweisen. Denn aus dem
Verborgenen, das heißt aus der Siegelform, wird diese Gestalt gewonnen, mit der die Brust der Jungfrau geschmückt
ist. „Denn nach dem Bild und in der Ähnlichkeit Gottes ist
der Mensch geschaffen" (Gen 1,26), nach dem Bild aufgrund von Einsicht und Vernunft, in der Ähnlichkeit aufgrund von Heiligung der Sitten und Rechtfertigung. Wenn
also eine Jungfrau Gott gemäß lebt, dann schützt sie mit
diesem Schmuck in rechter Weise ihre Brust, in der Gott
verborgen ist. Du hast das bei Paulus, der sagt: „Erneuert
euch im Geist eures Herzens, und zieht einen neuen Menschen an, der nach Gott geschaffen ist in Gerechtigkeit und
Heiligkeit der Wahrheit" (Eph 4,23 f.).

T.: Wenn feststeht, daß dieses Schmuckstück dem Mond
nachgebildet ist und nach dem Mond benannt wird, was ist
daraus für ein Sinn zu entnehmen?

P.: Hast du nicht von der Braut Christi gelesen, daß sie
„schön ist wie der Mond, auserlesen wie die Sonne" (Hld
6,10)? So wie sich nämlich der Mond im Zu- und Abneh-
men verändert, so scheint auch die gläubige Seele ihr Wesen
zu ändern und zwischen Nachlassen und Fortschritt hin

quaere in Salomone, quid promittat; pater filio sapientiae
studioso: „Audi", inquit, „fili mi, disciplinam patris tui et
ne dimittas legem matris tuae, ut addatur gratia capiti | tuo | 73
et torques collo tuo." Sicut enim collum caput et corpus sic
fides deum coniungit et hominem per fidem accessum ad 5
deum habentem. „Impossibile est enim sine fide deo placere" et „iustus ex fide vivit." Porro per aurum sapientiam
intellige. Cum ergo digna sanctae fidei opera agis, quid
aliud quam collum torque aurea cingis? Sicut enim aurum
splendet quidem in se, magis tamen in homine, sic fides 10
magna quidem in se, magis tamen splendet in opere.

T.: Magnus decor iste virginis, in quo deus homini con-
iungitur, id est reconciliatur, dum fides operibus adiuvatur.

P.: Magnus etiam matronalis ornatus constat in monili-
bus, ubi auro lapis includitur, ut decor utriusque splendeat 15
ex utroque.

T.: Et quid hoc significat?

P.: Cum mentis purae conscientia in divina sapientia
splendescis quasi gemmam auro includis et, ut sponso
placeas aeterno, quoddam monile pretiosissimum efficis. 20
Dicitur etiam in Canticis canticorum: „Murenulas aureas
faciemus tibi vermiculatas argento." Murenulis monilia
collo vinciuntur, quia sapientia et religio per scripturas
praedicatores efficit. Sed qua re argento vermiculatae nisi
quod omne, quod virgo Christi loquitur, sapientiae luce 25

und her zu wechseln. Was das Halsband verheißt, forsche
bei Salomo nach! Der Vater sagt zu seinem Sohn, der
begierig ist nach der Weisheit: „Gehorche, mein Sohn, der
Zucht deines Vaters, und stoß nicht die Lehre deiner Mutter von dir, damit deinem Haupt Glanz geschenkt werde
und deinem Hals eine Kette" (Spr 1, 8 f). So wie nämlich der
Hals das Haupt und den Leib verbindet, so der Glaube
Gott und den Menschen, der durch den Glauben Zugang
zu Gott hat. „Es ist unmöglich, ohne Glauben Gott zu
gefallen" (Hebr 11, 6), und „der Gerechte lebt aus dem
Glauben" (Röm 1, 17). Weiter sollst du unter dem Gold die
Weisheit verstehen. Wenn du nämlich Werke tust, die dem
heiligen Glauben entsprechen, was tust du dann anderes als
deinen Hals mit einer goldenen Kette umschlingen? So wie
nämlich das Gold zwar schon von sich aus glänzt, mehr
aber noch am Menschen, so ist der Glaube wahrlich schon
in sich groß, er glänzt aber noch strahlender im Werk.

T.: Groß ist dieser Schmuck der Jungfrau, in dem sich
Gott mit dem Menschen vereinigt, das heißt wieder versöhnt, wenn der Glaube durch Werke unterstützt wird.

P.: Groß ist aber auch der Schmuck der verheirateten
Frauen, der in Hängeketten besteht, wo der Stein von Gold
eingefaßt ist, so daß der Liebreiz von beiden aus beiden
strahlt.

T.: Und was meint das?

P.: Wenn du im Bewußtsein eines reinen Herzens in
göttlicher Einsicht erstrahlst, faßt du gewissermaßen den
Edelstein in Gold und stellst eine außerordentlich kostbare
Hängekette her, um deinem himmlischen Bräutigam zu gefallen. Auch im Hohenlied heißt es: „Wir wollen dir goldene
Kettchen machen mit kleinen versilberten Kugeln" (Hld
1, 11). Durch die Kettchen werden die Hängeketten am Hals
festgemacht, weil Weisheit und Frömmigkeit durch die Vermittlung der heiligen Schrift Prediger hervorbringt. Aber
aus welchem Grund sind sie versilbert, wenn nicht darum,
weil alles, was die Jungfrau Christi spricht, wahrhaftig im

splendescere probatur? Per aurum enim sapientes, per argentum sapientium videbis eloquentiam. In anulo „fidei signaculum" demonstratur, quo virginem suam Christus subarravit et sibi gratia mediatrice sociavit. In anulo quippe auro lapis includitur, ut alterum splendeat ex altero et compositione specierum ornatus communis augeatur. Nonne de hoc anulo habes de patre et prodigo filio, ubi dicitur: „Date anulum in manu eius"? Quid est enim lapis pretiosus in auro nisi pudica mens in corpore casto? Quid est gemma rutilo | vinculata metallo nisi in spiritu divinae dilectionis victrix carnalis concupiscentiae virgo? Porro in acu virtutum amorem vel timorem poenarum adverte, quibus mens excitata nuditatem suam compuncta resarcit et pectus contra cogitatus inutiles contractis hinc inde virtutum tegumentis componit. Venit etiam dominus in acu scissa nostra resarcire, punctus pro nobis dirae passionis acumine.

T.: Quotiens, pater, „angustias acus huius transire" videmur, quae ut „oves occisionis aestimatae pro Christo tota die" laboribus diversis afficimur!

P.: „Nemo coronatur, nisi legitime certaverit." Vere filia, si coronari desideras, prius oportet, ut pugnes. Restat corona post victoriam, sed eis, qui exercentur ad pugnam. Sed si virgines primum nascentis ecclesiae respexeris, tempora

Licht der Weisheit leuchtet? Denn im Gold wirst du die
Weisen erkennen, im Silber aber die Beredsamkeit der Weisen. Im Ring wird „das Siegel des Glaubens" (Röm 4,11)
gezeigt, mit dem Christus seine Jungfrau an sich gebunden
und sich mit ihr mit Hilfe der Gnade als Mittlerin vereinigt
hat. Im Ring ist natürlich der Stein von Gold umschlossen,
damit das eine vom anderen seinen Glanz empfängt und die
Zierde des Schmucks im gesamten durch das Zusammenfügen der Materialien erhöht wird. Und hast du nicht auch
eine Aussage über diesen Ring in der Geschichte vom Vater
und dem verschwenderischen Sohn, wo es heißt: „Steckt
ihm einen Ring an seine Hand" (Lk 15,22)? Was ist denn
dieser kostbare Stein in Gold, wenn nicht ein reines Herz
in einem keuschen Körper? Was bedeutet dieser Edelstein,
gefaßt im rötlich schimmernden Metall, wenn nicht die
Jungfrau, die im Geist göttlicher Liebe Siegerin über die
fleischliche Begierde bleibt? Weiter beachte nun in der
Nadel die Liebe zu den Tugenden und die Furcht vor
Strafe; durch sie deckt der Geist erschüttert und gequält
seine Blöße und schützt die Brust vor unnützen Gedanken
durch die Gewänder der Tugend, die mit dieser Nadel
zusammengehalten werden. Auch der Herr ist gekommen,
um unsere Zerrissenheit mit einer Nadel wieder auszubes-
sern, indem er für uns von der Nadel bitteren Leidens
durchbohrt wurde.

T.: Wie oft, Vater, scheinen wir „dieses enge Nadelöhr zu
durchschreiten" (vgl. Mt 19,24), die wir von verschiedenen
Mühen heimgesucht werden „wie Schafe, die um Christi
willen alle Tage für die Schlachtbank bestimmt sind" (Röm
8,36)!

P.: „Niemand wird gekrönt, wenn er nicht richtig gekämpft
hat" (2 Tim 2,5). Wahrlich, Tochter, wenn du dir wünschst,
gekrönt zu werden, dann mußt du vorher kämpfen. Die
Krone steht bereit nach dem Sieg, aber nur für die, die sich
zum Kampf rüsten. Wenn du aber zurückblickst auf die
Jungfrauen aus der Zeit der eben erst entstehenden Kirche,

tua pace plena videbis. Necdum enim usque ad sanguinem
restitisti, necdum alapas et sputa Christi promeruisti. Sed
si qua restant de ornamentis dicenda, require, quia de patientia, quae ad pietatis cultum maxime necessaria est, in
sequentibus pauca dicemus, qua praemunita draconem ve- 5
teranum eundemque malitiae tenebris aethiopem calcibus
tundas et annisu virili scalam ad caelum erectam conscen-
das.

T.: Quid speculum, quid mitra, quid vitta, quid discriminalia sint, consequenter annecte, ut quod feminis ornatus 10
iste conferre videtur exterius, misticis significationibus pro
nobis agat interius.

P.: „Videmus", ait apostolus, „per speculum et in aenig-
mate, tunc autem facie ad faciem." Cum igitur libertatis
nostrae principio, qua ad imaginem dei conditi sumus, 15
intendimus, quid aliud quam „vultum nativitatis nostrae
quasi in speculo consideramus? Invisibilia enim dei per ea,
quae facta sunt, intellecta conspiciuntur", et „nos revelata
facie gloriam dei speculantes in eandem imaginem transfor-
mamur a claritate in claritatem", et ut idem ait apostolus: 20
„Renova|mini spiritu mentis vestrae et induite novum homi- | 75
nem, qui secundum deum creatus est in sanctitate et iustitia
veritatis." De mitra dicit propheta: „Sicut sponso imposuit
mihi mitram", et Ieremias de ecclesia: „Et imponent", inquit, „mitram capiti tuo honoris aeterni", de vitta habes in 25
Canticis canticorum: „Sicut vitta coccinea labia tua", de

---

[57] Bereits hier wird auf das Bild am Ende von Buch 8, unten 714,1 f,
verwiesen, wo der dunkelhäutige Äthiopier mit gezücktem Dolch auf den
Sprossen der Leiter steht und den Jungfrauen den Aufstieg zu Christus
verwehrt; vgl. zur Reminiszenz dieser beiden Stellen an die Akten der
PERPETUA *Spec. virg.* 8, unten 716,7, mit Anm. 175.

dann wirst du sehen, daß deine Zeit voll von Frieden ist.
Denn du hast noch nicht bis aufs Blut Widerstand geleistet,
du hast noch nicht die Schläge und das Bespeien Christi
verdient. Wenn aber noch irgendetwas übrig ist, was über
den Schmuck zu sagen wäre, so frage nach, weil wir dann
im folgenden einige wenige Worte über die Geduld sagen
wollen, die für die Ausübung der Frömmigkeit am meisten
notwendig ist; mit ihr gewappnet, wirst du den alten Drachen und ebenso in der Finsternis der Bosheit den Äthiopier
mit deinem Fuß zermalmen und in mutiger Anstrengung die
Leiter erklimmen, die hoch zum Himmel aufgerichtet ist.[57]
    T.: Was der Spiegel, was die Kopfbedeckung, was die
Stirnbinde und was die Kämme bedeuten, das füge der
Reihe nach hinzu, damit das, was dieser Schmuck Frauen
äußerlich zu verleihen scheint, für uns aufgrund der geheimnisvollen Verweise innerlich wirkt.
    P.: „Wir sehen", sagt der Apostel, „jetzt durch einen
Spiegel und im Rätsel, dann aber von Angesicht zu Angesicht" (1 Kor 13,12). Wenn wir also unser Streben ausrich-
ten auf den Urgrund unserer Freiheit hin, in der wir nach
dem Bilde Gottes geschaffen sind, was anderes „betrachten
wir dann als unser leibliches Angesicht wie in einem Spiegel" (Jak 1,23)? „Denn Gottes unsichtbares Wesen wird
durch die Dinge, die geschaffen sind, verstanden und wahrgenommen" (Röm 1,20), und „wir betrachten mit enthüll-
tem Angesicht die Herrlichkeit Gottes und werden verwandelt nach seinem Bild von Klarheit zu Klarheit" (2 Kor
3,18); und derselbe Apostel sagt: „Erneuert euch im Geist
eures Herzens, und zieht einen neuen Menschen an, der
nach Gott geschaffen ist in Heiligkeit und wahrhafter Gerechtigkeit" (Eph 4,23 f). Über die Haube sagt der Prophet:
„Wie einem Bräutigam hat er mir die Haube aufgesetzt"
(vgl. Jes 61,10), und von der Kirche sagt Jeremia: „Und sie
setzen deinem Haupt die Haube ewiger Ehre auf" (Bar 5,2
Vg.); über die Stirnbinde hast du eine Äußerung im Hohenlied: „Deine Lippen sind wie eine scharlachfarbene Binde"

discriminalibus in Genesi: „Si recte offeras, recte non dis-
cernas, peccasti." Mitra caput totum operit, vitta crines
constringit, discriminale discernit, sic mens timore vel
amore dei cooperta cogitatum discernit et constringit, quia
fluxis cogitationibus quasi sparsis crinibus legem et re- 5
gulam, ne immoderate defluant, ponit. Ubi enim cogitatus
sanctus praemittitur, necesse est, ut actus bonus subsequatur. Denique dominus ipse ponit armillam in Iob et inaurem, armillam quidem, ubi dicit: „Numquid armilla ma-
xillam Vehemoth perforabis", id est omnipotentia divinitatis 10
cuncta concludentis hostem antiquum devorantem omnia
superabis, inaurem vero, ubi beatus idem, postquam de
infirmitate convaluit, „a singulis amicis inaurem accepit".

T.: Dic ergo, quid in armilla vel inaure sit intelligendum.

P.: Sicut anuli digitorum sic armillae sunt ornamenta bra- 15
chiorum. Sicut igitur in brachio fortitudo sic in armilla ad
misterium relata omnipotentis dei protectio est. Quicquid
fortiter et bene egeris, divinae potentiae et sapientiae assignabis, quia si tuae laudi, quod vales, ascripseris, brachium
sine armilla geris. Per inaurem vero oboedientiam notabis, 20
quia sicut auris inaure decoratur, sic anima per oboedientiam illustratur, sicut scriptum est: „Obauditu auris obau-

(Hld 4, 3), und über die Kämme in der Genesis: „Wenn du
richtig opferst, aber nicht richtig trennst, so hast du gesündigt" (Gen 4, 7 LXX). Die Haube bedeckt das ganze Haupt,
die Stirnbinde hält die Haare zusammen, der Kamm trennt
und ordnet sie; so hält auch der Geist, der von Furcht und
Liebe zu Gott vollkommen bedeckt ist, die Gedanken aus-
einander und faßt sie zusammen, weil er den flüchtigen
Gedanken, die wie Haare hin und her flattern, Gesetz und
Richtschnur gibt, damit sie nicht ohne Maß herabfließen.
Wo nämlich ein heiliger Gedanke vorangeschickt wird, da
muß notwendigerweise gutes Handeln folgen. Schließlich
hat der Herr selbst auf die Armspange bei Ijob hingewiesen und auf den Ohrring, und zwar auf die Armspange
dort, wo er sagt: „Wirst du etwa mit einer Armspange den
Kiefer des Behemot durchbohren" (vgl. Ijob 40, 25), das
heißt, du wirst durch die Allmacht der Gottheit, die alles
umschließt, den alten Feind überwinden, der alles ver-
schlingt; und von dem Ohrring hörst du dort, wo eben
dieser selige Mann, nachdem er von seiner Krankheit ge-
nesen war, „von jedem seiner Freunde einen Ohrring empfing" (vgl. Ijob 42, 11).

T.: Darum erkläre, was man unter der Armspange und
dem Ohrring verstehen muß.

P.: So wie die Ringe Schmuck für die Finger sind, so sind
die Armspangen Schmuck für die Arme. Denn ebenso wie
die Stärke auf dem Arm beruht, so der Schutz des all-
mächtigen Gottes auf der Armspange, wenn man sie auf
ihren mystischen Sinn bezieht. Was immer du tapfer und
gut getan hast, das wirst du der göttlichen Macht und
Weisheit zuschreiben, weil du einen Arm ohne Armspange
führst, wenn du eigenem Lob zuweist, was du vermagst.
Unter dem Ohrring kannst du schließlich den Gehorsam
verstehen, weil, ebenso wie das Ohr vom Ohrring geschmückt wird, so die Seele vom Gehorsam erleuchtet
wird, wie geschrieben steht: „Mit gehorsamen Ohren hat
er mir gehorcht" (vgl. Ps 18, 45: Vg. Ps 17, 45). Von dem

divit mihi." De fascia, qua papillae virginales compri-
mun|tur, propheta ait: „Si virgo", inquit, „pectoralis fasciae | 76
suae poterit oblivisci, et ego obliviscar tui." In qua re quid
aliud maxime tibi tuisque similibus praecipitur nisi vinculo
Christi amoris cogitationes tuas, quae versantur in pectore, 5
quodam sigillo spiritalis disciplinae consignare debeas vel
constringere iuxta illud: „Omni custodia serva cor tuum",
ne dissolvatur ad carnales illecebras et a luce castitatis de-
testabiles libidinis se mergat in tenebras? „Pone me", inquit, „ut signaculum super cor tuum, ut signaculum super 10
brachium tuum." Sicut enim lasciva virgo saeculi papillas
carnis erumpentes stricta premit fascia, sic vera virgo, veri
sponsi sponsa castitatis et pudicitiae vinculo vinciat interiora ubera sua, ut spiritu sancto praeventa possit procla-
mare: „Dilectus meus mihi inter ubera mea commorabitur." 15
Nota ad hunc sensum, quod „armus et pectusculum cuiuslibet animalis immolati in usum sacerdotis cedet" iuxta
legis praeceptum.

T.: Et hoc resolve, obsecro.

P.: „Summo sacerdoti nostro, qui iam caelos penetravit", 20
pectusculum et armus offertur, cum sancta cogitatio nostra
vel opus bonum ei, a quo habemus, consecratur. Quis vero
digne, quae etiam in isto ornatu ponuntur, explicet olfactoriola, vasa quidem odoramentorum et deliciosorum unguentorum?   25

T.: Quae sunt igitur haec olfactoriola?

Brusttuch, mit dem die jungfräulichen Brüste eng zusam-
mengeschnürt werden, sagt der Prophet: „Wenn eine Jungfrau ihr eigenes Brusttuch wird vergessen können" (vgl. Jer
2,32 Vg.), dann will auch ich dich vergessen. Was anderes
wird in dieser Sache dir und deinen Mitschwestern als
besonders wichtig vorgeschrieben, wenn nicht dies, daß du
mit der Fessel der Liebe zu Christus wie mit einem Siegel
geistlicher Zucht die Gedanken in deiner Brust versiegeln
und zusammenpressen mußt entsprechend jenem Wort:
„Bewahre dein Herz mit allem Fleiß" (Spr 4,23), damit es
sich nicht auflöst in fleischliche Versuchungen und vom
Licht der Keuschheit untertaucht in die abscheuliche Finsternis der Begierde. „Lege mich", sagt er, „wie ein Siegel
auf dein Herz, wie ein Siegel auf deinen Arm" (Hld 8,6).
Denn so wie eine lüsterne, weltliche Jungfrau ihre Brüste,
die aus dem Fleisch hervorquellen, mit einem straffen
Brusttuch zusammenpreßt, so soll die wahre Jungfrau, die
Braut des wahren Bräutigams mit der Fessel von Keuschheit und Scham ihre eigenen Brüste inwendig in Fesseln
legen, damit sie, zuvor erfüllt vom heiligen Geist, ausrufen
kann: „Mein Geliebter wird sich ausruhen zwischen meinen Brüsten" (Hld 1,13). Zu diesem Sinn füge noch hinzu,
daß „Schulter und Brüstchen eines jeden beliebigen Opfer-
tieres beiseite gelegt werden sollen zur Verfügung des Priesters" (vgl. Ex 29,26f), entsprechend der Vorschrift des
Gesetzes.

T.: Auch dies erkläre, ich bitte dich sehr darum.

P.: „Unserem höchsten Priester, der den Himmel schon
durchschritten hat" (vgl. Hebr 4,14), wird Brüstchen und
Schulterstück dargebracht, wenn unsere heilige Überlegung und das gute Werk ihm, von dem wir es haben,
geweiht werden. Wer soll nun aber würdig die Riechfläschchen auslegen, die auch unter diesem Schmuck aufgezählt
werden, die Gefäße nämlich mit dem Räucherwerk und den
köstlichen Salben?

T.: Was hat es denn mit diesen Riechfläschchen auf sich?

P.: Vis nosse? Munda Christi virginum corda sancta sunt olfactoriola, unde sanctae dilectionis opobalsama sudant, unde pietatis et abstinentiae aromata stillant, ubi thus fraglat orationum, ubi mirra est in mortificatione vitiorum, unde cinamomum iustitiae, ubi gutta et galbanum caelestis 5 disciplinae. In his olfactoriolis humilitatis redolet viola, hic aureae spirat verecundiae rosa, lilium albae | castimoniae, | 77 poma spiritualis exuberantiae, ibi denique ciprus cum nardo, nardus et crocus, fistula et cinamomum cum universis lignis Libani, mirra et aloe cum omnibus primis unguentis, 10 hoc est in cordibus virginum perfecto amore Christum quaerentium inveniuntur suaveolentia germina omnigenarum virtutum, quarum radices mentis et corporis puritas et humilitas, fructus vero suavitas sanctae caritatis in bonorum operum exercitiis. His unguentis et aromatibus 15 Christi virgines delibutae cum apostolo possunt proclamare: „Christi bonus odor sumus" virtutum opinione et in exercitatione iustitiae, et illud: „Trahe me post te, curremus in odore unguentorum tuorum." Quid vero per periscelides aliud dicendum est, nisi quod apostolus ait: „Remissas 20 manus et dissoluta genua erigite et gressus rectos facite pedibus vestris, ut non claudicans quis erret, magis autem sanetur"? Ad comparationem recte operantium haec accipe. Porro theristra corpori coaptare videris, cum contra aestus vitiorum sancti spiritus obumbrationem quaeris et, 25 ne calore carnalis illecebrae combураris, pallium vitae ad tutelam mentis assumis. Et de ornamentis ista sufficiant, in

P.: Willst du es wissen? Die reinen Herzen der Jungfrauen Christi sind die heiligen Riechfläschchen, wo der Balsam frommer Liebe sich absondert, wo die Duftstoffe der Gottesfurcht und der Enthaltsamkeit träufeln, wo der Weihrauch der Gebete duftet, wo Myrrhe in der Abtötung der Laster besteht, wo der Zimt der Gerechtigkeit, wo das Harz himmlischer Zucht sich in Tropfen löst. In diesen Riechfläschchen verströmt das Veilchen der Demut seinen Duft, hier atmet die Rose goldener Ehrfurcht, die Lilie strahlender Keuschheit, die Äpfel geistlichen Überflusses; schließlich gibt es dort Henna mit Narde, Narde und Safran, Rohrstengel und Zimt mit allen Hölzern des Libanon, Myrrhe und Aloe mit dem allervorzüglichsten Salböl; das heißt, in den Herzen der Jungfrauen, die in vollkommener Liebe Christus suchen, finden sich die süß duftenden Schößlinge jeder Art von Tugend, deren Wurzeln die Reinheit von Geist und Körper und die Demut sind, ihre Frucht aber die Süße heiliger Liebe bei der Ausübung guter Werke. Wenn die Jungfrauen Christi mit diesem Öl und diesen Düften gesalbt sind, dann können sie mit dem Apostel ausrufen: „Wir sind ein guter Duft Christi" (2 Kor 2,15) durch den Ruf der Tugend und in Übung der Gerechtigkeit; und jenes Wort: „Ziehe mich dir nach, laß uns laufen im Duft deiner Salben" (Hld 1,3 Vg.). Was soll schließlich über die Fußkettchen anderes gesagt werden, als was der Apostel meint: „Richtet die lässigen Hände und die müden Knie wieder auf, und macht feste Schritte mit euren Füßen, damit keiner strauchle wie ein Lahmer, sondern vielmehr gesund werde" (Hebr 12,12 f)? Dies nimm zum Vergleich mit denen, die richtig handeln. Weiter scheinst du deinem Körper die leichten Sommergewänder zu verpassen, wenn du gegen die Glut der Laster den Schatten des heiligen Geistes suchst und zum Schutz für dein Herz den Mantel des Lebens aufnimmst, um nicht von der Hitze fleischlicher Versuchung verbrannt zu werden. Es soll nun genug sein mit den Ausführungen über diese Schmuckstücke, bei

quibus magis sequenda est spiritalis intelligentia quam littera.

T.: Ornatus quidem iste spiritaliter intellectus sicut studiosos excitat ad disciplinam, sic negligentes et stultas virgines flectit magis ad litteram. Sed miror, cur sindonem ab 5 expositis exceperis ornamentis, quam fortis mulier illa contexuit, quae „domesticos suos duplicibus vestivit et Chananaeo cingulum dedit".

P.: Avida spiritalis intelligentiae videris non necessariis inhaerere, sed quia misticus sensus paginae divinae persae- 10 pe crescit ad fructum moralis disciplinae, quod quaeris, libet tecum quaerere, ut in inquisitione tua profectus crescat utriusque. Quae est mulier ista, cuius fortitudo tanta laude refertur nisi virgo sine ruga, Christi sponsa, | mater ecclesia, cuius fortitudo Christus est, cui et canit in 15 | 7 psalmo: „Fortitudinem meam ad te custodiam", itemque: „Fortitudo mea et laus mea dominus"? Quicquid enim boni potest, ab illo est, qui solus super omnia potens est. Qui vero domestici eius nisi qui in catholica veritate concordi vivunt caritate, stabiles in fidei unitate, quibus „cor unum 20 et anima una" totius scismatis et erroris excludit infausta venena, nec inter hos domesticos discordiae locus est, quia gratia divina „facit habitare unius moris in domo", id est unitati studentes in ecclesiae solario? „Omnes", inquit,

---

⁵⁸ Vgl. zur Schriftauslegung DE LUBAC, Der geistige Sinn; ders., Typologie.
⁵⁹ Es stellt sich die Frage, ob mit dem Hinweis auf scisma und error auf aktuelles Zeitgeschehen Bezug genommen wird, nämlich auf das Schisma des Anaklet 1130–1138. Damit wäre ein weiteres Kriterium für eine Datierung des Speculum virginum um 1140 gegeben.
⁶⁰ Solarium ist die lateinische Übersetzung von griechisch δῶμα (Dach). Das Dach ist im biblischen Sinne der Ort der Verkündigung (vgl. Mt 10,27) bzw. „Öffentlichkeit" oder Versammlung (vgl. Apg 1,13); vgl. HERMANN, Dach. Kontextbezogen scheint aber auch auf solche Leute angespielt zu werden, die sich durch Frömmigkeit und Gottesnähe auszeichnen, wie z.B. Petrus auf dem Dach eines Hauses betete und eine Vision hatte (Apg 10,9–21); vgl. HIERONYMUS, in Ezech. 12,41 (CCL 75,594f): apostolus autem Petrus, super quem dominus ecclesiae fundamenta solidavit, tran-

denen man allerdings mehr dem geistlichen Verständnis als dem Buchstaben folgen sollte.

T.: So wie dieser Schmuck, im geistlichen Sinn verstanden, die Eifrigen zum Lernen ansport, so lenkt er die nachlässigen und törichten Jungfrauen mehr hin zum Buchstaben. Aber ich wundere mich, warum du das Baumwollgewand bei den aufgezählten Schmuckstücken ausgelassen hast, das jene tüchtige Frau gewebt hat, die „ihr Gesinde in doppelte Gewänder kleidete und dem Mann aus Kanaan einen Gürtel gab" (vgl. Spr 31,21.24 Vg.).

P.: Begierig nach geistlicher Auslegung, hängst du dich offenbar an Dinge, die nicht notwendig sind, aber weil der mystische Sinn der heiligen Schrift sehr oft die Frucht sittlicher Ordnung wachsen läßt, will ich gerne mit dir untersuchen, wonach du fragst[58], damit du bei der Untersuchung in beiden Richtungen wächst und Fortschritte machst. Wer ist also diese Frau, von deren Tatkraft mit so hohem Lob berichtet wird, wenn nicht die Jungfrau ohne Runzeln, die Braut Christi, die Mutter Kirche, deren Stärke Christus ist, über den sie auch im Psalm singt: „Meine Stärke, zu dir will ich mich halten" (Ps 59,10: Vg. Ps 58,10); und ebenso: „Der Herr ist meine Stärke und mein Ruhm" (Ps 118,14: Vg. Ps 117,14). Denn was auch immer sie an Gutem vermag, ist von jenem, der allein über alles mächtig ist. Aber wer sind nun ihre Diener, wenn nicht die, die im wahren Glauben in einträchtiger Liebe leben, fest in der Einheit des Glaubens, bei denen „ein Herz und eine Seele" (Apg 4,32) das unselige Gift der ganzen Spaltung und des Irrglaubens[59] ausschließt? Unter diesen Dienern ist kein Platz für Zwietracht, weil die göttliche Gnade „die im Haus wohnen läßt, die einer Sitte sind" (Ps 67,7 Vg.G), das heißt, die sich um Einigkeit bemühen auf dem Dach[60] der Kirche. „Alle ihre

---

scendit coenaculum et venit ad tectum — quod significantius graece δῶμα dicitur — id est tecti solarium — et incognita prius saeculo ecclesiae sacramenta cognovit.

„domestici eius vestiti duplicibus." Quis est iste duplex
ornatus nisi credentium fides et opus, id est quod recte
credunt, actibus ostendunt, in quorum conversatione con-
sonat actio fidei in dilectione dei et proximi? Equidem fides
sine operibus otiosa est, et non perfecte vestitur, qui vel fide 5
sine opere vel opere sine fide amicitur. Iunge utrumque et
deo placebis ex utroque. Vestitur et ornatu duplici, qui
studet mentis et corporis puritati. Quid enim alterum est
sine altero nisi plena utriusque hominis confusio? Fulget
alterum ex altero et fit ornatus communis utriusque colla- 10
tio. Nonne sic anima munda gloriatur in carnis munditia,
ut in utriusque duplici ornamento salus et iustitia accedat
homini redempto? Et hoc gratulabunda concinit ecclesia:
„Quia induit me vestimento salutis et indumento iustitiae
circumdedit me." Igitur flos iste castitatis crescit ad fruc- 15
tum aeternitatis, ubi sancti in terra sua duplicia posside-
bunt, dum natura humana suis reformata principiis carnis
quidem decorem servat immobilem, animae vero immutabilem perpetemque custodit libertatem.

T.: Vere super omnes infelix virgo et omni plangenda 20
gemitu, quae tanti floris venustatem, tanti ornatus splen-
dorem per sponsum aeternum acceptum neglexerit et sac-
cum corruptionis et impudicitiae victa verecundia induerit. Sed quomodo mulier ista sindonem fecerit, quomodo

Diener", sagt er, „sind in doppelte Gewänder gekleidet"
(Spr 31,21 Vg.). Was ist dieser doppelte Schmuck, wenn
nicht Glaube und Werk der Gläubigen, das heißt, daß
diejenigen im Handeln zeigen, was sie zu Recht glauben, in
deren Lebenswandel die Wirkungskraft des Glaubens in
der Liebe zu Gott und dem Nächsten anklingt. Denn frei-
lich ist ein Glaube ohne Werke müßig (vgl. Jak 2,14–26),
und derjenige, der vom Glauben ohne Werk oder vom
Werk ohne Glauben umhüllt wird, ist nicht vollständig
bekleidet. Verbinde beide, und du wirst Gott aufgrund von
beiden gefallen! Und auch der ist mit doppeltem Schmuck
bekleidet, der sich um die Reinheit der Seele und des Körpers bemüht. Was ist denn das eine ohne das andere, wenn
nicht die vollständige Verwirrung des Menschen in beiderlei Hinsicht? Das eine leuchtet aus dem anderen, und das
Zusammenfügen beider ergibt den gemeinsamen Schmuck.
Jubelt denn die unbefleckte Seele in der Reinheit des Fleisches nicht so, daß im doppelten Schmuck beider dem
erlösten Menschen Heil und Gerechtigkeit zuteil wird?
Und um darüber zu jauchzen, singt die Kirche: „Denn er
hat mir die Kleider des Heils angezogen und mich mit dem
Mantel der Gerechtigkeit umhüllt" (Jes 61,10). Darum
wächst diese Blume der Keuschheit dort zur Frucht der
Ewigkeit heran, wo die Heiligen auf der Erde das Ihrige
doppelt besitzen werden, indem die menschliche Natur,
nach ihrer eigenen Bestimmung wiederhergestellt, die
Schönheit des Fleisches zwar unveränderlich bewahrt, die
Freiheit des Geistes aber dennoch unvertauschbar und
ewig andauernd hütet.

T.: In der Tat ist die Jungfrau vor allen anderen unselig
und mit jedem Seufzen zu beklagen, die die Anmut solcher
Blüte, den Glanz so teuren Schmucks, den sie von ihrem
ewigen Bräutigam empfangen hat, geringgeachtet und sich
das härene Gewand von Verderbnis und Unkeuschheit angezogen hat, indem sie sich über ihr Schamgefühl hinweg-
setzte. Aber wie diese Frau das Baumwollgewand verfer-

vendiderit, qualiter Chananaeo cingu|lum dederit, prae- | 79
scriptis ornamentis adiunge, ne lateat negotium misticum
in hac muliere.

P.: Sindones sunt, ut dixi, linea feminarum amictoria,
quae fiunt tenuissimis filis et difficultate non modica reci- 5
piunt nitorem candoris. Nonne mulier ista fortis, id est
ecclesia subtilissimis sententiis quasi filis tenuissimis pallium misticum contexuit, ex quo fidei ratione nuditatem
infidelium ad dominum conversorum contegit et accepta
pro verbo doctrinae fide credentium, quod sapienter texuit, 10
sapientius vendit? Grata sunt haec commercia, quae etiam
in Iob inveniuntur prophetata, ubi de corpore diaboli dicitur: „Concident eum amici, dividunt eum negotiatores."
Hoc negotio usi sunt apostoli eorumque successores, quorum praedicationi dum fides audientium redditur, negoti- 15
atio sacra exercetur sicque sindo texitur et venditur et
emitur. Considera nunc, quomodo cingulum dederit Chananaeo. Sicut praecingimur exterius, ut indumenta defluen-
tia constringamus et componamus sicque ad cursum vel ad
quodlibet opus agendum expeditiores simus, sic mentis 20
nostrae quaeque superflua vel corporis habitum indecen-
tem cingulo divini timoris colligamus, ut in via domini
expediti inveniamur nec ad exercitium spiritalis disciplinae
pravorum actuum fluxa et soluta via retardemur. Quotiens

tigte, wie sie es verkauft hat, wie sie dem Mann aus Kanaan
den Gürtel gegeben hat (vgl. Spr 31,24 Vg.), das füge der
obigen Beschreibung der Schmuckstücke hinzu, damit der
mystische Sinn in der Handlung dieser Frau nicht verborgen bleibt.

P.: Diese Gewänder sind, wie ich schon oben gesagt habe,
leinene Umschlagtücher für Frauen, die mit feinsten Fäden
gewebt sind und unter nicht geringen Schwierigkeiten ihren weißlichen Glanz erhalten. Hat nicht diese tüchtige
Frau, nämlich die Kirche, mit ihren sehr genauen Ausle-
gungen wie mit allerfeinsten Fäden einen geheimnisvollen
Mantel gewebt, unter dem sie durch die Kraft des Glaubens
die Nacktheit der Ungläubigen, die sich zum Herrn bekehrt hatten, zudeckte, und hat sie nicht das, was sie weise
gewebt hat, noch weiser verkauft, da sie für das Wort der
Lehre den Glauben der Gläubigen empfangen hat? Voller
Gnade sind diese Geschäfte, die sich schon bei Ijob als
Weissagung finden, wo vom Leib des Teufels gesagt wird:
„Die Freunde werden um ihn feilschen, die Händler werden ihn verteilen" (Ijob 40,30). Dieses Geschäft haben die
Apostel und ihre Nachfolger betrieben, und indem ihrer
Predigt der Glaube der Zuhörer als Lohn zurückerstattet
wird, wird ein heiliges Geschäft ausgeübt und so das Baumwollgewand sowohl gewebt wie verkauft und gekauft.
Überlege nun, auf welche Weise sie dem Mann aus Kanaan
den Gürtel übergeben hat (vgl. Spr 31,24 Vg.)! So wie wir
uns äußerlich gürten, damit wir die herabfließenden Gewänder zusammenschnüren und zusammenhalten und so
zum Laufen oder zur Verrichtung eines jeden beliebigen
Werkes gerüsteter sind, so wollen wir all unsere überschäu-
menden Gedanken oder den unschicklichen Aufzug unseres
Körpers mit dem Gürtel der Gottesfurcht zusammenbinden, damit wir wohl gerüstet auf dem Weg des Herrn ange-
troffen werden und nicht bei der Ausübung geistlicher
Zucht aufgehalten werden auf einem Weg, der überflutet
und weggeschwemmt ist von schlechten Handlungen. Wie

igitur mulier ista fortis quemlibet hominem indisciplinato
excursu propriae naturae iura excedentem „ad viam et vitam" revocat, quotiens hominem infidelem ecclesiasticae
disciplinae rebellem verbo vel exemplo reformat, totiens
Chananaeo cingulum parat. Si impium perversis moribus 5
erroneum ad dominum monendo, flagellando, durius con-
stringendo convertisti, cingulum Chananaeo dedisti. Porro
Chananaeus ‚possidens' vel ‚possessio' interpretatur. Qui
igitur ad bene operandum timore vel amore dei cingitur, et
deum possidet et a deo possidetur. Ecce, filia, virginalem 10
| habitum negligenti animae tollendum, proficienti donan- | 80
dum ut propheta contexuit pro posse nostro prosecuti
sumus, tuum est perpendere, an in hac inquisitione tua plus
sit laboris quam utilitatis.

T.: Quicquid de hoc ornamento sive ad litteram seu ad 15
sensum misticum posuisti, Christi virginibus prospexisti,
ut caute ambulent stantes, ne negligentia propria confundantur negligentes.

P.: Nec Ezechiel tacuit, quantae dignitatis ornatu deus
aeternus animam dilectam, iustitiae moribus et actu se- 20
quellam primo vestierit, postea vero eandem deos alienos
sequentem quomodo denudari vel prostitui permiserit.

T.: Scio equidem nihil huiusmodi vano cecinisse prophe-
tas, et quod specialiter actum est vel in profectu vel defectu

oft also diese tüchtige Frau irgendeinen beliebigen Menschen, der die Grenzen seiner eigenen Natur in zuchtlosem Lauf verläßt, „zum Weg und zum Leben" (vgl. Joh 14,6) zurückruft, wie oft die Kirche einen ungetreuen Menschen, der sich gegen die kirchliche Ordnung auflehnt, durch Wort und Beispiel wieder zurückgewinnt, so oft verfertigt sie einen Gürtel für den Mann aus Kanaan. Wenn du einen Gottlosen, der in schlimmen Sitten irrt, durch Ermahnen, Bitten und noch energischeres Drängen wieder zum Herrn bekehrt hast, dann hast du dem Kanaaniter den Gürtel gegeben. Weiter wird der Ausdruck Kanaaniter als ‚der Besitzende' oder ‚der Besitz' gedeutet. Wer sich also zum guten Werk mit Gottesfurcht und Gottesliebe gürtet, der besitzt Gott, ebenso wie er von Gott besessen wird. Siehe, Tochter, wir haben nun entsprechend unserem Können durchgesprochen, wie der jungfräuliche Anzug, so wie ihn der Prophet gewebt hat, einem nachlässigen Gemüt weggenommen, einem vorwärtsschreitenden aber geschenkt werden kann; deine Sache ist es nun abzuwägen, ob in dieser Untersuchung für dich mehr Mühe als Nutzen liegt.

T.: Was du auch immer über diesen Schmuck dargelegt hast, sei es nach dem Buchstaben, sei es nach dem geheimnisvollen Sinn, du hast für die Jungfrauen Christi vorgesorgt, daß sie fest stehen und sicher wandeln und daß sie nicht nachlässig durch eigene Nachlässigkeit in Verwirrung geraten.

P.: Auch Ezechiel hat darüber nicht geschwiegen, wenn er berichtet, mit welch würdigem Schmuck der ewige Gott die geliebte Seele zunächst bekleidete, die folgsam war in Sitten und Handeln in der Gerechtigkeit, wie er dann aber später, als dieselbe fremden Göttern folgte, zuließ, daß sie entblößt und öffentlich preisgegeben wurde (vgl. Ez 16,10.39).

T.: Ich weiß allerdings, daß die Propheten nichts von dieser Art nutzlos verkündet haben und daß sich das insbesondere auf Aufstieg und Niedergang der Synagoge be-

synagogae, generaliter agitur in omni humana anima vel
stante vel exorbitante a tramite iustitiae.

P.: Verissime. Sed tamen de ruina illius animae magis
dolendum est, quae Christo Christi sanguine desponsata
cognoscitur quam quae solis verbis vel signis ad cognitio- 5
nem dei ducta probatur. Magnus enim amor creatoris in
opera sua, maxime naturam rationalem semper adamavit, ut
permaneret, quod fecerat, et gratiam custodiret, quam de-
derat. Sic ergo omnem cum synagoga deus alloquitur animam, quae vitia veteris vitae repetit post iustitiam, quae 10
post degustatam divinitus gratiam mergitur in culpam:
„Expandi", inquit, „amictum meum super te et operui te et
iuravi tibi et ingressus sum pactum tecum et lavi te aqua et
emundavi te et unxi te oleo et vestivi te discoloribus et
calciavi te iacincto et cinxi te bisso et indui te subtilibus et 15
ornavi te ornamento et dedi armillas in manibus tuis et
torquem circa collum tuum et dedi inaurem super os tuum
et circulos auribus tuis et coronam decoris in capite tuo, et
ornata es auro et argento et vestita es bisso et polimito et
multis coloribus. Similam | et mel et oleum comedisti et 20 |
decora facta es vehementer nimis." Et multa his similia
divinorum munerum beneficia proficienti animae collata
propheticus sermo contexuit, in quibus aperte monstravit
et mistica intelligentia notandum dedit, quantum deus animam in statu suae dignitatis permanentem dilexerit. Cetera 25

zieht, aber auch ganz allgemein auf jede menschliche Seele, sei es, daß sie fest steht, sei es, daß sie abweicht vom Pfad der Gerechtigkeit.

P.: Das ist vollkommen wahr. Aber dennoch muß man mehr trauern über den Fall jener Seele, von der man weiß, daß sie Christus mit Christi Blut zugesprochen ist, als um die, die offenbar allein durch Worte und Zeichen zur Erkenntnis Gottes geführt wird. Denn groß ist die Liebe des Schöpfers zu seinen Werken, aber am meisten hat er immer die vernünftige Kreatur geliebt, damit fortdauerte, was er geschaffen hatte, und sie das Gnadengeschenk bewahrte, das er gegeben hatte. Darum spricht Gott zusammen mit der Synagoge so eine jede Seele an, die nach der Rechtfertigung die Fehler des alten Lebens wieder aufnimmt, und die nach dem Kosten der göttlichen Gnade wieder in die Schuld eintaucht: „Ich habe", sagt er, „über dich meinen Mantel ausgebreitet, und ich habe dich bedeckt und dir geschworen und bin einen Bund mit dir eingegangen, und ich habe dich in Wasser gebadet und dich rein gewaschen und gesalbt mit Öl, und ich habe dich gekleidet in bunte Gewänder und dir Schuhe aus feinem Leder angezogen, ich habe dich bekränzt mit einer Binde aus Leinwand und dich umhüllt mit zarten Gewändern, ich habe dich geschmückt mit Schmuck und gab dir Spangen an deine Arme und eine Kette rings um deinen Hals und einen Nasenring über deinen Mund und Ohrringe für deine Ohren, ich setzte eine zierliche Krone auf dein Haupt, und du bist geschmückt mit Gold und Silber und bekleidet mit Leinen und Seide und bunten Kleidern. Weißbrot, Honig und Öl hast du gegessen, und überaus herrlich warst du geschmückt" (vgl. Ez 16, 8–13). Und noch viel mehr ähnliche Geschenke göttlicher Wohltat, zusammengetragen für die Seele, die voranschreitet, hat der Prophet in seiner Rede aufgezählt und darin deutlich gezeigt und für die Einsicht im Geheimnis zu verstehen gegeben, wie sehr Gott die Seele geliebt hat, die im Stand ihrer eigenen Würde verharrt. Was dann aber

vero, quae sequuntur, qualiter ab altitudine tantae dignitatis
ceciderit, quomodo virtutum ornamenta proiecerit, quomodo voraginem inciderit, melius est silere, quippe cui
iuxta gloriam multiplicata est ignominia, et secundum tantae dignitatis altitudinem factum est ruinae discrimen.   5

T.: O detestanda mutatio, ubi domina virtutum fit ancilla
vitiorum, sponsa creatoris nomen sortitur infaustae prosti-
tutionis, ubi gloria libertatis premitur condicione foedae
servitutis et totum subiacet confusioni, quod olim in flore
castitatis aeterno militabat honori.   10

P.: Quomodo vero Ieremias virginis huius iacturam mi-
serabilem defleverit, quis sermo explicare valebit, cum videret eam hostica premi ditione, quae in cultu divino magna
quondam libertatis serviebat honore? Ait ergo primum
decorem virginum deplorando: „Virgines eius squalidae et   15
ipsa oppressa amaritudine, et egressus est a filia Syon omnis
decor eius, torcular calcavit virgini filiae Iuda", et illud:
„Virgines meae abierunt in captivitatem, quomodo obtexit
caligine in furore suo filiam Syon, proiecit de caelo inclitam
Israel, munitiones virginis Iuda deiecit in terram, et replevit   20
in filia Iuda humiliatum et humiliatam, filiae Syon con-
sperserunt cinere capita sua, virgines Iuda. Cui comparabo
te, filia Ierusalem, vel cui assimilabo te?" Nullum enim
reperiri gravius potest peccatum peccato sponsae Christi,

weiter folgt, wie die Seele von der Höhe solcher Würde
herabgestürzt ist, wie sie den Schmuck der Tugenden von
sich warf, wie sie in den Schlund hinabstürzte, darüber
sollte man besser schweigen, da ja entsprechend ihrer Herrlichkeit auch ihre Schande vervielfacht wurde und eine
Tiefe des Sturzes ihr zuteil wurde, die der Höhe ihrer
Würde entsprach.

T.: O Veränderung, die man verfluchen muß, wo die
Herrin der Tugenden zur Magd der Laster wird, die Braut
des Schöpfers den Namen unseliger Prostitution erlost, wo
die Herrlichkeit der Freiheit unter der Bedingung schänd-
licher Knechtschaft geknebelt ist, und das, was einst in der
Blüte der Keuschheit für ewige Ehre kämpfte, nun vollkommen der Verwirrung unterliegt.

P.: Welche Rede wird überhaupt in der Lage sein, zu
beschreiben, wie Jeremia den unseligen Fall dieser Jungfrau beweinte, als er sah, daß sie, die einst groß bei der
göttlichen Verehrung in ehrenvoller Freiheit diente, nun
durch eine feindliche Macht bedrängt war? Denn als er
zuerst über den Schmuck der Jungfrauen klagt, sagt er:
„Ihre Jungfrauen sind schmutzig, und sie selbst ist von
Bitterkeit bedrängt (Klgl 1,4 Vg.), und aller Schmuck ist
von der Tochter Zion genommen (Klgl 1,6), die Kelter hat
er getreten gegen die Jungfrau, die Tochter Juda" (Klgl
1,15); und jenes Wort: „Meine Jungfrauen sind weggezo-
gen in die Gefangenschaft (Klgl 1,18 Vg.); wie hat er in
seinem Zorn die Tochter Zion mit Finsternis überzogen
und die Herrlichkeit Israels vom Himmel herabgestoßen,
die Burgen der Tochter Juda hat er auf die Erde geworfen
(Klgl 2,1 f), und er hat aufgehäuft in der Tochter Juda einen
Erniedrigten nach dem anderen (Klgl 2,5 Vg.), und die
Töchter Zions haben Asche auf ihr Haupt gestreut, die
Jungfrauen Judas (Klgl 2,10). Mit wem soll ich dich vergleichen, du Tochter Jerusalem, mit wem soll ich dich
zusammenstellen?" (Klgl 2,13). Denn keine schwerere
Sünde läßt sich finden als die Sünde einer Braut Christi,

si ceciderit. Si enim tenebris suis obcaecata | Christum, | 82
sponsum verum amiserit, verum decorem amittit, captivi-
tati addicitur, de caelo proicitur, corpore et spiritu humiliatur, cinere caput aspergitur nec ulli sanctorum vilis facta
comparatur. Quid sanctus propheta magis deflevit quam 5
virgines, filias Iuda? Quare? Quia nihil ita gemendum, nihil
ita dolendum, quomodo si virgo Christi susceptis sponsa-
libus eius ceciderit. Numquam enim hoc, quod perdidit,
recuperabit. Sed o tu, virgo Christi, audi verbum Christi,
nota caelestia spiritalium ornamentorum sponsalia, mirare 10
inter te et sponsum tuum profundae unitatis sacramenta,
cautela voluntariae despectionis et humilitatis custodi florem sanctae virginitatis, observa sanctitatem virginei floris,
quem si amiseris, quod amisisti, numquam reparabis. Numquam reparabis florem virginitatis in paenitentia, quem su- 15
perba decussit negligentia. Paenitentia quidem tantum casum reparare poteris, sed gradum, in quo virgo steteras,
amodo non conscendis. Omnis virtus vitiis succedentibus
amissa paenitentia restaurari poterit, virgo post lapsum amplius virgo non erit. Attende, Christi virgo, quanta diligen- 20
tia servari debuit, quod amissum et aestuanti paenitentia
requisitum non redit. „Circumamicta varietate" videris,
sicut superius audisti de prophetis, similam, vinum et oleum accepisti cum aliis bonis, quae enarrare longum est, ubi

wenn sie gefallen ist. Denn wenn sie, erblindet in eigener
Finsternis, ihren wahren Bräutigam Christus verloren hat,
dann verliert sie ihren wahren Schmuck, wird der Gefangenschaft übereignet, vom Himmel herabgestoßen, an Leib
und Seele erniedrigt; ihr Haupt wird mit Asche bestreut,
und sie wird, wertlos geworden, mit keinem Heiligen mehr
verglichen. Worüber weint darum der heilige Prophet mehr
als über die Jungfrauen, die Töchter Judas? Warum? Weil
man über nichts so seufzen, über nichts so trauern muß wie
über eine Jungfrau Christi, die seine Hochzeitsgaben empfangen hat und dann gefallen ist. Niemals nämlich wird sie
das wiedergewinnen, was sie verloren hat. Aber du, Jungfrau Christi, höre auf das Wort Christi, achte auf die himmlischen Hochzeitsgaben geistlichen Schmucks, staune über
die heiligen Geheimnisse tiefer Einigkeit zwischen dir und
deinem Bräutigam; im Schutz freiwilliger Entsagung und
Demut bewahre die Blüte der heiligen Jungfräulichkeit,
behüte die Heiligkeit jungfräulicher Blüte, denn wenn du
sie verloren hast, wirst du niemals wiederherstellen, was
du verloren hast. Niemals wirst du, auch nicht durch Reue,
die Blüte der Jungfräulichkeit wieder aufrichten, die stolze
Nachlässigkeit abgeschnitten hat. Durch Reue wirst du
zwar einen allzu tiefen Fall verhindern können, aber die
Stufe, auf der du als Jungfrau gestanden hast, wirst du von
da an nicht mehr erreichen. Eine jede Tugend, die verlorengegangen ist, wenn man sich Lastern unterwirft, wird
man durch Reue wiederherstellen können, nur eine Jungfrau wird nach ihrem Fall nie wieder eine Jungfrau sein.
Achte darauf, du Jungfrau Christi, mit welch großer Sorgfalt das bewahrt werden muß, was nicht zurückkehrt,
wenn es einmal verloren ist, auch wenn es mit heißer Reue
zurückgefordert wird. Du scheinst „angezogen mit bunten Kleidern" (Ps 45, 15: Vg.G Ps 44, 15), wie du es weiter
oben von den Propheten gehört hast, du hast Weißbrot,
Wein und Öl empfangen zusammen mit den anderen Gü-
tern, die aufzuzählen hier zu lange dauern würde; damit

nihil aliud ostenditur, nisi quod et opus hominis etiam
beneficiis necessariis excitatur, ut totum sive spiritaliter
intellectum seu carnaliter administratum famuletur spiritalibus disciplinis, quicquid profertur de fructu vel decore
in bonorum corporalium vocabulis. Itaque si causam prae- 5
missae nuditatis huius, qua tam pretioso ornatu spiritali
filiae Syon despoliantur, advertere volueris, vigilanter or-
natui tuo divinitus accepto custodiam ponis. Est igitur
principalis causa ruinae huius superbia | vel hominibus | 83
placendi cupido, quam sequitur stultitia, quae superbiae 10
comes est semper indivisa, inde negligentia, post concupiscentia, qua subintrante virgo decepta infatuatur, oleum
disciplinae spiritalis exsiccatur, sicque lampas sanctorum
operum extinguitur, quae ad tempus ardere videbatur. „Omnes", ait apostolus, „scientiam dei habemus. Scientia inflat, 15
caritas vero aedificat. Si quis se existimat scire aliquid, nondum cognovit, quemadmodum oporteat eum scire."

T.: Manifestum est superbiam ipsius mortis esse materiam, quae vires suas exercendo letales rationalis creaturae primordia corrupit et in angelum et hominem ferali 20
gressu grassata caelum ipsum et paradysum invasit, sicque
totum mundum, quod facillimum erat, ultra se progredi-
endo suae ditioni subegit. Quomodo igitur parceret carnalibus, quam triumphus novus ad inferiora calcanda ar-
mavit ex superioribus? Ad cavendam ergo tanti morbi 25
perniciem, pater optime, praepara quodcumque medica-
men, ne mors ab hac peste surrepat, si praemonentis dili-

soll nichts anderes gezeigt werden, als daß auch beim Menschen das gute Werk durch notwendige Wohltaten angeregt wird, so daß alles, was an Frucht oder Zierde unter der Bezeichnung leiblicher Güter vorgebracht wird, vollkommen der geistlichen Zucht dient, ganz gleich, ob es im Geist verstanden oder vom Leib genutzt wird. Wenn du darum der Ursache für diese Entblößung nachsinnen willst, die oben besprochen wurde und durch die die Töchter Zions ihres kostbaren geistlichen Schmucks beraubt wurden, dann mußt du über deinen Schmuck, den du von Gott empfangen hast, sorgfältig wachen. Denn die Hauptursache für diesen Sturz ist der Hochmut und die Begierde, den Menschen zu gefallen; dem folgt die Torheit, die immer uneingeschränkt Begleiterin des Hochmuts ist, darauf die Nachlässigkeit, dann die Begierde; wenn diese Platz greift, dann wird aus der getäuschten Jungfrau eine törichte, das Öl geistlicher Zucht trocknet aus, und so verlöscht die Lampe heiliger Werke, die zur rechten Zeit zu brennen schien. Der Apostel sagt: „Wir alle haben Kenntnis von Gott. Aber die Kenntnis macht aufgeblasen, die Liebe dagegen baut auf. Wenn einer von sich glaubt, daß er etwas wisse, dann hat er noch nicht erkannt, auf welche Weise man wissen sollte" (1 Kor 8, 1 f).

T.: Es liegt auf der Hand, daß Hochmut die Ursache für den Tod schlechthin ist; indem der Hochmut seine tödlichen Kräfte gebrauchte, verdarb er die Grundlagen der vernünftigen Schöpfung, ging mit seinem wilden Schritt auf Engel und Mensch gleichermaßen los, betrat sogar den Himmel und das Paradies und unterwarf so im Vorrücken über sich selbst hinaus die ganze Welt seiner Herrschaft, was ziemlich leicht war. Wie sollte darum der Hochmut, den sein letzter Sieg befähigt hat, von oben nach unten Tritte auszuteilen, das Fleisch verschonen? Um aber das Unglück einer so schweren Krankheit zu vermeiden, bereite irgendein Heilmittel, liebster Vater, damit nicht unter dieser Pest heimlich der Tod hervorschleicht, wenn die liebende Sorgfalt des

gentia cessat. Speculum enim virginibus Christi proposuisti, unde vel vitanda vel imitanda possint speculari.

P.: Necessarium videtur, ut postulas, ipsius humilitatis et superbiae fructum et efficaciam quasi formam quandam visibilem Christi virginibus facietenus ostendere, quatenus 5 agnoscant ex fructuum qualitate, quid mercedis ex utrislibet imitando possint sperare. Fructus enim carnis superbia radix est, fructus spiritus humilitas, quae diversitas radicum inspecta, quis fructus de his eligendus sit, per aperta declarat indicia. Quia ergo vita et mors ex arborum fructu pro- 10 venit, formam utriusque hic ponere placuit, ut ex consideratione peioris gratia videatur melioris. Veterem igitur Adam attende in arce vitiosae arboris positum, novum Adam obtinere proventus spiritalis principatum. Denique si praestantius | deteriori, id est si bonum malo coniunxeris, 15 | 8
quid in his emineat, valenter intelligis. Collatis enim qualitatibus contrariorum luce clarius patebit aestimatio meliorum.

Explicit tertia pars.

Mahners uns verläßt. Denn du hast den Jungfrauen Christi einen Spiegel vor Augen gestellt, in dem sie sehen können, was sie vermeiden und was sie nachahmen müssen.

P.: Es scheint notwendig, wie du es verlangst, Nutzen und Wirkung von Demut und Hochmut den Jungfrauen Christi wie in einem Bild sichtbar vor Augen zu führen, damit sie aus der Beschaffenheit der Früchte erkennen, welchen Lohn sie jeweils erhoffen können, wenn sie diesen beiden nacheifern. Der Hochmut ist nämlich die Wurzel für die Frucht des Fleisches, die Demut die Wurzel für die Frucht des Geistes. Wenn man die Verschiedenheit dieser Wurzeln genau betrachtet, macht sie in deutlichen Zeichen klar, welche von diesen Früchten auszuwählen ist. Weil also Leben und Tod aus der Frucht der Bäume hervorgeht, soll ein Bild beider hier Platz finden[61], damit aus der Betrachtung der schlechteren Frucht das Gnadengeschenk der besseren sichtbar wird. Achte darauf, daß der alte Adam an die Spitze des Lasterbaumes gesetzt ist, daß aber den Gipfel geistlichen Wachstums der neue Adam besetzt hält. Wenn du schließlich das, was sich nach oben streckt, mit dem vergleichst, was nach unten hängt, das heißt das Gute mit dem Schlechten, dann verstehst du ganz deutlich, was bei diesen den Vorrang hat. Denn wenn man die Eigenschaften der gegensätzlichen Früchte miteinander vergleicht, dann wird der Wert der besseren heller als das Licht offen zutage treten.

Es endet der dritte Teil.

---

[61] Die Bilder sind im Text fest verankert, fast immer findet sich ein entsprechender Hinweis, hier auf die Bilder vom Laster- und Tugendbaum (siehe die Bilder 3 und 4, oben nach 160).